普通高等教育“十一五”国家级规划教材

新编21世纪市场营销系列教材

营销渠道决策与管理

第4版

王俊杰　吕一林　编著

Marketing Channels Decision and Management

中国人民大学出版社
· 北京 ·

图书在版编目（CIP）数据

营销渠道决策与管理 / 王俊杰，吕一林编著. --4版. --北京：中国人民大学出版社，2022.8
新编21世纪市场营销系列教材
ISBN 978-7-300-30876-0

Ⅰ.①营… Ⅱ.①王… ②吕… Ⅲ.①购销渠道－销售管理－高等学校－教材 Ⅳ.①F713.1

中国版本图书馆CIP数据核字（2022）第139822号

普通高等教育“十一五”国家级规划教材
新编21世纪市场营销系列教材
营销渠道决策与管理（第4版）
王俊杰 吕一林 编著
Yingxiao Qudao Juece yu Guanli

出版发行	中国人民大学出版社		
社　　址	北京中关村大街31号	**邮政编码**	100080
电　　话	010－62511242（总编室）		010－62511770（质管部）
	010－82501766（邮购部）		010－62514148（门市部）
	010－62511173（发行公司）		010－62515275（盗版举报）
网　　址	http://www.crup.com.cn		
经　　销	新华书店		
印　　刷	固安县铭成印刷有限公司	**版　　次**	2005年5月第1版
开　　本	787 mm×1092 mm　1/16		2022年8月第4版
印　　张	18.5 插页1	**印　　次**	2025年7月第3次印刷
字　　数	370 000	**定　　价**	49.00元

内容简介

在全面建设社会主义现代化国家的新征程上，党的二十届三中全会催生了营销渠道发展的新机遇。在此指引下，本书基于本土营销渠道实践阐释营销理论，构建了系统的营销渠道知识体系。本书从介绍营销渠道的概念入手，明晰正确的营销渠道理念，全面分析企业的营销渠道决策与管理。

基于外在形势变化，第 4 版进行了大幅更新，探讨了移动互联网背景下的营销渠道管理与创新，反映了营销渠道领域的新发展。

- 重新界定了营销渠道的概念，将服务意识、效能等具有时代特征的内容融入其中。
- 从营销观念和营销手段等视角，探讨了移动互联零售的变革。
- 增加了对渠道与顾客价值、商业模式、企业战略等的关系的探讨，试图让读者找到营销渠道在不同管理学场景中的位置。
- 讨论了营销渠道各个模块在移动互联时代是否有本质变化。

本书积极挖掘营销渠道课程蕴含的思想政治教育资源，将价值导向、职业操守、创新思维等育人元素融入教材之中。

作者简介

王俊杰　管理学博士，中央财经大学商学院副教授、硕士生导师。对营销渠道和零售业态的运营和营销有系统性研究，和企业有多项与渠道建设有关的横向咨询合作，相关成果获得了行业奖项。担任多家企业案例库和学术类基金的评审专家。单独、合作撰写50余篇管理类文章发表在国内学术期刊上。主编、参编10余部管理类图书或教材，翻译10余部管理类经典图书。

吕一林　经济学博士，中国人民大学商学院教授、博士生导师。主要研究方向为市场营销、商业经济。主讲的“市场营销学”获国家级精品课程。

前言

近年来，营销渠道的外部环境不断变化，其中一个典型的变化便是移动互联时代的真正到来。党的二十届三中全会催生了营销渠道发展的新机遇，做出方向性指引。消费者在智能手机上轻点几下，便可完成下单，而数年前，移动购物尚未如此普及。反映至营销渠道教材中，我们需思考：发生了哪些变化？哪些还没有变？这些变化是质变还是量变？我们如何应对？尝试对此类问题作出回答是第 4 版修订的主要动因。

在修订过程中，我们一直在思考，是否需要调整教材的框架和内容。从目前理论和实践发展、国内外教材前沿比较等视角看，我们认为营销渠道的基本理论逻辑并未发生本质变化，第 4 版沿用第 3 版的基本框架，便于保持前后版本的一致性，但每一章节的具体内容需作出较大调整，以适应理论和实践的发展。

本版对如下内容做了重点修改或重新撰写：(1) 第 1 章重新界定了营销渠道的概念，将服务意识、效能等具有时代特征的内容融入其中；(2) 从营销观念和营销手段等视角，第 2 章探讨了移动互联零售的变革；(3) 第 3 章增加了我国批发商的不同类型的介绍；(4) 第 4 章增加了对渠道与顾客价值、商业模式、企业战略等关系的探讨，试图让读者找到营销渠道在不同管理学场景中的位置；(5) 第 12 章讨论了营销渠道各个模块在移动互联时代是否有本质变化；(6) 第 13 章讨论了服务渠道的决策和管理。此外，本版对每一章节的框架和内容均做了系统调整和优化。

为展现营销渠道的新实践，本书更新了大部分案例，这些案例包括国外的案例、我国的案例，新冠疫情期间的企业实践案例，同时也保留了少数经典案例并做了修订。

本版在内容上进一步贴近实践，在广度上做了进一步拓展。因此，本书除了适合大学本科生阅读，也适合 MBA 学员、学术型硕士、企业经理人、公共管理人员等参考。

中央财经大学王俊杰负责本书各章节内容及案例的修订和更新。陈涛、张梦霞、陈明准、扈艺等参与了部分案例的收集和整理，苏晨对全文做了通读和初次校对。

本版是对以往版本的迭代。本书沿用了以往版本的很多内容，我们对以往版本的其他作者和参与者的辛勤工作表示感谢。他们是张原、岳俊芳、丁文辉、邓增永、彭雷清、陶晓波、张昕歌、莫沁妍、谢玉溪、吴冠其等。本书得以出版还要感谢中国人民大学出版社的诸位编辑。

本书修订的很多内容和观点在不断努力完善中，敬请读者批评指正。

王俊杰　吕一林

目录

第1篇 什么是营销渠道

第1章 界定移动互联时代的营销渠道

引例 娜娜更换手机应对生活新变化 …… 003
第1节 界定营销渠道 …… 004
第2节 营销渠道的功能 …… 010
第3节 营销渠道的结构 …… 012
第4节 营销渠道的演化 …… 018

第2章 零售商——渠道终端

引例 便利蜂在传统零售便利店行业寻找机会 …… 029
第1节 什么是零售 …… 030
第2节 主要的零售业态 …… 033
第3节 移动互联零售 …… 041
第4节 连 锁 …… 046
第5节 特许经营 …… 050

第3章　批发商——“隐形”中介

引　例　物美能否帮助麦德龙逆风翻盘？ …… 057
第1节　什么是批发 …… 057
第2节　代理商 …… 062
第3节　产品（服务）制造商自营销售组织 …… 065
第4节　批发市场 …… 068

第2篇

如何制定营销渠道战略

第4章　权衡渠道与市场营销要素

引　例　沃尔玛携手供应商推动减排 …… 079
第1节　渠道管理的理论起点 …… 079
第2节　渠道与产品策略 …… 084
第3节　渠道与价格策略 …… 088
第4节　渠道与促销策略 …… 091

第5章　制定营销渠道战略

引　例　携程网的渠道下沉战略 …… 097
第1节　渠道战略设计 …… 098
第2节　分析渠道环境 …… 099
第3节　设定渠道目标 …… 101
第4节　分销渠道模式决策 …… 108
第5节　评估和落实渠道方案 …… 111
第6节　渠道战略变革和创新 …… 113

第6章　选择渠道成员

引　例　选择沃尔玛分销产品吗？ …… 118
第1节　寻找渠道成员 …… 119
第2节　确定渠道成员 …… 125
第3节　确保渠道成员稳定 …… 130

第3篇 如何管理营销渠道

第7章 领导与激励营销渠道

引 例 天下名山茶叶公司努力变革和掌控渠道 …… 139
第1节 渠道领袖 …… 140
第2节 获得和运用渠道权力 …… 143
第3节 渠道沟通 …… 149
第4节 渠道激励 …… 152

第8章 管理渠道成员的合争

引 例 经销商如何看待平行进口汽车？ …… 160
第1节 管理渠道冲突 …… 161
第2节 渠道战略联盟 …… 166
第3节 渠道控制 …… 169
第4节 渠道的生命周期管理 …… 175

第9章 管理渠道物流

引 例 新冠肺炎疫情期间中国快递服务质量大幅提升 …… 179
第1节 渠道功能流诸要素 …… 180
第2节 物流与营销渠道 …… 181
第3节 物流管理的主要决策 …… 186
第4节 现代物流与供应链管理 …… 195

第10章 管理渠道信息系统

引 例 SAP公司火热招募渠道商 …… 204
第1节 管理信息系统与营销渠道 …… 205
第2节 渠道信息系统的构成 …… 209
第3节 渠道信息系统的实施 …… 214

第11章 评估渠道绩效

引 例 宝马考核经销商的指标 …… 221
第1节 什么是渠道绩效评估 …… 221

第 2 节 渠道整体绩效评估 …… 225
第 3 节 渠道成员的财务贡献评估 …… 237
第 4 节 渠道成员综合评价 …… 239

第 4 篇

营销渠道新问题

第 12 章 移动互联网渠道管理

引例 全渠道下的管理信息系统 …… 247
第 1 节 移动互联网渠道概述 …… 248
第 2 节 移动互联网渠道策略与管理 …… 253

第 13 章 管理服务营销渠道

引例 美团与支付宝的服务要素竞争 …… 261
第 1 节 服务与其渠道结构 …… 262
第 2 节 服务渠道的决策和管理 …… 265

第 14 章 中国零售业展望

引例 “双 11”的变化 …… 272
第 1 节 其他国家零售业现状和运营特点 …… 273
第 2 节 中国零售业的进步 …… 277
第 3 节 中国零售业的改进空间 …… 280
第 4 节 中国零售业的发展趋势 …… 281

PART ONE

| 第1篇 |

1 什么是营销渠道

第1章
界定移动互联时代的营销渠道

学习目标

- 掌握营销渠道的定义。
- 掌握营销渠道的功能。
- 了解营销渠道的结构。
- 了解营销渠道的演化。
- 了解营销渠道的变迁趋势。

引 例

娜娜更换手机应对生活新变化

娜娜最近买了上网速度更快的新版 iPhone。为何要更换 3 年前刚购买的手机？娜娜给出两个理由：第一，方便购物；第二，为了网上医院挂号。

娜娜的购物之旅近几年发生了几次显著变化。以前，她每周六通常会在北京双安商场购物，后来开始在电脑上购物。她不愿意去双安商场等实体店，因为去一趟几乎要耗一天时间，还很累，而在网上，轻轻一点鼠标就完成下单，几天后送货上门。通过电脑购物虽然省时，但坐在电脑前购物挺费神。这两年，她在手机上下载了京东、天猫等移动购物 App，手机屏幕虽小，但躺在床上就能下单。她和其他小伙伴一样，不断地在手机上下载各类 App，手机内存开始不够用，运行速度也变慢。

娜娜最近要带孩子去北京大学口腔医院看牙。以往，公立医院的挂号渠道是打 114 电话或早上很早去医院排队，如今挂号渠道发生了变化，可以通过微信小程序挂号。这是好事，不用排队了，但娜娜很快发现，自己的手机速度慢，很难挂上。娜娜希望换了新手机便可解决问题。

随着人们广泛使用智能手机进行搜索、聊天、游戏、看电视、阅读、购物等，我国已从互联网时代进入了移动互联时代。移动互联产业和相关产业的迅猛发展，改变了人们的日常生活，这些改变对企业来说可能是机遇，也可能是挑战。它对营销渠道产生了巨大影响，很多原有的营销渠道理论和实践经验均需要调整和改变。

比如，社交类 App 现在成为一种新营销渠道，许多企业借此渠道雇用网红带货。此类销售渠道是否更有效率、更有公信力、更适用于哪些顾客，尚未有系统的研究。此外，很多概念不断涌现，例如，全渠道、新零售、线上线下等。这些概念是全新事物，还是旧概念的延续，还没有足够的探讨。本书尝试以一般的营销渠道框架的系统构建为起点，努力透过现象看本质，探讨一些目前最新的改变和实践。

成功的营销渠道的决策和管理绝非偶然，需要精心计划和认真落实。为更多、更稳、更快地销售产品或服务，各行业均在不断完善和变革自己的营销渠道。然而，杰出的营销渠道案例比较少。营销渠道是艺术也是科学，企业需要在营销渠道的程序性和创新性之间寻找平衡。本书将帮助读者深入了解营销渠道，提高正确作出营销渠道决策的能力。

本章将通过回顾营销渠道的概念、研究框架，对移动互联时代的营销渠道进行界定，为随后章节的介绍打下基础。

第 1 节　界定营销渠道

从字面看，“渠道”会让人联想到水路（或水道）。在古代的中国和欧洲等地，水路是运输货物的重要途径。水路也是古代经济交换的重要场所，甚至是很多国家之间的地域分界线。

进一步，渠道便有了流通和通道等动态含义。从产品或服务的流通看，一般情况下，产品或服务须经由中间商（或中介）从制造商手中转至消费者或顾客手中才能被使用并实现其价值。现代的中间商多种多样，正是通过这些中间商的经营活动，生产企业才得以在适当的时间、按适当的价格与数量，将产品送给适当地点的目标顾客。这一系列营销中介机构就形成了一条条营销渠道。

一、营销渠道是什么

营销渠道的概念界定不能停留在感性认识上，毕竟人们的感性认识会有差异，需要从不同的研究视角来界定。

下面从演进或动态发展视角来简要梳理营销渠道的相关研究。对营销渠道变迁的研究主要有经济学、行为学和管理学三个研究框架。经济学框架的代表人物为科斯，他的微观经济学范式认为，营销渠道服从生产者的成本最小化目标，生产者应倾向于组织自己的营销渠道，以尽量降低运营成本。分销机构（例如批发商和零售商）完全取决于生产者的选择，这些机构自己的策略被忽略。

这一框架的局限性在于构建的大多数经济学模型缺乏实证验证，对渠道总成本的核算普遍没有可操作性，很难验证渠道成本最小化这一假设。此外，近几十年来，渠道结构在不断演化，在消费品领域，消费者主导分销商的策略制定。分销商针对生产商的谈判实力大大增强，甚至主导谈判进程，影响渠道方向。这些均使得渠道演变受制于生产商决策这一假设受到挑战。进一步，某些“不经济”渠道（即渠道成本明显高于竞争对手）的存在没有明显的经济理由。最后，它难以解释为什么一些渠道机构接受变化较快，而其他渠道机构则倾向于推迟采取行动。

经济学模型的局限性导致不依赖渠道成本最小化假设的行为学视角解释的兴起。行为模型表明，渠道演化是所有参与机构（包括生产商、中间商和分销商）综合行为的结果，渠道的演变是基于权力、领导、合作和冲突等发展起来的。这在解释一条渠道的局部演化中被证明很有用，如特许经营协议便是由于参与者之间的冲突而产生。

但行为模型有两大局限性。首先，行为模型的验证是困难的，关于模型应包括哪些变量以及如何使用这些变量存在分歧。其次，分析范围比较有限。例如，渠道关系倾向于只在渠道成员的特定二元关系中进行研究。开发一个系统的全球性行为模型几乎不可能。

管理模型结合了经济学模型的特定视角和行为模型的方法论部分。例如，有学者提出不仅要考虑企业成员构成的动态性，也要考虑渠道所处经济环境的影响。因此，有学者认为，管理模型是一种尝试，试图将各种变量整合到一个模型中。管理模型涉及渠道成员的战略选择、渠道职能的分配等方面。

从营销渠道的理论研究成果来看，以上三种研究彼此交织和互补，不是互斥的。要想全面掌握渠道本质，应更多地了解各个视角的内容。但相关教材和研究成果的阐述均有主题和篇幅限制，不可能穷尽，因此，主流教材通常是以一种视角为主，兼顾其他。

在本书以往的版本中，我们主要从管理视角认为生产商关注产品的传递，而消费者关注效率和组织，同时考虑了渠道的经济性、行为等特征。这和渠道演化的概念一致。本版进一步认为，在界定渠道概念时，除了考虑渠道的成本、效率、结构和企业管理外，还需考虑目前更为独特的时代特征。在移动互联时代，典型的特征是消费者掌握了更多的话语权，技术的迅猛变革使渠道成员之间的竞争和跨界竞争空前激烈，成员须以满足消费者的需求和更好地为顾客提供服务为导向。

首先，移动通信设备的迅猛发展使得更多人可以在更多的地点和更多的空闲时间接触互联网。移动设备操作的简单化和便捷化使得消费者购物更自主。快捷性消费、随机性消费和比价消费使得消费者可随时考察产品、购买产品、评价产品，面对商家时拥有了更多的话语权。

其次，企业越来越重视网络特别是移动互联端口的销售渠道，并加大了投入。“手机上的公司”越来越多，且服务质量越来越高，推广人员的推广能力也在提升，这些都加剧了各个行业渠道推广的竞争。例如，在中国，电商平台先有京东和淘宝，随后拼多多采用移动端的方式进入，并以低价吸引消费者，与其他电商平台展开竞争。

最后，基于移动互联在中国零售渠道的广阔前景，我们相信不远的将来，可能会有比拼多多价格更有竞争力的电商平台出现。单纯依靠低价进入市场并非长久之计，这些拼价格的企业如何保持较为稳定的竞争优势？基于为顾客提供高性价比产品这一基本营销价值理念，那些更好地贴近消费者需求，更好地为顾客提供服务的企业将获得竞争优势。

因此，在移动互联时代，本书将营销渠道（marketing channel）的定义扩展为：有提供优质服务的意识，以高效地将产品或服务从制造者手中传递至消费者手中为目标，需要经营的一系列关联组织。在很多营销类书籍中，营销渠道、分销渠道（distribution channel）、渠道（place）等词的含义一致，读者需注意渠道一词的泛化并做好概念区分。[①] 例如，在中国的保险行业，业内人士在谈及渠道时，很可能指的是不同类型的服务产品。

有人对营销渠道能提供高质量服务感到困惑，认为渠道无非是物流、供应链等，渠道管理无非是物流管理或供应链管理，为何还要有服务意识？解开该困惑的一个思路便是对什么是服务和服务意识有清晰认知。简要地说，服务并不是单纯的一个笑脸，而是渠道相关组织的一系列有效行动的组合。布克林认为，营销渠道提供四方面的基本服务：（1）空间上的便利性（由于市场的分散）；（2）将大批量分为小批量；（3）减少等待或交货的时间；（4）品种的多样化。显然，顾客居住越分散，一次购买的批量越小，同时需要的商品品种越多，越不愿意为供货而等待，需要渠道组织承担的职能就越多。渠道的服务本质如图1-1所示。从该图看，营销渠道的存在就是为顾客提供服务，并基于此制定自身的战略。

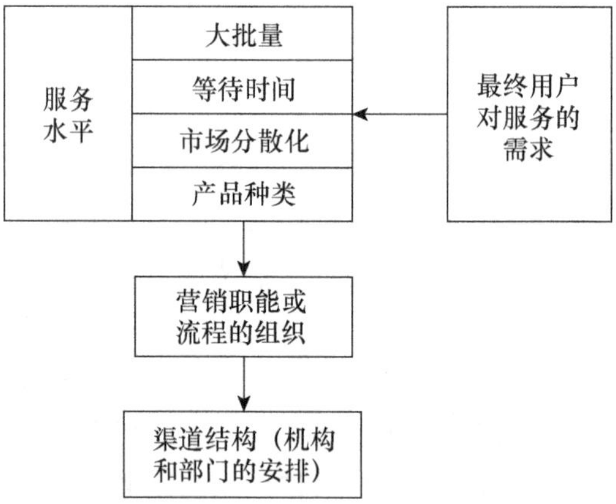

图1-1 渠道的服务本质

我们也要意识到优质服务的相对性，这是因为，随着所提供服务的增加，销售成本无疑也会增加，由顾客承担的成本也会增多。这时，顾客就会面临一个选择：是接受高价格、优质服务，还是选择低价格、自我服务（如开架自取商品，自己运

---

① 渠道的英文为channel，但在4P营销组合框架中为了便于记忆采用了place一词指代营销渠道。在中英文的口语和很多场景中，渠道、营销渠道的意义一致。

输，自己组装），优质服务可理解为具有较高性价比的服务。为顾客提供较高性价比的产品或服务是市场营销和营销渠道的核心价值观。

优质服务意识下的渠道定义，还有如下几个概念需要简要界定，它们是效能、经营和关联组织。

在技术和服务意识的驱动下，营销渠道需要考虑效能，即将成本、效能、结构等经济学和行为学的相关理论包含在内。例如，性能涉及服务质量和结构，价格涉及成本，性价比涉及效率。

提出“经营”是由于营销渠道中存在着很多形式的管理，渠道管理除了日常管理工作外，还涉及整个渠道的动态过程管理。这些管理工作很多是在企业外部，涉及很多利益相关者，需要企业花费较多精力去设计、沟通、协调等，稍有不慎，便可能偏离目标。因此，需要企业从管理战略和战术上认真对待。

有学者认为，关联组织主要指企业外部成员，是产品或服务经过的各个中间商连接起来形成的通道，它由位于起点的生产者和位于终点的消费者（包括组织市场的用户），以及位于两者之间的各类中间商组成。但现实是很多企业自建营销渠道，因此关联组织应包括企业内部的相关组织。

二、营销渠道为什么会存在

营销渠道由一系列关联组织组成，它们是执行营销渠道职能的基本载体。在移动互联背景下，围绕去中间商，缩短渠道长度，乃至渠道是否有必要存在等问题，不断涌现新观点。本书认为，即使是在网络时代的个人消费者市场上，大部分生产企业也不能直接把产品销售给最终用户或消费者，而需要借助于一系列中间商的转卖活动。在移动互联时代，即使营销渠道的形式在不断变化，营销渠道的多数基本原理依然有效。下面介绍一般营销渠道存在的理由。

（一）社会分工与关联效率

各类中间商的存在是社会分工和商品经济发展的产物。在原始社会或自然经济条件下，一个家庭所需的物品基本上都是在家庭或庄园内部生产的，因此几乎不存在流通中介。当家庭生产满足自身的需要后出现了剩余产品，而且这些产品因不易保存或缺乏保存的仓储设施时，交换便出现了。在商品经济条件下，交换成为满足人们需求的一种手段，社会分工的发展使生产与消费逐渐分离。随着生产越来越专业化、产品越来越多样化，自己去一对一交换变得越来越复杂和困难，生产与消费在产品数量、品种、时间、地点和所有权等方面的矛盾越来越大。例如，5 个家庭生产 5 种不同的产品，它们与零售商之间完成交换共需进行 20 次交易（见图 1－2）。

为有效地解决交易中的矛盾并节约社会劳动，产生了在生产者和消费者之间专门作商品交换媒介的中间商。通过图 1－3 可以看到，由于中间商的介入，总交易次数下降到了 9 次。显然，交易者人数越多，中间商介入产生的效率就越高，节约的社会劳动就越多。

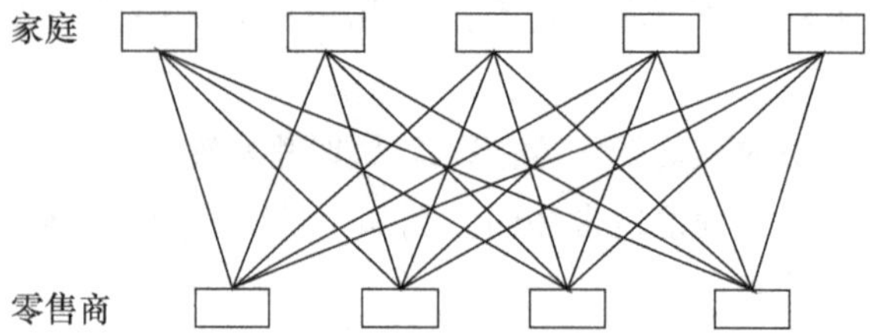

图 1-2　直接购买

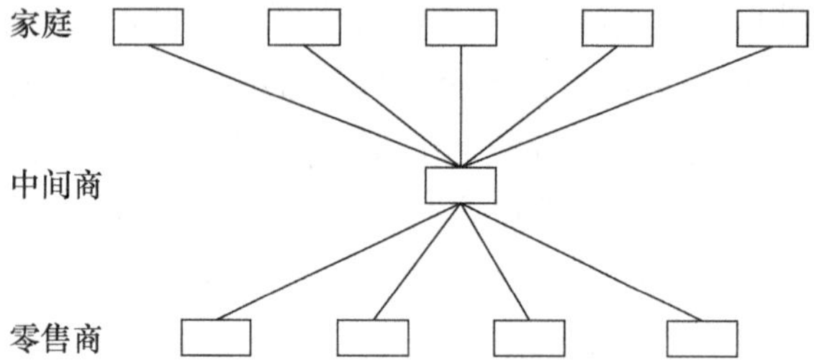

图 1-3　通过中间商购买

流通领域进一步的社会分工产生了批发商和零售商。例如，有 5 家制造商向 5 家零售商供货，如果是直接交易，总共要发生 25 次交易（见图 1-4）；如果是通过一家批发商向零售商供货，则只需要 10 次交易（见图 1-5）。

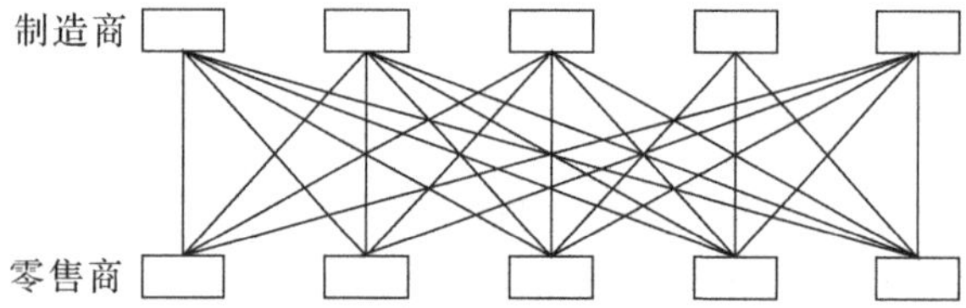

图 1-4　直接交易

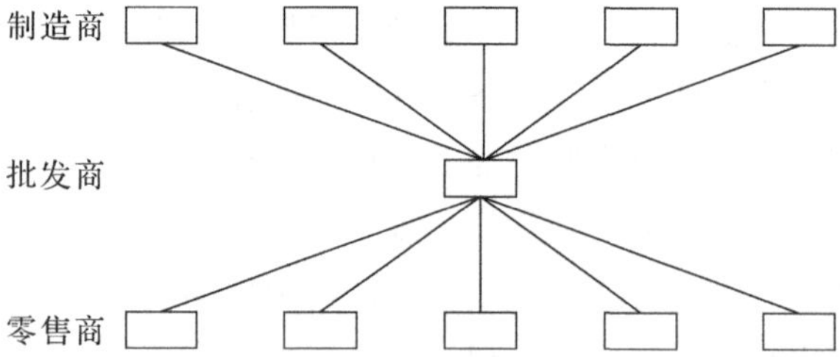

图 1-5　通过批发商交易

（二）规模经济和范围经济

从规范的经济学视角看，中间商的存在使厂商实现了规模经济，使消费者实现了范围经济。规模经济指在一特定时期内，企业产品绝对量增加时，其单位成本下降，即扩大经营规模可以降低平均成本，从而提高利润水平。中间商的采购量比单个消费者多，这使得企业和中间商合作比直接与顾客交易更能实现规模经济。

范围经济指由范围而非规模带来的经济性，也就是当同时生产或购买两种产品的费用低于分别生产或购买每种产品所需成本的总和时，所存在的状况就被称为范围经济。从消费者角度看，他可从一个中间商那里购买多家厂商的产品，甚至实现“一站式购齐”，此时他的购物成本降低，购物范围扩大且效率提升。

（三）中间商与相关企业战略

通过中间商集中交换提高了交易效率，同时也产生了生产企业如何组织营销渠道和制定分销策略的问题。事实上，随着现代生产和消费日趋复杂，市场范围不断扩大，企业分销策略变得越来越复杂和重要。

在整个企业营销活动中，渠道策略占有独特地位。首先，渠道的选择直接影响和制约着企业其他的营销策略，如产品的价格不仅取决于生产该产品的单位成本，而且取决于流通费用的补偿，取决于因经销商的声誉、实力、分布密度所带来的市场份额的大小。其次，渠道策略是相对长期的决策，因为渠道模式一经确定，如果市场情况有所变化，想再改变或调整原有渠道成员的经销关系就会有很大难度。再次，渠道策略涉及企业之间的合作，因为只有得到中间商的支持与配合，渠道策略才能成功。最后，由于营销渠道由一系列中间商组成，关系较为间接，信息反馈往往滞后，零售商的销售状况看上去似乎与生产企业无关，但零售环节的销售一旦出现困难，生产企业往往还来不及反应，就已经受到了损害。

（四）网络时代的去中间化

有观点认为，电商的本质就是零售，目前中国的经销商从一定程度上看是商品流通的障碍。经销商会抬高商品成本，妨碍实现线上线下价格统一和电商产品的低价原则，还拉长了用户和企业之间的直接距离，结果导致企业电商效率低下、产品价格高、用户抱怨无法及时转达。但移动互联时代，网络无法替代中间商。

营销视角

知名二手车网站藏起了“没有中间商赚差价”广告语

“没有中间商赚差价，卖家多卖钱，买家少花钱。”某二手车网站聘用某知名男影星不断重复的广告语耳熟能详。但调查发现，该广告语与企业实际经营并不相符，这主要体现在两方面：

首先，该网站提供的“保卖”服务是从个人手中收车销售，中间包括买卖双方服务费、过户费、贷款服务费等费用。相关的法院判决书显示，该公司是家有资质的中介公司，直接地说，它自己就是中间商。

其次，该网站上有大量中间商。该网站宣称平台上没有中间商，但一些二手车商通过该网站销售车辆。网站客服表示，只要人、车、证照齐全，平台就可以挂售，无需其他验资手续。二手车商亦可在该平台上销售。这些中间商一方面在二手车平台上销售二手车，一方面又以专业眼光拿下优质车源，然后加价出售。普通消费者自己很难独自买到优质车。

资料来源：号称“没有中间商赚差价”的网站，何以自己当起“中间商”?. https://www.sohu.com/a/245911430-616821；央视曝光的瓜子二手车，为何藏起“不让中间商赚差价”?. https：auto.ifeng.com/c/TuM8nDpx831.

第2节　营销渠道的功能

营销渠道的基本功能是实现产品从生产者向消费者的转移。由于生产方和消费方各自都存在不确定性——生产方不知道怎样联系最终用户，消费方不知道在哪里能找到自己所需要的产品，中间商的存在为两者搭起了一座桥梁。通过减少消费者和生产者的搜寻成本，营销渠道实际上提高了消费者和生产者的价值，促使产品实现顺利转移。

产品在营销渠道中流动时，存在五种以物质或非物质形态运动的“流”，即所有权交易流、产品实体转移流、信息流、促销流和支付流（见图1-6）。

所有权交易流
供应商→制造商→销售商→消费者

产品实体转移流
供应商→运输者→制造商→销售商→消费者

信息流
制造商代表→销售商→消费者

促销流
广告代理商及媒体→制造商→销售商→消费者

支付流
供应商←银行←制造商←银行←销售商←银行←消费者

图1-6　营销渠道中五种不同的“流”

一些企业如银行、保险公司、运输公司、仓储公司、咨询公司、广告公司以及其他机构（如海关等），虽不处在渠道之中或不介入商品所有权的转移过程，但与渠道运行有着密切的联系，而且不可或缺。如果它们与上述五种“流”综合在一起，看上去简单的营销渠道便立即呈现出错综复杂的关系（见图1-7）。

图1-7意味着在实现基本功能的前提下，营销渠道的中间商向客户提供了一系列的复杂服务。中间商可能提供的服务包括信用、物流、市场信息及产品售后服

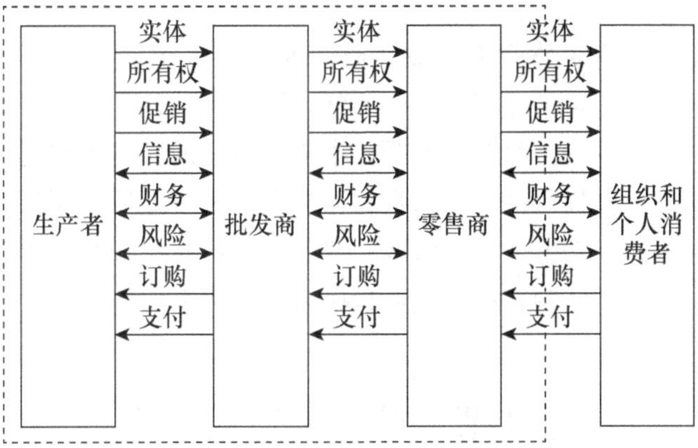

图 1-7　营销渠道的流程

务等。也有学者将渠道的功能进一步细化。比如，卡斯特利·兰根将渠道的功能分为八个方面：产品信息、产品定制化、产品质量确定、产品规格、产品分类的集合、产品应用、售后服务和后勤服务。[①] 菲利普·科特勒认为营销渠道执行了下述一系列功能：信息收集、促销、谈判、订货、融资、风险承担、占有实体、付款和所有权转移（在随后的章节中介绍）。

渠道服务是具体和详细的。以平衡厂家生产的产品种类与数量和特定消费者需求的产品种类与数量之间的矛盾为例，中间商至少需要提供如下服务：

（1）归集。中间商从不同的生产厂家进货，再销售给零售商或最终用户。例如，中间商购进矿泉水、方便面、牙膏、啤酒、电池、儿童玩具等商品，再出售给最终用户。

（2）分装。中间商从生产厂家大批量进货，再分装成消费者所期望的较小包装出售。例如，中间商购进十吨茶叶，分装后再卖给那些每次购买半斤或一斤茶叶的消费者。

（3）分级。中间商将一次性大批量购进的商品分成不同的等级之后出售。

（4）汇总。中间商从生产类似产品的多个厂家进货，再销售给最终用户。例如，一个服装批发商从全国各地的多个厂家采购各种款式的服装汇总后销售。

在不同的营销渠道中，这些功能可能会由不同的渠道成员承担。当渠道结构改变时，这些功能的结合方式也会发生变化，但所需承担的工作总量不变。换言之，在渠道中某些机构可以被取消，但这些机构所承担的功能不能被取消，只不过移至前一个环节或后一个环节，由其他成员承担。制造商既可以独立承担一切，也可以把所有的工作全部转移给中间商。例如商品运输环节，制造商、批发商、零售商甚至最终消费者都可以参与，但也可以只由一家第三方物流专业公司负责，而制造商和最终消费者通过网上销售直接达成交易。这也正是现代企业营销渠道决策的复杂

---

① V. Kasturi Rangan，Andris A. Zoltners，Robert J. Becker. The channel intermediary selection decision：a model and an application. Management Science，1986（9）.

多变之处。

在第 1 节，我们界定营销渠道概念时简要提及渠道的基本服务。此处需要指出，有人认为“功能”是渠道服务的一部分，可泛泛地认为就是服务，这和本书所强调的服务和服务意识的内涵有些差距。本节所涉及的功能不仅是服务，更是服务意识的载体。以中间商提供的产品归集和分装为例，这些属于渠道的功能，从服务视角看，企业通过这些功能方便了顾客。服务意识便是以顾客需求为导向，向顾客提供更加便利的服务，体现在渠道上便是渠道功能的重新整合。

第 3 节　营销渠道的结构

营销渠道的结构是企业渠道战略选择的结果，不同的渠道结构对应不同的企业渠道战略和战术，企业需系统了解自身渠道结构的特点。营销渠道的结构可依据不同标准分类。现实情况是企业渠道的构成是综合的，企业在应用时，以一种为主，兼顾其他。

通常，可根据中间层次的数目对营销渠道分类。不算处于渠道起点的生产者和处于渠道终点的消费者，产品每经过一个直接或间接转移商品所有权的中间机构，就称之为一个流通环节或中间层次（如批发商、代理商、零售商等）。在商品分销过程中，经过的环节或层次越多，渠道越长；反之，渠道越短。该分类方式较直观，批发商和零售商是构成营销渠道的基础，且呈现各自的特征和规律。此外，还可依据渠道成员关系远近和组合方式的不同进行分类。

一、松散型渠道

传统渠道大都是松散型的，即渠道成员之间彼此都是独立的。下面分别介绍个人消费者市场和产业用户市场常见的渠道类型。

（一）个人消费者市场的常见渠道类型

根据生产厂家是否与消费者直接接触，可以将渠道分为直接渠道和间接渠道，间接渠道还可以根据中间机构数目进一步分为三种类型（见图 1-8）。

1. 直接渠道

在图 1-8 的渠道 A 中，生产厂家直接和消费者接触，该模式代表的就是直接渠道。近年来，随着电子商务、网络营销的发展，直销商品的范围进一步扩大。

一般认为，企业采用直销渠道的本意是为了节省中间成本。但事实上，很多企业在渠道上投入了相当多的人力从事销售，成本并不低，其首要目标可能在于人员销售的有效性，而非渠道成本的降低。将这种多人员销售、看似企业与消费者面对面的渠道称为直接销售显然也是值得商榷的。

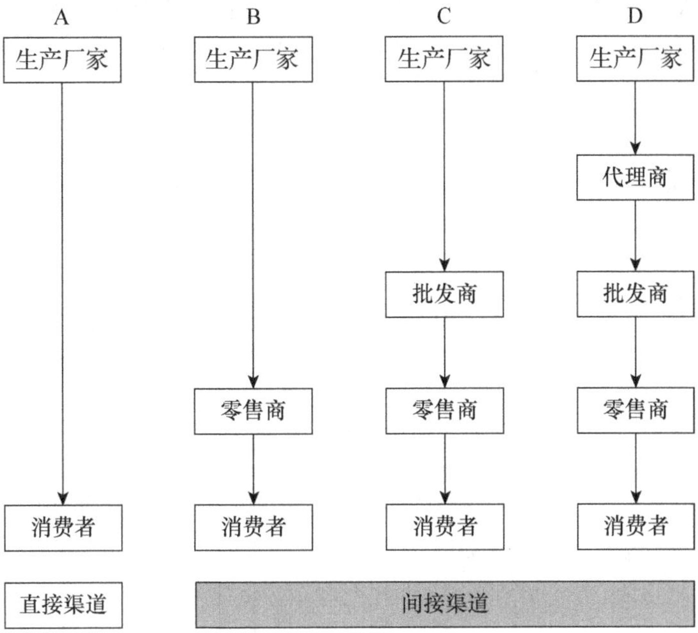

图 1-8　个人消费者市场的常见渠道类型

2. 间接渠道

迄今为止，间接渠道仍是消费者市场上的主要分销模式，因为消费者人数众多，多为零星、分散的小批量购买。在图 1-8 的 B、C、D 三种渠道类型中，生产厂家和消费者并不直接接触，而是存在不同层次的中间机构，所以都属于间接渠道。

在渠道 B 中，生产厂家和消费者之间增加了零售商。当零售商的规模足够大且能大批量采购，或是商品的单价很高而使得批发商维持库存的成本过高时，就经常采用这种渠道。例如，一些厂家直接向沃尔玛和家乐福这类大型零售商销售产品，汽车制造商直接通过汽车零售商销售汽车。

对那些产品单价比较低、销售地域广而消费者又经常购买的产品，如果生产厂家直接向零售商销售就显得不经济。于是，在生产厂家和零售商之间就增加了批发商这个环节。例如，娃哈哈将产品销售给地级批发商，通过这些批发商强大的配送能力，将产品销售给各零售商，最后到达消费者手中。图 1-8 中的渠道 C 就是这种类型。

当小型生产厂家需要面对许多零售商销售时，往往还会通过代理机构来销售产品，如图 1-8 中的渠道 D 所示。例如，一些钟表生产厂家就常采用这种类型的渠道开拓海外市场。

（二）产业用户市场的常见渠道类型

产业用户市场的渠道也分为直接渠道和间接渠道两大类，同时又具有与个人消费者市场不同的特点，如销售地域比较集中、对售后服务要求较高、销售金额较大等，因而其渠道通常比个人消费者市场的渠道要短。图 1－9 所示就是最为常见的类型。

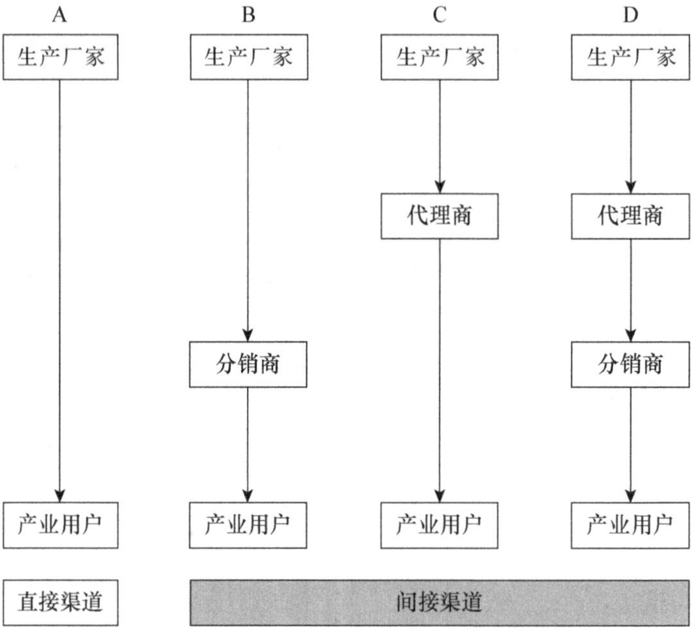

图 1－9　产业用户市场的常见渠道类型

当产品单位价值较高，需要大量谈判并要求较强的专业技能时，企业会采用直接渠道，如图 1－9 中的渠道 A 所示。如思科公司销售系统设备，瑞典利乐公司销售其包装设备与材料，德国克朗斯公司销售啤酒灌装设备和包装机械就选择了直销渠道。

也有不少公司通过分销商或代理商，或者同时采用二者销售其产品。分销商和代理商所起的作用类似个人消费者市场的批发商。图 1－9 中渠道 B 和渠道 C 很相似，只不过代理商不具有商品所有权。一些专业性比较强而产品单位价值不是很高的产品，有可能采取图 1－9 中的渠道 D。

随着渠道层次的增加，生产者控制分销过程和获得市场信息的难度将大大提高，并可能导致流通加价过高。但并不能笼统地以渠道的长短来论其优劣。因为一种产品流通过程中要完成的职能并不随着渠道长短的变化而增减，而只是在参与流通过程的机构之间转移、替代。例如，一家电脑公司决定改由自己的销售机构直接向消费者出售商品，它就要把原来由批发商、零售商承担的产品储存、运输、包装、拼配以及资金投入与占用等多种职能统揽起来，收益固然增加，但费用也随之增大。因此，渠道长度决策的关键点是要选择适合自身特点的渠道类型，权衡利弊得失，尽力提高经营的效率和效益。实际上，企业往往采取多渠道分销产品，以适应不同的市场需求，取长补短，提高市场渗透程度。例如，同一产品，如果要推向远方市场或销往全球市场，其渠道环节肯定比仅在当地市场销售要长，涉及的中间商数量也多。

二、紧密型渠道

紧密型渠道是近年来渠道发展中最重大的发展之一，它是作为对传统营销渠道的挑战而出现的。为更好地承担营销功能，取得好的营销效果，许多公司都期望渠道机构能更好地协调行动，并因此加强了对渠道的掌控力度。紧密型渠道就是在这样的情况下形成并发展起来的。垂直渠道系统、水平渠道系统均属于紧密型渠道。不过，这里的“紧密”是相对于传统渠道成员之间松散的、类似点与点的关系而言的，这种紧密在某种程度上可以认为是渠道成员之间注重协作的结果。

渠道伙伴关系是指渠道成员之间通过协议或程序，加强相互之间的合作，以缩短执行渠道功能时所需的时间并降低成本，更好地为消费者服务。例如，一些制造商利用现代信息和沟通技术，通过在大型零售商的售点安装扫描系统来收集顾客信息和库存信息，以提高自己满足顾客需求的能力。

（一）垂直渠道系统

垂直渠道系统包括公司型、合约型和管理型垂直渠道系统（见图 1－10）。公司型系统常常是通过前向一体化或后向一体化形成的所有权统一的渠道系统。合约型系统包括批发商发起的自愿连锁、零售商发起的合作和特许经营安排。根据发起者提供的是产品还是服务，是零售还是非零售，特许经营安排又可以进一步细分为三种类型。管理型系统的形成源于某个渠道成员的规模或影响力，而不是基于渠道成员间的所有权关系。

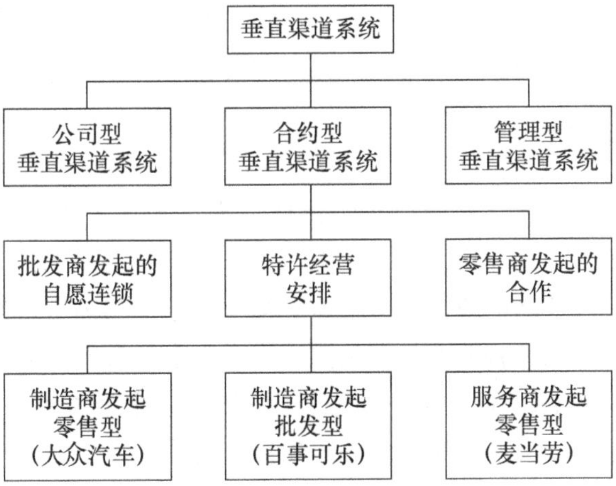

图 1－10　垂直渠道系统的类型

（二）水平渠道系统

水平渠道系统又称为共生型渠道，指两个或两个以上企业横向联合而形成的渠道系统。其目的是通过联合，发挥资源的协同作用或规避风险。这方面的典型例子是可口可乐和雀巢联手组成的水平渠道系统。雀巢在茶类饮品市场中具有品牌优势，可口可乐则拥有强大的生产和分销系统。二者共同斥资组建了 BPW 公司，在具有广泛市场认知度的雀巢柠檬茶的基础上推出了即饮型冰爽茶饮料。

三、混合渠道

通常，紧密型渠道还包括垂直渠道系统和水平渠道系统的混合，紧密型渠道视角下的混合渠道概念是垂直渠道系统和水平渠道系统的拓展。这里需要注意，一般情况下混合渠道的概念比较宽泛，主要指各种类型的渠道混合，而随着时代的发展，特别是互联网营销情形下混合渠道的内涵有了变化，它主要指全渠道。

（一）混合渠道系统

混合渠道系统指复杂的消费者子市场结构使得公司接受的多渠道系统。当一家企业建立两个或两个以上的营销渠道为某个子市场服务时，多渠道市场营销活动便开始了。

混合营销渠道为面对大型和复杂市场的公司提供了许多好处。通过混合渠道系统，公司扩大了销售范围，提高了市场覆盖率，有机会调整产品和服务，满足多样化的消费者子市场需要。但是这些混合渠道系统很难控制，当营销渠道中竞争变得激烈时，营销渠道内部会产生冲突。

同一行业中的不同企业采用完全不同的分销策略，也可以取得成功。如美国的露华浓和雅芳都是制造和销售化妆品的公司。露华浓选择传统的间接渠道，通过较多的批发商、零售商以及大量做广告宣传推销其产品；而雅芳利用自己的推销队伍直接上门向最终消费者边宣传边推销，只使用较少的广告宣传。

（二）全渠道系统

随着移动互联网的普及，混合渠道的研究重点转向了线上线下渠道的紧密结合，即全渠道系统，但全渠道系统本质上与混合渠道系统并无太大不同，只是全渠道系统侧重于强调互联网的应用。全渠道零售就是通过实体店、网站、电视、报纸等各种渠道与顾客互动，将迥然不同的渠道整合成全渠道的一体化无缝式体验。但这种模式处于发展初期，尚未形成完整的理论体系。全渠道零售也涉及商品策略、店铺策略、促销策略、人事策略、服务与物流策略等。

关于线上和线下商业模式的争论（比如，有观点认为亚马逊等购物网站会完全替代线下购物）现已让位于全渠道如何建设的探讨。有观点认为既然传统的零售商增加了网络销售途径，亚马逊、京东将来也要开设实体店铺，实现全渠道经营。本书认为，分析思路不能简单化，全渠道下的分销模式受制于多种因素，这些因素包括：

（1）大众心理和企业发展决定了模式发展方向。理论上，消费者追求的是一种无缝式体验，即通过多种渠道与供应商互动，比如，在线上购物、店内取货等，不同渠道提供的信息应是一致的。企业的发展也会对消费者的购物方式产生影响，并有可能形成习惯。模式发展方向持久可行的基本前提是企业模式的发展不违背基本的经济和政治规律。

（2）不同的产品类型应匹配不同的渠道和渠道职能。实体店零售商通常强调销售的可触摸和体验，例如，衣服是否合身、是否习惯香水的气味等。线上购物可能更适合通过看即可购买的产品。从渠道职能看，企业可对更适合在实体店销售的产品，在线上进行信息展示和促销推广。

（3）多渠道的一致性。不同渠道需要不同的技能和独特的资源，但多渠道应提供整合、统一的购物体验。在实体店，零售商需负责送运商品、包装、卸货等；网络零售商则需要接受大包装商品，联系快递或直接送货给顾客。不同渠道需要不同的包装、运输体系等。这也是为何一些零售商专门成立部门负责电商业务。多渠道的一致性还体现在品牌形象、定价等方面。在品牌形象上，如果企业要强调高质量，则其在所有渠道都应强调功能而非流行元素。通常，顾客认为不同渠道的价格是一致的。但电商在创业初期，为吸引顾客，长期采用低价策略。

（4）顾客在不同渠道间转换。渠道建设的一个问题是渠道建好后，消费者并不采用。常见的情形是，消费者在网上搜寻，在线下体验，然后到网上购买。如果该过程发生在一家企业，那是最理想的，但如果消费者到其他企业购买，该企业就要反思自身的渠道建设策略，制定应对措施。

营销视角

全渠道零售商的兴起

国内外全渠道零售商的兴起折射出连锁百强乃至整个零售市场的新格局和新趋势。

在国外，自 2000 年互联网泡沫以来，沃尔玛就大力投资线上零售业。2018 年中期，沃尔玛在电子商务销售中排名第四，其网站平均每月有大约 3.27 亿次独立访问，访问内容包括音乐等数字内容、第三方供应商及普通商品。为进一步加强其电子商务平台建设，该公司于 2016 年 9 月以 33 亿美元的价格收购了多家创业公司，包括线上零售初创公司 Jet. com。2018 年，沃尔玛的电子商务销售业务实现了惊人的增长。

同时，亚马逊正在扩展到实体零售业。2015 年，该公司在西雅图开设了首家实体书店，并于 2018 年底将该连锁店扩展到了 16 个地点。2017 年 6 月，亚马逊以 137 亿美元的价格收购了有机食品杂货连锁店全食（Whole Foods），并为食品杂货商提供两个小时的送货服务以及为 Amazon Prime 会员提供各种优惠。2018 年 1 月，该公司开设了其第一家 Amazon Go 商店，这是一家无收银员的便利店，它计划开设 3 000 家 Amazon Go 商店。

在国内，资本的进入也在加速改变连锁百强的格局。阿里巴巴通过投资控股构建了“新零售”板块——银泰商业、三江购物和大润发。

中国零售百强普遍是线下实体店，但部分连锁百强企业线上业务的增长和占比显著提升。新冠肺炎疫情推动了消费者的线上购物，连锁百强企业通过近几年的线上布局，开展到家、直播、拼团等业务，线上销售成为企业增长的新动能。2020年，连锁百强企业线上销售规模达到 5 600 亿元，比上一年增长 12.0%，占连锁百强企业销售规模的 23.3%。

第 4 节　营销渠道的演化

营销渠道是一个国家经济系统的一部分或一个子系统，随着时间的推移和环境的变化而不断地发展和演化。图 1－11 显示了这样一个演化的过程。营销渠道的演化和渠道成员之间的优胜劣汰说明营销渠道是一个开放的系统，任何一个渠道成员都必须适应环境的变化，不断调整自己的功能，调整自己的组织结构和任务，而整个渠道系统的演变就是渠道中各个成员对渠道内部和外部环境中各种影响因素不断适应的结果。

一、营销渠道环境的变迁

有哪些因素以怎样的方式影响着营销渠道的演化？外部环境因素的变化显然是其中最重要的因素，它们的变化推动着营销渠道系统组织形式的不断创新。

（一）经济环境的变化

经济环境指市场的结构、消费者的消费特征和购买力、消费者的储蓄和信贷情况、物价等因素。例如，改革开放以来，我国经济的持续发展和人民收入水平的提高直接影响了我国零售业态的发展。我国的零售业态已从单一的统购统销体制，转型为百货、超市、购物中心等多零售业态并存。近年来，奥特莱斯在我国发展迅猛，该业态凭借知名品牌多、折扣低、停车场大等特点，吸引了倾向品牌消费、重视性价比和喜欢开车的年轻人。奥特莱斯离市区比较远，房租较便宜，采用厂家直销模式，且销量大，这些都有效降低了渠道运营成本。供应商也愿意和奥特莱斯合作。

（二）社会和文化环境的变化

社会和文化环境因素范围甚广，主要包括人口因素、社会流动性、消费心理、生活方式、文化传统、价值观等。社会和文化环境在逐渐发生变化，有些核心因素

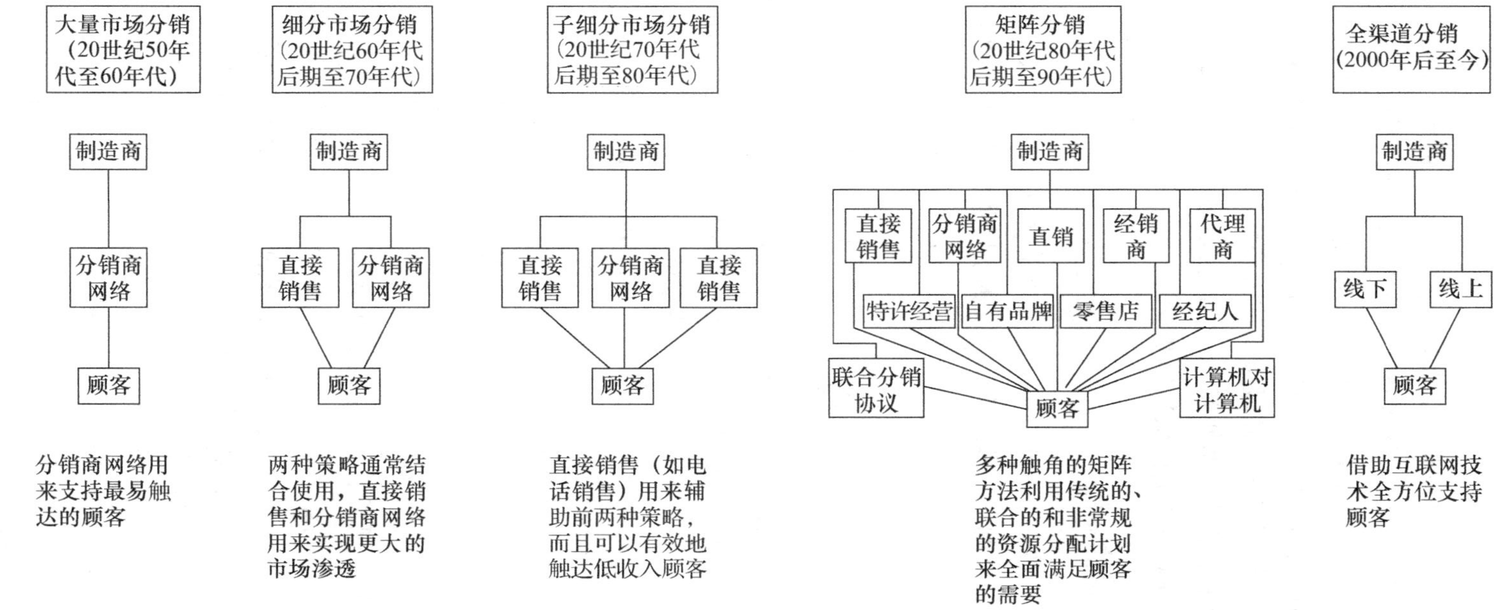

图 1–11　营销渠道的演化

通常会保持高度的稳定性和持续性，如宗教信仰、民族特征、社会习俗等，但有些因素（比如消费者习惯）变化相对较快。企业制定渠道战略目标和计划时必须适应这些因素的变化。

例如，消费者的生活态度和生活方式影响他们收集信息、选择产品与服务及购物的方式。生活方式和消费方式的多样化使人们在选择商品时更重视服务而不是功能，零售商在提供服务方面能比生产商更好地了解消费者的需求。收入水平和消费水平的提高，交通设施的现代化，居住空间和家用冷藏设备的增加，使购物不再成为每天的例行事务，从而促成了超级市场的大型化，为减少渠道层级奠定了基础。生产商和批发商越来越依赖能够使其产品到达目标顾客的零售商，这意味着零售商的地位提高，生产商对零售商的依赖程度加大。

（三）技术环境的变化

技术环境因素主要指技术环境中对企业营销渠道战略和计划产生影响的因素，主要包括国家的科技体制、科技政策、科技水平以及科技发展趋势等。了解技术环境对渠道建设至关重要，有些学者甚至认为，在诸多影响渠道变迁的因素里，技术环境排在首位。

技术环境的变化直接改变了渠道的效率。例如，20世纪90年代以来，以电子信息技术为基础的通信手段高速发展，消费者在家里就可以通过有线电视、电话、电脑与生产商和零售商沟通。随着微电子技术的发展，以POS（销售终端）、DDI（设备驱动程序接口）、MIS（管理信息系统）等为代表的商业自动化系统可以及时收集处理各种信息，加以汇总分析，并提供准确及时的决策依据，解决了商业企业收集、加工、传递信息的难题，使连锁店、超级市场获得了强有力的技术支持。采用POS系统可以在极短的交易过程中自动抓取与顾客有关的信息并存入计算机。电子系统还可以使零售商实现小批量订货，满足消费需求，节约资金占用。另外，现代电子信息技术使支付手段发生了革命性的变化，纸币逐渐被电子货币取代，这不仅方便了消费者，简化了付款手续，同时也便于生产商、批发商和零售商及时了解市场动态，加速企业资金的周转。随着支付宝、微信支付等新型支付手段的出现，很多渠道的交易实现了上游和下游之间不见面也可完成。

技术环境的变化仍将继续大幅改变渠道。2019年《政府工作报告》中多处提到了互联网＋、智能＋、平台经济、网络提速降费、“携号转网”、跨境电商等内容。其中，互联网＋成为关注和讨论的热点。互联网＋是对创新2.0时代的信息技术与创新2.0相互作用、共同演化从而推进经济社会发展新形态的高度概括。

体现在营销渠道建设上，互联网＋代表一种新的经济形态，即充分发挥互联网在营销渠道中的优化和集成作用，将互联网的创新成果深度融合于营销渠道建设的各领域，提升企业营销渠道的创新力和生产力，形成更广泛的以互联网为基础设施和实现工具的营销渠道发展新形态。

（四）竞争环境的变化

竞争是营销渠道系统创新的主要外部动力。随着国内市场经济的进一步深入发展，竞争导致的渠道结果更加突出。以往，企业的竞争可以聚焦本地、本省，但现在要将视野放宽至全国、全世界。

与移动互联相关的新兴技术在改变着竞争的格局。在移动互联时代，企业的竞争环境发生了以下变化：

1. 营销渠道的差异化竞争加剧

在移动互联时代，物流等渠道相关产业的快速发展加大了企业对渠道的选择权。越来越多的商品和服务通过不同的渠道进入市场，这就存在着差异化的竞争。差异化竞争的强度取决于不同销售组织的区别及不同消费者对销售组织的偏好程度。如果区别的程度小，差异化竞争的强度就大。如快餐类食品对消费者的差异度不是很大，超级市场也可以提供加热的熟食与肯德基和麦当劳之类的快餐连锁店进行竞争。为有效地适应营销渠道的差异化竞争，生产商、批发商和零售商要经常分析目标顾客与各种不同渠道所产生的品牌效应和提供的服务水平的相关性。如两瓶酿造时间相同、由同一产地生产、用同一种葡萄酿制、具有同样包装的葡萄酒在超级市场和名酒专卖店的定位是不同的。

2. 零售机构的生命周期缩短

随着市场竞争的日益激烈，零售机构从发展到成熟的时间不断缩短：百货商店从开始到成熟经历了上百年；购物中心、便利店从开始到成熟经过了几十年。互联网电商从创业到开花结果持续了 30 余年，现在移动端的各类零售应用软件短短数年已有很多。经营成本和创造顾客价值决定了零售机构是否会盈利，决定了生产商和零售商对零售机构的创新要以市场为导向。但证券市场的发展和一些特殊的股权结构设计（如 VIE 结构，也称为协议控制），使得某些零售企业短期内获得融资，不受限于资金，这也加剧了竞争并间接发挥了催熟零售企业的功效。

（五）政治法律环境的变化

政治法律环境因素直接制约着营销渠道系统的行为、结构和创新。美国重要的贸易管制法令《谢尔曼法》《克莱顿法》《罗宾逊-帕特曼法》《联邦贸易委员会法》都含有旨在阻止某些类型的具有反竞争效应的商业行为的条款，以保护企业创新的积极性。如对双轨销售、排他性交易、价格差别、价格维持协议、转售限制、销售安排和垂直一体化等商业行为作了严格限制，从而制约了渠道系统内生产商、批发商和零售商的垄断倾向。良好的政治和法律环境可为营销渠道系统的创新提供良好的保障。

移动互联产业是新型行业，相关的法律监管政策存在一定的容忍空间和滞后性，但随着这些产业对国民经济产生重大影响，相关法律会随之跟上并逐步规范。

以亚马逊为例，该公司为降低成本，经常会利用美国不同州间的税率差异。但随着该公司规模逐渐变大和对美国商品流通业态产生了较大影响，美国政府加强了对该公司的监管力度。

二、营销渠道的变迁趋势

每个渠道成员的行为在经济、技术和竞争等环境因素的作用下不断发生变化。纵观国内外企业营销渠道的发展，可以大致总结出以下几点重要趋势。

（一）渠道结构扁平化

厂家—总经销商—二级批发商—三级批发商—零售店—消费者，这是传统销售渠道中的经典模式。传统的销售渠道呈金字塔形，其广阔的辐射能力为厂家深入渗透市场发挥了巨大作用。但在供过于求、竞争激烈的市场营销环境下，传统渠道存在着许多不易克服的缺点：多层次的渠道格局使企业难以有效地控制销售渠道，不利于落实销售政策，而且有碍于效率的提高。因为多层次的流通无法使信息得到准确、及时的反馈，还会造成人员和时间上的浪费，也不利于形成产品价格竞争优势。在产品利润高、价格体系不透明、市场缺少规则的情况下，传统销售网络中普遍存在的“灰色地带”使经销商获得了超额利润，而企业产品在市场上的竞争力却下降了。多层次的销售网络不仅会瓜分渠道利润，而且会因经销商不规范的操作手段如竞相杀价、跨区销售等造成严重的冲突。

在移动互联时代，消费者需求在改变，竞争愈演愈烈，技术不断创新，这些变化均在加速，无疑使营销渠道面临挑战。许多企业正将销售渠道改为扁平化的结构，即销售渠道越来越短、同一层次上的销售网点越来越多。销售渠道短，增强了企业对渠道的控制力；销售网点多，则加大了产品的市场覆盖面和销售量。例如，一些企业由多层次的批发变为一层批发，即厂家—经销商—零售商。一些企业在大城市设置销售公司和配送中心，直接向零售商供货。戴尔就是渠道创新的一个典范，它通过直销方式，缩短了供应链，降低了渠道成本，产品销售额和利润稳步上升。

为什么会出现渠道扁平化的趋势呢？因为各品牌瓜分市场，要求厂商把更多的精力放在与最终客户沟通及为它们服务上，并降低产品价格，提高产品竞争力。扁平化的渠道结构使企业能更敏锐地捕捉目标顾客群的需求，迅速调整现有的营销组合策略，最大限度地降低营销成本，减少库存压力，使自己的产品具有很强的价格竞争力。

渠道扁平化是一种趋势，但绝不是简单地减少哪一个层次就可以称为渠道扁平化。渠道扁平化实际上是优化供应链的过程，真正减少的应是供应链中不增值的环节和增值很少的环节，而从实际操作层面来看，不同的产品有不同的用户和市场，应该有不同的渠道策略和渠道架构。关于渠道应该扁平到什么程度，目前厂商和分销商都没有明确的说法，但从中国的具体国情来讲，有一点可以明确，那就是核心代理是渠道不可或缺的。因为我国市场区域广阔，各地经济发展不平衡，人文特点差异也较大，单靠制造企业自己推广产品，往往花费很大的代价却得不到预期效果，因此，扁平化并不等于一概不要中间商。

营销视角

五粮液的渠道扁平化

"自从国家反腐倡廉和严控'三公消费'以后，高端酒的营销开始转型，其中包括渠道扁平化，这是各大酒厂积极尝试的新模式。"近年来五粮液公司拿渠道开刀，进行深层次调整，通过渠道的逐步扁平化，增强对渠道的控制力度。

2015 年，五粮液公司启动直分销模式，指派专人在省区进行试点。该公司定义的直分销模式是指由区域营销中心牵头，将大经销商转变为某一区域或者某一渠道的平台服务商，公司向服务商按照协议价格供货，该区域内其他协议经销商直接与平台服务商建立交易关系，而不再与公司产生直接的财务关系。2017 年，公司提出的"百城千县万店"工程是实现向终端营销转型的重要战略举措。从 2019 年起，公司全面实行"控盘分利"模式。控盘分利是指在正常销售获利的基础上，向那些专心销售和做好消费者培育的经销商、终端进行额外收益倾斜。通过控盘分利，公司可实现对终端消费者的掌控，保证各个环节利润体系的稳定，而经销商及终端则可获得正常价差并实现增值收益。

五粮液公司进行营销机构改革，形成了"七大营销中心＋子公司"的全国市场网络布局。而对于特曲等新产品的销售，公司将采取小平台运营商模式，以地级行政区域为招商单元，实施渠道扁平化。

资料来源：http://finance. china. com. cn/news/20140916/2677229. shtml；http://www. jianiang. cn/touzi/0605a10R020. html.

（二）营销渠道一体化

随着买方市场的出现，生产—分配—交换—消费中各个环节的相对重要性发生了历史性的变化，现在生产商更加依赖批发商和零售商所提供的有限市场。为了应对日益复杂的环境，许多生产商、批发商和零售商组成统一的系统，以降低交易费用、开发新技术、确保供应和需求。市场竞争表现为整个渠道系统之间的竞争。以日本汽车行业为例，现代的竞争不单是丰田汽车工业公司、丰田汽车销售公司与日产汽车公司的竞争，而是包括经销商在内的丰田集团与日产集团的竞争。

（三）营销渠道系统大型化、综合化、世界一体化

随着全球经济一体化趋势的加强，市场机会的差异推动了全球营销渠道系统的发展，地区之间销售渠道的差别日益减小。20 世纪 50 年代初，美国、欧洲和发展

中国家的营销系统有着天壤之别，如今则日趋接近，超级市场、连锁商店和直销等形式在发达国家和新兴国家同样发达。一些巨型零售机构正把自己的销售网扩大到世界各地，如西尔斯在墨西哥、南美洲、西班牙和日本设立了自己的网点；马狮集团在欧洲市场零售网络中的影响久负盛名；沃尔玛海外事业部的增长速度早已超过其国内部分。这种零售商业的国际化发展，反过来进一步增强了生产商开拓国际市场的能力。生产的国际化更加依赖渠道网络的国际化，各种全球化的垂直营销渠道网络应运而生。

在中国，跨境电商成为渠道全球化的一个缩影。跨境电商是指分属不同关境的交易主体，通过电子商务平台达成交易，进行支付结算，并通过跨境物流送达商品、完成交易的一种国际商业活动。财政部、国家税务总局、商务部、海关总署联合发文明确，对跨境电子商务综合试验区电商出口企业实行免税新规。

营销视角

深圳跨境电商领跑全国

“跨境电商增长非常迅速，订单量大幅上涨。”2021 年上半年，深圳海关监管跨境电商货物过千亿元，已超 2020 年全年总量，继续领跑全国。

自 2020 年以来，新冠肺炎疫情的反复与消费者习惯的形成持续驱动线上需求的增长，面对常态化疫情防控，“宅经济”的兴起正重塑全球生活消费习惯，电脑、智能手机、家用电器、家具和服装等相关产品出口持续增长。

知名跨境电商基础设施服务商深圳纵腾集团目前已建成重点覆盖欧美地区，遍及六大洲的跨境电商物流网络，在全球拥有超过 3 500 名员工，超过 40 家分支机构，30 座境外仓储和中转枢纽，年处理订单量超过 3 亿单。该集团负责人称，“背靠深圳这个中国跨境电商集中地，我们将凭借十多年出海经验和优势物流资源，把更多跨境物流专线和海外仓等服务扩展至中国其他省份，助力更多跨境卖家乘风崛起，搭起国内卖家与国外市场之间的桥梁。”

资料来源：https://m.thepaper.cn/baijiahao_13994829.

（四）大型网络零售商的地位加强

越来越多的企业关注如何利用互联网提供更多的顾客价值，将网络与传统产业成功地结合在一起。网络营销对传统的分销模式、分销理念形成了巨大的冲击，分销商不得不尽快调整思路，以跟上时代的变化。从发展势头来看，网络终将成为分销商手中的利器，分销商可以借助原有的营销渠道，继续巩固自身承上启下的地位：承上，可以迎合供应商实行网上交易的需要；启下，可以更好地发展二级供应商和经销商，建立广泛的扁平化渠道。如果分销商能够把网络系统和企业内部的管理信息系统结合起来，就能使管理完全实现电子化。

在中国，京东、苏宁、淘宝网等实际上就是在从事零售商的工作。它们借助资本的力量，迅速地拓展零售市场，其销售规模远远不是单一生产企业可比的。它们在整个渠道的话语权空前增强。

（五）渠道重心由批发向终端市场转移

20 世纪 90 年代后期，企业大多是在销售通路的顶端通过对总经销商的管理来开展销售工作。当市场转为相对饱和的状态时，这种市场运作方式的弊端就越来越明显：企业把产品交给经销商，由经销商一级一级地分销下去，由于网络不健全、通路不畅、终端市场铺货率不高、渗透深度不足等，经销商无法将产品分销到厂家所希望的目标市场，结果厂家产品的广告在电视上天天与消费者见面，消费者在商店却难觅产品踪影。

大型零售商面对市场，直接接触消费者，拥有第一手的市场信息，对市场风向感受灵敏。由于买方市场的形成，零售商在营销渠道体系中的竞争优势不断增强。从世界范围来看，以沃尔玛、家乐福等为代表的巨型零售商，以亚马逊、京东等为代表的互联网电商等早已向生产商发出了挑战。

（六）渠道成员关系由交易型向伙伴型转化

传统的渠道关系中每一个渠道成员都是一个独立的经营实体，它们以追求个体利益最大化为目标，甚至不惜牺牲渠道的整体利益。在伙伴式销售渠道中，厂家与经销商利益融合，使分散的经销商形成一个整体，渠道成员为实现自己和大家的目标共同努力，追求双赢（或多赢）。厂家与经销商合作的形式很多，主要有以下几种：

（1）联合促销。厂家与经销商共同进行促销，如合作广告——经销商发布广告，厂家给予一定的补贴（从货款中扣除或凭单据报销）；陪同销售——厂家派销售人员协助经销商向其下级客户销售；销售工具——厂家为经销商提供样品、POP 等。

（2）提供专门产品。厂家为经销商提供专门产品既可增强销售网络的凝聚力，又可以减少消费者购买时对价格的比较。如厂家为大的零售商专门生产某一产品，以及经销商买断某一品牌经营权等。

（3）信息共享。厂家与经销商共享市场调查、竞争形势、消费者动向等方面的信息。

（4）培训。厂家为经销商提供销售、产品、管理和营销等方面的培训，以提高经销商的销售和管理水平。在紧密型的伙伴关系中，厂家与经销商共同致力于提高销售网络的运行效率，降低费用，管控市场。从厂家角度，需要重视长期关系（如帮助经销商制订销售计划），渠道成员责任共担（如建立零库存管理体制），积极妥善解决渠道纠纷，厂家的销售人员要成为经销商的顾问（而不仅仅是获取订单），为经销商提供高水平的服务。厂家为经销商提供人力、物力、财力、管理和方法等方面的支持，以确保经销商与厂家共同成长。

综上所述，企业在新的市场条件下，要把握住机遇，勇于在渠道建设和管理上进行改进和创新。墨守成规，固守原有渠道，企业就会落后于竞争对手。

案 例

新冠肺炎疫情期间沃尔玛和京东健康项目的扩张

1. 沃尔玛健康中心

大型零售商一直是美国医疗保健生态系统的一部分。美国前五大药房连锁店（CVS Caremark、沃尔格林、来爱德、沃尔玛、克罗格）在2019年拥有超过27 800家门店。这些零售商进而与药房福利管理公司（PBM）合作建成了药品销售渠道，后者在制药商和零售药房承担渠道中间商角色。2019年，最大的三个PBM（Express Scripts、CVS Health和OptumRx）占据了近80%的市场。

为了进一步拓展业务和利用由于线上竞争导致的实体店空置的空间，沃尔玛加大了健康行业的投入，在医疗健康行业寻找机会。2019年，沃尔玛在达拉斯开设的沃尔玛健康中心（Walmart Health）正式开业。这家占地1万平方英尺的健康中心提供基础医疗、实验室检查、影像检查、牙科诊疗和咨询服务，价格只是患者在医生诊所和其他健康诊所接受诊疗价格的30%～50%。其发言人表示："沃尔玛健康中心将为当地顾客提供低价且透明的健康服务，让我们服务的社区消费者更容易负担优质医疗保健的费用。"

如果这一试点成功，沃尔玛会将其在全美推广，并借此迅速成为全美最大的基础医疗服务供应商。不过，沃尔玛健康中心总裁表示，开设基础诊所只是沃尔玛进军医疗市场的一小步。其在医疗领域的目标是，复制沃尔玛在零售业的超级中心模式：以更低的价格、更便利的方式提供更多种类的服务。其官方网站显示，这些价格从59美元到99美元的医疗服务包括初级护理、疾病和伤口的治疗、慢性病管理、体检和健康检查、实验室检查和免疫接种。

2. 京东健康

2020年，京东健康股份有限公司（以下简称京东健康）正式在香港联交所主板上市，上市首日市值即突破3 300亿港元。

京东认为，医药和医疗行业有很多亟待解决的问题，机会巨大。京东健康主营业务为在线零售药房及在线医疗健康服务，前者向后者提供优质流量，后者为前者创造需求。

在线零售药房业务通过三种模式运营：自营、在线平台及全渠道布局。自营模式主要是指京东大药房；在线平台模式主要是第三方商家入驻，目前拥有超过9 000家第三方商户；全渠道布局是为了满足用户紧急性用药需求，可以为全国200个城市的用户提供当日达、次日达、30分钟达服务。

在线医疗健康服务主要包括在线问诊、处方续签、慢性病管理、家庭医生和消费医疗健康服务等。为了更好地服务用户，京东健康组建了自有医生和外部医生团队，平台拥有6.8万名医生。京东健康还与一些国内顶级专家共建心脏中心、耳鼻喉中心等16个专科中心。

3. 疫情期间的沃尔玛健康中心

尽管美国新冠肺炎大流行仍在持续，但沃尔玛仍然计划开设多家健康诊所。项目高管预测，在接下来的12～24个月内，消费者数量将增加。

但沃尔玛健康项目必须审视其在新冠肺炎危机中的作用，危机对沃尔玛提出了一个问题，即在美国各地出现各种监管变化和公共卫生需求的情况下，其运营模式和战略应如何转变。

此外，一旦新冠肺炎大流行过去，公司就必须为有关市场和监管环境的重大不确定性做好准备。在这种不确定性之中，管理者不得不决定如何设计和运营沃尔玛健康中心的下一家诊所，以低成本、方便的环境提供高质量的护理。

4. 疫情期间的京东健康

疫情期间，有些用户无法出门购药，京东健康的药品销量增长同比超过100%。目前京东大药房已成为中国线上线下规模最大的药品零售渠道，这背后是强大的京东供应链和物流体系的支撑。

在互联网医疗业务中，常见病、轻病线上问诊，慢性病在线复诊，家庭医生签约服务，药品配送和可医保结算的线上缴费等服务都在逐步实践。京东将顺应国家推行的分级诊疗、家庭医生签约政策发展业务。

从长期来看，京东健康会打通线上线下，通过持续丰富互联网医疗平台服务，以及京东健康与线下医院的合作等方式，不断完善线上线下一体化的诊疗模式和用户体验。

▶ **问题：**

1. 为什么两家公司要进入健康产业？
2. 两家公司的健康业务有哪些异同？
3. 新冠肺炎疫情暴发后，两家公司的渠道建设策略有何异同？

本章小结

1. 营销渠道传统上指产品从制造者手中转至消费者所经过的各个中间商连接起来形成的通道。在移动互联时代，营销渠道有了服务、高效合作、共赢等新含义。

2. 营销渠道的基本功能是实现产品从生产者向消费者的转移，具体功能包括便利搜寻、调节品种与数量差异和提供服务等。

3. 营销渠道从结构上可分为松散型渠道和紧密型渠道两种。其中，松散型渠道在个人消费者市场和产业用户市场上都包括直接渠道和间接渠道；紧密型渠道包括垂直渠道系统、水平渠道系统；混合渠道包括混合渠道系统和全渠道系统。

4. 营销渠道是一个开放的系统，它随着经济环境、社会和文化环境、技术环境、竞争环境和政治法律环境的变化而不断创新演化。

5. 渠道变迁的趋势可总结为以下几点：渠道结构扁平化，营销渠道一体化，营销渠道系统大型化、综合化、世界一体化，大型网络零售商的地位加强，渠道重心由批发向终端市场转移，以及渠道成员关系由交易型向伙伴型转化。

思考题

1. 阐述中间商存在的经济学意义。
2. 简述营销渠道的功能。
3. 松散型渠道和紧密型渠道分别包括哪些类型？各自的特点是什么？
4. 简述营销渠道演化的几个阶段。
5. 举例说明渠道环境的变迁是如何影响营销渠道的演化的。
6. 为什么渠道结构扁平化是营销渠道未来发展的趋势？
7. 请结合现实分析我国企业进行渠道创新的必要性及未来趋势，并举例说明企业在进行渠道创新时面临的主要障碍。

第2章

零售商——渠道终端

学习目标

- 掌握零售业的特点及构成。
- 了解主要的零售业态。
- 了解移动互联零售。
- 了解连锁和特许经营的含义、类型、优势及劣势。

引　例

便利蜂在传统零售便利店行业寻找机会

便利店行业属于竞争激烈的传统零售行业。在中国，这个行业里有着无数的夫妻店、路边店、烟酒店等生存能力极强的传统店，也有7－11、好邻居等连锁或者特许经营店。很多企业尝试便利店连锁模式却失败了。在门店租金、人工成本快速上升的环境下，便利店如何提高效率和如何抓住消费者成为亟待解决的两个问题。

便利蜂对标7－11国际知名便利店来设计公司的运营模式和流程，以信息技术为支撑，拥有核心技术团队，打造新型便利店品牌。自2017年以来，便利蜂为北京、天津、上海等20个城市生活圈提供便利零售服务，短短几年内开设了近2 000家分店。

凭借基于互联网技术的管理和配送、时尚的店面设计、干净卫生的食物品类等竞争元素，便利蜂抓住了希望获得优质、健康、安心的产品和高效、便捷、满意服务的都市年轻消费者的心。

企业需要和消费者建立联系。营销渠道的职能是让消费者可以获得产品。零售和批发是渠道的两个基本职能或者环节。零售直接与消费者接触，它们不仅关系到普通消费者的日常生活，更关系到消费品制造商如何洞悉消费者需求。近几十年来，一个主要变化是渠道下沉，即渠道的职能逐步集中在零售商手中，零售商在整个链条上的话语权增强。此外，许多企业为了贴近消费者，把原来只卖给流通企业的产品（例如空调、计算机、打印机、汽车等）变成消费品直接卖给个人，它们自己也变成了零售商。要想做好零售，企业需要在设计分销渠道前首先了解零售商：它是谁？它做什么？它怎么做？我们有什么选择？我们在选择时要注意些什么？

第1节　什么是零售

零售是整个商品流通的出口或末端。在个人消费者市场上，无论制造商采取何种渠道战略，零售商都是不可缺少的合作伙伴，这是因为，零售商直接与消费者打交道，离消费者最近。怎样才能让消费者对企业产品产生与众不同的强烈印象呢？生产者需要把产品打入知名度高的零售商场，争取更大场地、更好的陈列位置。市场研究表明，品牌只有不断地在第一线给消费者施加强烈的感官刺激，方能从众多品牌中脱颖而出。零售商还是企业最直接的市场信息来源，这些信息对于生产企业来说至关重要。从竞争角度看，渠道终端的份额是有限的，控制住了零售终端也就是控制了本企业产品与消费者见面的机会，同时抑制了其他企业的机会。

一、界定零售

所有面向个人消费者的销售商品和服务的活动都可称为零售（retailing），以从事零售经营为主的企业和个人就是零售商（retailer）。这一概念包含的内容比较广泛，比如销售食品、服装、电影票、音乐、理财产品等。这些行业的零售遵从基本的渠道和零售规律，但不同行业又具有不同的特征。例如，银行业与一般消费者的接触网点也称为零售网点，但金融产品具有高风险、服务属性较多等特征，需要有金融知识背景的人士来负责渠道工作，这显然与快消品的渠道特征区别较大。本书主要介绍一般渠道和零售规律，以一般商品和服务为研究对象。

零售是最古老的商业形式。当生产力的发展促成批发贸易和零售贸易的分离之后，零售业就变成了最能代表商品运行终极目标的商业形式，商品只有通过零售才能最终完成从生产领域经过流通领域进入消费领域的全过程。零售商直接为最终消费者服务，其主要业务活动是将商品直接卖给最终消费者。零售业务与批发业务的本质区别在于，零售面对的是个人消费者市场，是整个分销网络系统的出口，是商品流通的最后环节。

零售面对的顾客十分分散，其经营形式也非常多样化。在发达国家，零售是一个庞大而分散的行业，企业数量通常超过生产企业和批发企业之和。

零售业的商品销售额是反映一国宏观经济运行状况的指标之一。一方面，由于消费者的个人收入很大一部分花在了零售商店，用于购买消费品，因此，如果一国的社会商品零售总额大幅度下降，表明该国在这一时期经济不景气，具体表现为商品库存积压增大、经济萧条、失业人数增加、公众收入减少；反之，如果零售增长，生意兴隆，社会商品零售总额增幅较大，则表明经济运行状况良好。另一方面，由于零售商是生产者与消费者或批发机构与消费者之间的中间环节，零售商经营状况的好坏不仅关系到市场供给状况，而且会影响整个宏观经济的增长。零售商经营状况好，批发业才能购销两旺，社会再生产才能持续，就业才能增长，也才能实现经济的实际增长；反之，如果零售商经营状况不佳，销售不畅，会造成商品在零售环节大量积压，批发和制造业也无法发展，进而国内生产总值的增长速度就会放慢，造成社会资源的闲置和浪费，最终导致经济衰退。

二、零售业的特点

纵观各国的商业运行，零售业具有如下主要特点：

（1）零售业是国民经济中的一大行业，从业人数众多。零售销售额占国民生产总值的比重很大，社会消费品零售总额是国家制定宏观经济政策的重要参考指标和依据。

（2）零售商的服务对象是最终消费者。消费者的分布受一国的人口数量、人口地理分布、市场分布状况的影响较大。

（3）零售商的业务活动具有明显的时间性和季节性。这是因为最终消费者的购买时间、购买习惯容易受传统风俗习惯的影响。例如，在我国，一年一度的春节是最重要的传统节日，节日前后的零售总额在全年中占比最大；在美国，圣诞节是最主要的节日，圣诞节一个月的零售额占美国全年商品零售总额的25%以上。

（4）消费者对零售商的职业道德、商业信誉、文明经商等预期较高。消费市场大多是买方市场，供大于求，零售企业之间竞争十分激烈。为求生存和发展，零售商必须秉持“顾客永远是正确的”“顾客第一”的经营原则，不断改善经营管理、服务态度，提高服务质量。

（5）零售业态存在生命周期现象。一个多世纪以来，特别是第二次世界大战以后，西方国家零售机构不断创新，新型零售组织不断涌现，而且新型零售商从产生到成熟所需时间日益缩短。例如，19世纪60年代出现了百货商店，七八十年代出现了邮购。到20世纪20年代，连锁店发展很快；30年代初出现了超级市场；40年代末出现了郊区购物中心；50年代出现了折扣商店，同时有了自动售货机；六七十年代，折扣百货、超级商店、特级市场、仓储俱乐部、便利店等名目繁多的新型零售机构不断出现。实体零售业态从产生到成熟所需的时间，百货商店花了100年（从19世纪60年代到20世纪60年代）；超级市场用了30多年（从20世纪30年代到60年代）；折扣商店用了20多年（从20世纪50年代中期到70年代中期）；仓储店只用了十几年（从20世纪70年代末到90年代中期）。近20多年来，互联网主导的线上零售模式逐渐成形。

延伸阅读

中国社会消费品零售总额

“十三五”期间，随着消费规模不断扩大，中国成为全球第二大消费市场。2019年，中国最终消费支出对经济增长的贡献率保持在60%左右，消费连续6年成为拉动经济增长的第一引擎。从增长趋势看，2016—2019年，中国全年社会消费品零售总额从33.2万亿元增至41.2万亿元。2019年中国社会消费品零售总额折算近6万亿美元，与美国零售业体量规模仅相差2 000亿美元左右。

其中，2019年我国零售百强企业销售规模达到8.6万亿元，同比增长17.3%。百强销售规模占社会消费品零售总额的比重进一步提升，占比超过20%。零售百强发展呈现出强者愈强的态势，排名前十的企业销售增速持续快于百强整体增速。此外，2019年电商保持较快增长，成为百强增长主动力。

三、零售业的构成

零售商的分类方式多种多样。零售行业从业人员要体现出专业性，并不一定要懂得各种数学分析模型，而是要了解零售业态的具体细节。按零售经营业态划分，通常首先将零售商分成实体零售商和非实体零售商两类，当然也有一些零售形式不能简单地归入这两种类型。在北美产业体系中，零售（NAICS 44-45）包括店铺销售和无店铺销售两种形态，包括的子部门有汽车和零部件（NAICS 441），家具和家庭装饰品（NAICS 442），电器和电子设备（NAICS 443），建筑材料和园艺设备用品经销（NAICS 444），食品和饮料商店（NAICS 445），健康和个人护理商店（NAICS 446），加油站（NAICS 447），服装和饰品店（NAICS 448），体育用品、业余爱好、书籍、音乐商店（NAICS 451），百货商店（NAICS 452），杂货商店（NAICS 453），无店铺销售（NAICS 454）。

按所有权关系，零售商可分为独立零售商和连锁零售商，前者即所有者仅拥有一家商店，而后者则是同一所有者拥有两家或两家以上的联号商店，这些商店通常实行一定程度的集中采购和管理。以美国为例，尽管连锁公司的数量仅占零售公司数量的4%，却经营着全美1/5以上的零售商店，销售额占所有商店销售额的60%。全美最大的零售公司无一例外都是连锁公司。其中约50家零售连锁公司拥有1 000家以上的分店，并占全美商店零售额的1/3以上。即便如此，美国90%以上的零售商店仍为独立零售商所有，其中约半数的独立零售商完全由所有者自己及家庭成员经营，即不雇用他人。独立零售商的规模大多很小（除个别家族所有的大型百货公司）。独立零售商对经济的贡献主要是吸纳了大量的就业人口，满足消费者寻求便利的需求。

第 2 节　主要的零售业态

无论是去各种实体商店还是网上购物，我们都有必要了解主要的零售业态。在基本分类上，实体和线上的零售业态并无太多差异。我们依据专业惯例将零售商店的经营类型（或称业态）分为食品和非食品两大类，同时也融入由于网络零售的兴起而产生的一些新型分类。

一、食品类零售店

民以食为天，从零售行业的产品起源看，中外企业经营的产品类别均以食品为开端。即使是现在，以食品为主的零售店仍然是中外零售业的主力。但随着外部环境的变化，此类零售店的经营模式也在不断变化。例如，从最初的农产品交易市场到超市、自助超市、连锁店、网店，主流的经营模式一直在变。本书列出几种主要的类型。

（一）超市

超市（supermarket）主要销售食品、肉类、生鲜等商品，有一定规模的自助服务。它包括传统超市、食品超级商店、联合商店、超级市场、有限品类商店、仓储商店等。

1. 超级市场

超级市场是一种大型综合性食品零售店，起源于 20 世纪 30 年代，第二次世界大战后在美国获得迅速发展。美国的超级市场销售食品和日用杂品，包括鲜果、干果、蔬菜、罐头食品、新鲜面包、牛奶、冷冻食品、肉类、洗涤用品、化妆品、小五金、厨房用品、文具、报刊图书、音像制品，甚至处方药等。

超级市场开创了自助服务的经营方式。由于采用开架售货，它可以只雇用较少的营业人员，并以大规模、快周转、低加价、低成本为特色。其商品加价率一般在 20%左右，大大低于专业食品店。现代超级市场的发展趋势是营业面积更大，平均每家店超过 2 000 平方米；经营的非食品类商品越来越多，鼓励消费者一次性购齐日常生活必需品。

在传统超级市场的基础上，随着营业面积增至 1 万平方米以上和更多品种、更大范围的非食品类商品（如家用电器、服装、家具）的加入，出现了特级市场或超级商店，这类超市更像是一个传统超市加一个折扣百货店。如沃尔玛的超级中心（大卖场）和法国的家乐福就分别属于超级商店和特级市场。

超级市场及大卖场在我国的大中城市均获得了迅猛的发展，如上海联华超市和北京的物美、美廉美，其年销售额在20世纪90年代就超过了上海一百、北京王府井等大型百货公司。

2. 仓储商店

仓储商店又称仓储俱乐部，起源于欧洲，起初主要面对小型公司、个体企业的批量购买，后来逐渐扩大到一般消费者，但采取会员制，顾客定期交纳会费，凭会员卡进店采购。店的面积巨大（上万平方米），单店年销售额在亿元人民币以上；店址一般较偏僻，经营产品线宽，但每类商品品种不多，以周转快的全国性品牌商品为主。店内商品均直接码放在货架上，不注重店内装修，最低购买包装较大，与一般零售店比，可称得上是批量购买。

由于以上特点，仓储商店的商品加价率最低，一般只有百分之十几，但商品品质很有保障，因为经营的大多是名牌商品或自有品牌的商品。沃尔玛的山姆俱乐部和德国的麦德隆是典型的仓储商店，它们都已在北京、上海、广州等城市开有分店，也带动了我国各种仓储商店的发展。

（二）便利店

便利店的规模一般较小，主要特点是为消费者提供购物地点和时间上的便利。便利店选址通常深入到居民住宅区或加油站，顾客可以就近或方便地购买商品。便利店营业时间很长，通常营业到深夜甚至通宵，节假日不休息，以便顾客随时买到商品。便利店一般经营日用品、食品等，并设有多种方便顾客的服务项目，如微波炉加热食品、电话订货、送货上门等。

便利店多建在居民区内，多数顾客是常客。店主与顾客相互熟悉、信任，可以根据顾客的需求有针对性地提供服务。

便利店小而分散，经营品种有限、进货成本高，因而商品价格较高。如果是连锁便利店，还存在管理和控制上的难度。无论中外，大多数便利店都是个体独立店，当然也不乏成功的连锁便利店，如世界著名的7-11连锁便利店、北京的好邻居等。

我国的便利店大多为个体所有，规范性有待进一步提高。由于进入门槛低，对营业场地要求不高，方便居民，并能吸纳大量就业人口，因此便利店也成了地方经济的重要基础。

因便利店在解决就业和为居民提供方便等方面具有不可替代的作用，世界各国政府大多对扶持个体小零售店持积极态度。在中国、日本等人口相对聚集的国家，对便利店的需求要远超美国、加拿大等地广人稀的国家。

营销视角

盒马鲜生

盒马鲜生是阿里巴巴探索新型零售业态的重要项目，是以生鲜电商为切入口，通过App和线下门店覆盖生鲜食品和餐饮服务的一体化商业模式。盒马鲜生分熟食区、冷藏冷冻区、水产、蔬果区等。令人耳目一新的是：这个门店把超市和餐饮结合起来，可以现场买菜做饭。盒马鲜生自营的生鲜与餐饮产品，充分满足用户随买随吃的需求。熟食餐厅区约有 200 平方米，摆放了桌子。这种模式完全满足了新零售进化三大路径——线上线下融合（O2O）、零售＋体验式消费、零售＋产业生态链——的要求。在此基础上形成了包括盒马餐饮、盒马鲜生店、盒马集市店、盒马便利店的盒马矩阵。

资料来源：http://news.163.com/17/0505/12/CJM1B2IG00018AOP.html.

二、非食品类零售店

在主营食品类产品的零售店之外，各国均存在以经营一般商品为主的零售模式，包括专业商店、百货店、折扣百货店、工厂直销店、杂货店等。此处主要介绍比较有特色的三类：百货店、折扣百货店、专业商店。

（一）百货店

该业态在整个零售业规模占比较高。但一些人对其概念有误解，将百货店理解为杂货店。[①] 通常在每个城市的中心商业区或购物中心都会有一两家大型百货公司。百货店（department store）由多个专业商品部组成，经营商品品种多、范围广、消费档次较高。百货店起源于 19 世纪中期的欧洲，是城市发展、人口集聚、商品品种增多的结果。百货公司更具大众性和体验性。在早期的美国，百货公司曾被称作“消费者的宫殿”。

传统百货公司以经营软性高级商品为主，如各式服装、家用纺织品、鞋、美容化妆品、珠宝首饰、箱包及礼品等。百货公司后来逐渐增加了一些“硬商品”，如家具、小五金、炊具、照相器材、灯具、体育用品等。

百货店的规模一般较大，经营的每大类商品都有相当多的花色品种和品牌供消费者选择，且内部装饰华丽，讲究商品陈列与橱窗布置。百货店经营的另一特色是向顾客提供广泛的服务，有较多的售货人员，提供商品咨询、送货、维修、礼品包装、邮购，甚至餐厅、娱乐、儿童看护等服务。

百货公司提供齐全的商品品种与全方位的服务，经营成本较高，商品加价率也高，传统百货公司商品加价率高达 40%。从单位营业面积获利能力来看，百货店在各种零售形式中不具竞争优势，它的优势在于商品品种齐全、购物环境好、服务项目多。百货店因为自身采购量大，希望越过批发商直接向生产商进货，以得到优惠的采购价格和制造商较好的售后服务，但由于其经营品种繁多，要做到这一点并不容易。

现代百货公司正在分化：一种情况是经营的商品向中低档发展，加价率也大幅

---

① 这可能与该词语翻译较早和中文“百货”一词被泛指有关。

度降低，这以20世纪60年代后在美国大量出现的折扣百货店为代表，如著名的凯马特便是从折扣百货店起家的。另一种是商店向小型化、专业化发展，回到以经营软性商品为主，以对抗大型专业店和综合超市的低价竞争。

延伸阅读

中国百货业

百货店曾经在中国人记忆中留下深刻印象。然而在过去几年，国内百货业风光不再。销售增长疲态尽显，利润水平每况愈下。面对困境和挑战，中国百货业正在商场环境、商品服务组合、经营模式、房地产策略、新技术应用等多个方面谋求转型和突破。

例如，2020年近九成的企业开展线上业务，其中94%的企业通过微信小程序开展线上业务，75%的企业开展线上直播，开展团购和到家业务的分别有32%和31%。超过六成的企业表示线上销售额与同期相比增加了，有75%的企业表示会加快推出线上业务。

资料来源：http://www.cinic.org.cn/hy/xf/1137849.html.

（二）折扣百货店

折扣百货店是第二次世界大战后发展起来的零售形式，20世纪60年代之后获得了较快发展。折扣百货店以比一般百货店便宜得多的价格大量销售商品。为保持低价优势，折扣百货店的主要经营措施包括：(1)一般设在郊区或小城镇，且租费较低的建筑物内；(2)只有简单的内外装修及店内设施；(3)只雇用少量员工，开架自助购物，提供很少的服务项目，一般不负责送货；(4)经营商品以易耗日用品为主，虽增加了各种家用电器，但品种较少，多为销路较好的全国性品牌商品，以减少推销费用和加快周转；(5)大规模发展连锁经营，以扩大销售规模和降低费用率。

折扣百货店的最大优势是商品加价率低。为降低经营成本，折扣百货店的购物环境相对较差，提供的服务也相对较少。

营销视角

上品折扣

北京上品折扣是一家品牌折扣连锁店。创立初期，公司主要以传统的连锁实体店开展销售，产品涵盖了600余款国内外知名品牌。多年来坚持以大品牌商品、低折扣价为经营准则，力求让消费者购买到最具性价比的商品。

公司布局数字化零售，为每一位门店导购配置了自主设计研发的PDA手持智能移动终端，实现在店商品全面数字化的单品管理模式，同时也实现了线上线下商品同步、价格同步、库存同步的一体化营销模式。商品数据与品牌供应商系统对接，最大化共享库存数据，提升供应链周转效率。上品折扣率先设计并实践了线上线下消费者多触点的新场景，即信息触达、在线浏览或下单、到店、试穿、自提、售后、分享的闭环体验。

近年来，上品折扣也紧扣时代脉搏，全线开通了移动网上商城。公司全力进军电子商务领域，面向全国开展折扣商品销售。

（三）专业商店

专业商店的特色是经营单一大类，但商品的花色、品种、规格齐全，如女装商店、鞋店、体育用品商店、电子产品商店等。这类商店通常以经营该类商品中各具特色的中高档商品为主，价格偏高，但能给消费者充分的选择余地，满足各种特殊需求，服务项目齐全。随着商品品种的丰富和人们需求的多样化，专业商店迅速发展，在各种商业中心和购物中心均扮演着重要角色。

专业商店可大可小，经营品种可多可少。专业商店的商品加价率偏高，高档商品专业商店的加价率甚至起过百货公司，因为专业商店由有专业知识的售货人员为顾客提供服务，有优越的购物环境。20 世纪 90 年代后期美国出现了一种大型专业商店，规模类似大型仓储商店，也采取超市式的自助购物，从而降低了经营成本，商品加价率也低得多。如美国的好市多、百思买和巴诺等，国内的国美、苏宁、居然之家等都属于这类企业。它们的商品定价低、品种全，营业空间大，极具竞争力，因此又被称作“价格杀手”。

营销视角

国美电器尝试线下零售新模式

近几年来，中国家电零售渠道呈现快速多变的发展态势，以京东、阿里巴巴为代表的电商网购平台不满足于站在线上平台抢夺线下实体店的隔岸竞争，快速开启一轮线下线上融合后的“全副武装、正面抢夺”。新零售、无界零售、智慧零售等新浪潮不断出现，无人店、无人货架等新业态层出不穷。这让越来越多的家电企业以及家电经销商意识到，电商网购绝非最终形态。

国美电器是中国知名的家电零售连锁企业。针对家电行业的激烈竞争，国美提出了大型城市展厅的线下规划。大型城市展厅不仅会引入家电、家装、家居等多重业态，还会提供本地生活层面的吃、喝、玩、乐等多元化服务。

倘若国美将“城市展厅”的路径走通，势必将在全国范围内大量复制，加速构建大型城市展厅、中型“国美家”门店与小型国美驿站的“三驾马车”形态。

资料来源：www. ebrun. com/20180404/271144. shtml? eb = hp_home_lcol_ls1；https://www. 163. com/news/article/GHK8G87500019OH3. html.

三、无店铺零售

无店铺零售近年在西方国家发展较快。随着互联网的发展，有专家预言，不远的将来，1/3的商品将通过无店铺零售渠道销售。无店铺零售（non-store retailing）的特点是零售商并无固定的门店供顾客上门购物。无店铺零售的内容比较广泛，包括上门推销、自动售货机售货、直销等。网上购物、移动互联购物均属于无店铺零售。

（一）上门推销

上门推销可能是最古老的分销方式，可用于产业市场，也可用于消费者市场。具体做法是销售人员直接上门，挨家挨户或逐个办公室推销。在消费者市场上，通常推销的商品有化妆品、家庭用品和书等。雅芳即是门对门直销起家的典范——美容顾问“雅芳小姐”挨家挨户推销，而不在商店出售其产品。

（二）自动售货机售货

使用硬币的自动售货机是第二次世界大战后出现的一种新型无店铺零售形式，在美国相当普遍，它可出售饮料、糖果、糕点、香烟、化妆品、平装书、音像制品、报刊等。最大优点是十分方便，24小时工作。因此，它广泛分布于办公楼、教学楼、车站、飞机场、加油站等各种公共场所。全美约有百万台自动售货机，销售的商品的价格一般较商店贵15%～20%，但确实给人们带来了方便。缺点是设备较昂贵，商品加价率也较高，且不便退货，有时补充货物不及时。

目前我国城市的大街小巷和公共建筑里也开始出现各种自动售货机。以前自动售货机总体发展并不理想，原因之一可能是我国人口密度高、人力成本低，街头有许多小贩和便利店，而安置和管理机器的费用显然过高，得不偿失。这些缺点在技术不断改进和环境升级的驱动下，均已逐渐被克服。

营销视角

耀美咖啡

前几年，人们对咖啡自动售货机有些陌生，但近年来，在客流量比较大的办公楼、商场、地铁、公园，到处都有各个品牌的咖啡自动售货机。消费者只需扫一下二维码，就可品尝到一杯味道纯正的咖啡。

耀美咖啡在北京很多高校经营着咖啡自动售货机。北京高校近年来不断加大环境整治力度，各种零售店不断关停，场地费也越来越贵，这导致很多传统咖啡店歇业。耀美咖啡看到了高校师生对现磨咖啡的需求依然大量存在，也了解到国内的咖啡自动售货机市场还属于导入期，几乎没有什么竞争，于是迅速和多家高校联系，进入高校市场。在其他可替代方式越来越少的情形下，多功能咖啡自动售货机受到了高校老师和学生的欢迎。为进一步吸引消费者，公司在咖啡原料上下功夫，直接采用成本比较高的雀巢奶精以提升口感，但售价并没有提高。日益增长的销售额，给耀美咖啡在高校内不断扩张带来极大信心。

（三）直销

直销与现代消费者的联系越来越密切。一方面，现代社会生活节奏不断加快，消费者用于购物的时间逐步减少；另一方面，信息与通信技术的发展，信用系统的不断健全，给直销的发展提供了契机。

直复营销（direct marketing）、直销（direct selling）等概念容易让人混淆。国外教科书上，直复营销指顾客通过非人员媒介接触商品，然后通过邮件、电话、网络发出订单的零售形态。直销指推销人员与消费者直接接触。显然，国内理解的网上销售属于直复营销，但直复营销这个词在国内不普及，国内更愿意使用直销。

直销起源于19世纪的邮购。早期美国最成功的两家邮购公司是起家于美国中西部的沃德公司和西尔斯公司，它们后来都转入了百货业。现在，随着信用手段和信息技术的快速发展，直销得到了空前的发展。其形式不再局限于邮购，还包括目录营销、电话营销、电视直销以及网络零售等。

1. 邮购

邮购指营销人员把信函、样品或者广告直接寄给目标顾客的营销活动。目标顾客的名单可以租、购或者与无竞争关系的其他企业相互交换，但应注意避免重复，以免同一份邮寄品寄给同一顾客两次以上，引起顾客反感。

2. 目录营销

营销人员可给目标顾客邮寄目录，或者备有目录随时供顾客索取。经营完整产品线的综合邮购商店使用这种方式比较多，如早期的沃德公司和西尔斯公司。

3. 电话营销

营销人员通过电话向目标顾客开展营销活动。电话的普及，尤其是免费电话的开通使消费者更愿意接受这一形式。许多消费者通过电话询问有关产品或服务的信息并进行购买。

4. 电视直销

营销人员通过在电视上介绍产品，或赞助某个推销商品的专题节目，开展营销活动。在我国，电视早已普及，电视频道也较多，有助于发展电视购物。

5. 网络零售

网络零售是指营销人员通过互联网、传真等电子通信手段开展营销活动（针对个人消费者市场的也称B2C网络零售）。目前，像图书、计算机软硬件、旅游服务等已普遍在网上销售。营销人员还利用报纸、杂志、广播电台等媒体进行直销活动。上述几种直销方式可以单独运用，也可以结合起来运用。

全球处在移动互联时代，网购虽然受到最大程度的关注，但并不意味着邮购、目录营销、电话营销、电视直销等退出了，它们依然有存在的土壤，且有不俗表现，甚至可在特定时刻成为热点。

直销的特征可以概括为互动性、目标化、可控性和连续性。

（1）互动性。互动性指营销人员和消费者之间的直接联系，它包括两层含义：营销人员如何在目标市场上提供旨在引起消费者反应的刺激物；消费者如何对此作出反应。通过与消费者的互动，营销人员可获得有效地与消费者保持联系的信息。因此，在直销的四个特征中，互动性处于中心位置。

（2）目标化。目标化指营销人员选择产品或服务信息的接收者的针对性强，信息的接收者可以是购买过该产品或服务的消费者，或是极有可能成为主要顾客的潜在消费者。营销人员通过定期检查每次推销的结果，可以获得有关目标顾客的更准确的信息，从而不断修订目标顾客名录。

（3）可控性。可控性指对营销活动的管理，包括制定目标和计划，作出预算和评估结果。它是一个循环的过程，营销人员可以根据过去活动的结果制订未来的计划。

（4）连续性。连续性指通过保留现有的顾客群，向他们销售其他产品或更新的产品。企业的很多利润来源于忠实的顾客，因此连续性很重要。通过与顾客的相互联系获得的重要数据能帮助营销人员更好地与顾客进行沟通，及时了解他们的兴趣和偏好，以及他们对过去的营销活动的看法。

直销的上述四个特征相互联系，总目标是通过建立顾客数据库，留住老客户，吸引新客户，使顾客终身价值最大化。顾客终身价值是指顾客一生能为一个企业带来的总的净收入，等于顾客对该企业保持忠诚期间将带来的预期收入的价值总和。

在我国，传统的邮购和电视购物普及率一直很低。主要有以下原因：

（1）消费观念与生活方式的影响。直销与传统的零售方式有很大的不同，是一种时空分离的购买方式。我国消费者大多更习惯到商店去选择、购买所需商品。

（2）消费者对直销方式缺乏信心。由于缺少相关的法律法规保护，一些企业的做法缺乏诚信，消费者无论是对发展较早的杂志、报纸营销，还是后来的电视直销和网上销售，都很难完全相信营销企业的承诺。

随着我国消费者收入水平的不断提高、生活节奏的加快、工作压力的增大、需求层次的向上转移，消费者对闲暇时间更加珍惜，消费观念和生活方式不断改变，以网上销售为代表的直销正越来越受到企业和消费者的青睐。国内外著名的直销企业的成功，全国范围金融结算系统和信用系统的初步形成，已为直销在我国的发展拓展了空间并提供了契机。

第 3 节　移动互联零售

自互联网诞生以来，其发展速度是空前的。从世界范围看，互联网发展普及的速度大大超过了昔日的电视和广播，因此也被视为继报纸、杂志、广播、电视之后的"第五媒体"，网络零售亦随之成为一种重要的营销方式。毫无疑问，在企业走向市场的过程中，互联网扮演着重要的角色。

新冠肺炎疫情在一定程度上重塑了人们的消费方式，推动了网上零售、直播带货等新模式的全面发展。截至 2020 年 12 月，中国手机网民规模已达 9.86 亿，占整体网民的 99.7%，我国手机网络购物用户规模达 7.81 亿，全国网上零售额达 11.76 万亿元，同比增长 10.9%，占社会消费品零售总额的比重近 1/4。目前中国电子商务市场 3/4 的交易是在移动端完成，移动支付已经成为中国消费者网上购物的优先选择。电商直播超过 2 400 万场，电商直播用户规模达 3.88 亿。网络零售的蓬勃发展推动各地复工复产与经济复苏。直播带货获得舆论与市场的积极反馈。不少地区制订直播发展计划，抢占直播经济这一新风口。

一、移动互联零售的变革

移动互联零售的变革内容庞大，我们只从营销视角来简要勾勒它的变革。市场营销观念是指导企业营销活动的行动纲领和准则。移动互联零售对传统营销的变革首先从营销观念的变革开始。

（一）营销观念的变革

1. 从传统的同质化大规模营销转向异质化营销

传统的大规模市场营销活动需借助电视广告、购物商城、超级市场等适合大批量消费的载体，在广告上投入大量资金，并通过抢占市场份额获得利润。网络技术使整个世界步入了小型化、多样化和复杂化交融的时代。在移动互联时代，消费者有自主选择的权利，他们通过搜索引擎寻找符合自己特殊要求的个性化产品。企业要赢得市场，就必须根据消费者的特定需要提供量体裁衣式的服务。在大规模市场营销年代，小公司基本无法与人力、财力、物力雄厚的大公司抗衡。但在网络经济时代，无论多小的公司都能找到相应的有特殊需求的消费者群体，网络营销加快了市场从大量营销向细分市场营销的过渡。针对小顾客群体的小批量产品正迅速发展。企业成功的关键之一是提供与众不同的产品和服务。

2. 从单向营销转向互动营销、一对一营销

传统营销中，消费者始终处于被动的地位，只能被动地接受由媒体广告、展

览、产品目录等提供的单向输送的信息，营销部门也常常因无法及时获得消费者的反馈信息而不能有效地调整营销战略，从而影响了企业的利润。互联网络技术则可以帮助消费者与企业之间进行快速的互动交流。潜在的消费者可以借助网络与销售商或技术人员进行对话，了解自己感兴趣的产品和服务，甚至通过超级链接系统在网页上直接浏览更具体、更直观的产品介绍。销售商也可以根据消费者的反馈信息对产品进行改进，或推出更受消费者欢迎的新产品。充分利用网络高度互动性的新型营销方法还可以使营销管理者在市场调研、产品设计、生产到最终消费的一系列过程中与消费者保持密切的联系，共同创造新的市场需求。这种互动的网络营销更加体现了以消费者为中心的宗旨。

3. 从分散独立的营销管理转向统一协同的工作过程

企业营销的各环节原来通过分工由不同的部门和人员负责，这样做固然可以减少重复劳动带来的资源浪费，但同时也增加了部门间信息的传递和协调成本。移动互联技术则突破了营销管理分工和合作的相互制约性，使两者得以有效结合。移动互联零售不仅能使消费者与企业互动，而且能使企业营销各职能部门、营销部门和其他部门之间互动。例如，企业通过网络进行市场调研，寻找为企业带来最大利益的消费群体，并设计专门的产品和服务，保留这些最有价值的客户；网络反馈的信息经分析通过企业内部网传递到生产第一线；产品定价可及时通过网络告知消费者，销售人员通过公司内部网可对公司的具体项目提出建议和意见。此时，市场调研、产品设计与生产、价格制定、销售、服务融为一体，从而使营销各职能部门、营销部门与其他部门之间保持长久的合作和协调，更充分有效地发挥营销的整体功能。

（二）营销组合策略的创新

在移动互联时代，传统的营销组合 4P（product，产品；price，价格；place，渠道；promotion，促销）虽然框架未变，但更强调以顾客为中心。

1. 产品和服务以消费者的需求为导向

由于移动互联网络具有很好的互动性和引导性，顾客通过移动互联网络在企业的引导下对产品或服务进行选择或提出具体要求。企业可根据顾客的选择和要求及时生产并提供服务，使顾客能跨时空得到满意的产品或服务。

2. 以顾客能接受的成本定价

顾客可以通过互联网提出可接受的成本，企业根据顾客的成本提供弹性的产品设计和生产方案供顾客选择，直到顾客确认后再组织生产和销售。所有这一切都是顾客在公司服务器程序的引导下完成的，不需要专门的服务人员，因此成本也比较低。

3. 产品的分销以方便顾客为主

网络零售是一对一的分销渠道，是跨时空销售，顾客可随时随地利用互联网订购产品，整个购买过程只需“点击”鼠标就可顺利完成，因此在网上真正实现了消费者与厂商的直接沟通，极大地方便了消费者。

4. 加强与顾客的沟通和联系

互联网作为信息双向交流和通信的工具，已经成为企业青睐的传播媒介。传统媒体价格相对较高，又受到时间、地区等多方面因素的限定。相比之下，网络宣传费用低廉，回报却毫不逊色，能帮助企业把握广阔的国际发展空间和众多潜在的商业机会，是24小时的广告窗口。

（三）营销手段的创新

移动互联网络正在以其独特的优势为企业开展营销活动提供新的工具和手段。企业多数营销活动可通过移动互联网实现。其中，社交网络和网络广告是移动互联零售的两个主要创新。

1. 社交网络

以虚拟社区为基础的移动互联网络营销模式将网民连接成区域营销网络，最终建立以移动互联网为依托的跨城际甚至跨国境的多功能电子商务网络。企业可通过社交网络对客户提出的一般性问题进行解答，同时还提供了一套有效的检索系统，协助人们在数量巨大的文档中快捷地查找所需要的东西。

移动互联社交网络在企业网络营销中有下列作用：（1）与访问者直接沟通，容易得到访问者的信任，可了解客户对产品或服务的意见；（2）当朋友圈或聊天室的人气渐旺时，除了为自己的产品或服务做广告，还可以出售网络广告空间，增加收入；（3）在相关的分类目录或搜索引擎登记，有利于更多人发现该网站或App，也可与同类的社区建立互惠链接；（4）利用聊天群开设免费在线讲座或实时问题解答，对于增加网站访问量有显著作用；（5）方便进行在线调查。

营销视角

小红书从社交网络中发现电子商务机会

成立于2013年的小红书起步之初的主要业务为，在社区里分享购物经验，随后，它的App上出现了关于美妆、运动、旅游、家居、旅行、酒店、餐馆的信息分享，涉及消费经验和生活方式的方方面面。

小红书以极快的速度获得了以女性为主的用户的欢迎。根植于分享好物和种草笔记的内容生态构建，小红书成功包装出了这样一种独特气质：在这里，你可以发现真实的好物品，并可以像分享者一样轻松拥有它。这样做的背景是，在移动互联时代，受众的关注点越来越细分化，越来越多的人热衷于“意见领袖”的引导式消费，共享消费偏好和消费信任。

人们围绕意见领袖发布的好物分享笔记，在小红书社区中通过评论、私信等方式进行相互交流，建立一种网状的社交关系，这种社交关系进而触发了广泛的网红经济。

资料来源：https://www.jb51.net/zimeiti/769551.html.

2. 网络广告

网络广告就是网站或App在向使用者提供信息的同时，有偿地为企业在网页上放置广告，以此获得运营收入。网络广告具有传播范围广、交互性好、针对性强、受众数量可准确统计、实时、灵活、成本低、感官效果强烈等优点。它通过依附于有价值的信息和服务载体，引起用户的关注和点击。因此，网络广告具有强制性和用户主导性双重属性，并体现出用户、广告客户和网络媒体三者之间的互动关系。网络广告形式多样，常见的形式有：旗帜广告、图标广告、文字链接广告、邮件列表广告、电子邮件式广告、插页式广告、互动游戏式广告、BBS广告、网上问卷调查、新闻组广告、搜索引擎广告、壁纸广告、通栏广告、巨幅广告、全屏广告、视频广告等。

二、移动互联零售的经济性

制造商将产品卖给批发商，产品随后进入零售市场。在移动互联高速发展的今天，这种模式将制约企业的发展。首先，企业在销售环节损失了过多的利润，整个流通环节的销售费用往往高达50%。对许多制造商来说，这笔费用是其本身利润的几倍。其次，生产企业不能及时准确地得到顾客的反馈意见和建议，产品开发难以适应市场发展。更为糟糕的是支付问题，很多企业为从零售商处回收资金耗费了很多精力和财力，其中还有不少坏账。现在，通过移动互联网络技术，厂家可以和用户直接打交道，了解用户的特殊需求，及时交货，降低了成本；用户及时得到自己真正需要的产品，而且价格便宜。移动互联零售的经济性表现在以下几个方面：

1. 降低市场搜寻费用

距离越远，通过移动互联网络进行信息传递的成本相对于信件、电话的成本而言就越低。时间的缩短及数据重复录入的减少降低了信息传递成本，实现了多（全面）、快（及时）、好（准确、安全、可靠）、省（省钱、省人、省事）地获取交易信息。这是移动互联零售的基本特点，也是信息化时代的基本特点。

2. 减少广告费用

通过移动互联网进行产品介绍、宣传，省去了在传统方式下做广告、发印刷品等需要的大量费用。样品图册是开发市场的有力工具，但存在空间不足、发行制作费用较高的缺点，而且图册上的样品很快会过时。在移动互联零售过程中，企业可以采用音频、视频和多媒体技术，制作灵活多样的产品图样来宣传产品，并可以采用新的宣传艺术向顾客提供详细的产品样本，可以及时更新样品，从而促进销售。利用在线市场提供在线的产品样本具有极大的灵活性，厂家还可以详细描述产品信息。

3. 降低库存费用

移动互联零售可以在接到顾客订单后，再向制造厂家订货，无须将商品陈列出来。网络零售的商品品种繁多，由于商品都是在网上列出，可以减少库存甚至实现零库存，降低库房资金占用率。移动互联零售不会因为存货而过多增加经营成本，这比一般的销售方式更具有竞争力。互联网使买卖双方及时沟通供求信息，使无库存生产和无库存销售成为可能。

4. 拓展市场规模

互联网在几乎不增加任何销售成本的基础上为企业带来了难以计数的客户群，这些人中的一部分可能成为企业产品的实际购买者。与其他销售渠道不同的是，通过互联网与1 000万用户建立联系的成本几乎等于与1 000个用户实际建立联系所需的成本。虽然并不是每家企业都能将互联网的这种独特性运用到实际销售过程中以实现其优势，但那些成功运用该性能的企业，如亚马逊，在几个月内建立起来的客户网络是那些运用其他销售渠道的企业需要几年甚至几十年时间才能建立的。

5. 提高客户忠诚度

现在大多数管理者将互联网作为面向客户销售产品的一种渠道，其实互联网的真正优势在于公司之间的深度合作。它包括向客户提供自助式服务、更低的价格、更深入的购买支持（通过在线帮助）、24小时售后服务等。

三、移动互联零售方式

移动互联零售不仅是企业面向上网者个体的销售方式，也包含企业间的网上直接交易和消费者与消费者之间的交易。

面对个体消费者的移动互联零售模式即通常所说的B2C（business to customer）模式，这种模式的最大特点是供需直接见面，环节少、速度快、费用低。这种模式还能有效地减少售后服务的技术支持费用。消费者可以通过查阅厂家的联系方式寻求使用中所遇到问题的答案，或者与厂家技术人员直接交流。厂家可以大大减少技术服务人员的数量，减少技术服务人员出差的频率，从而降低企业的经营成本。

B2C模式的不足主要表现在两个方面：第一，购买者只能从移动互联网络广告上判断产品的型号、性能、样式和质量，对实物没有直接的感知，在很多情况下可能产生错误的判断。而某些生产者可能利用网络广告对自己的产品进行不实宣传，甚至可能以虚假广告欺骗顾客。第二，购买者网上购物，账户安全存在一定风险。

第 4 节　连　锁

连锁经营是当代流通渠道发展的客观产物，是商业对社会化大生产及消费方式变化的积极适应，是国内外零售企业采用的主流经营形式。我国的连锁经营已进入加速发展阶段，连锁经营模式已扩展至我国其他产业，它将是 21 世纪我国第三产业以及零售业最具增长活力的经营模式。

一、界定连锁

连锁店（chain store）一词产生于 19 世纪末期。美国对连锁经营的定义是：由同一公司所有，统一经营管理，包括两个或两个以上的分店，这些分店经营着相似的商品大类，实行集中采购和销售，还可能有相似的建筑风格和标志。这一定义主要从规模、产权关系方面考虑，而不涉及经营内容，所以既可以有百货店、超市的连锁经营，也可以有旅馆、餐馆、洗衣店的连锁经营。从经营方面看，连锁经营意味着通过标准化的技术和多店铺的方式扩张发展。各国对连锁店有不同的规定，其差别在于所有权关系或连锁的紧密程度，以及最少分店数量。

连锁店一般由总部、门店和配送中心构成。其中，总部是连锁店经营管理的核心，其职能主要是市场调研、商品开发、促销策划、采购配送、财务管理、质量管理、经营指导和教育培训等；门店是连锁店的基础，主要职责是按照总部的指示和服务规范的要求负责日常销售；配送中心是连锁店的物流机构，承担各门店所需商品的进货、库存、分货、加工、集配、运输和送货等职能。与传统零售商店相比，连锁店具有以下四个基本特征：

1. 组织联合化

连锁店在组织形式上不再采用传统的单体店形式，而通常是由一个总部和 10 个以上门店构成的联合体，就如同用一条链子将各个分散的经营分支“锁”在了一起。每一家连锁门店的经营业务不同程度地受总部的控制。

2. 经营统一化

连锁店在经营方式上不再是传统的分店式经营，而是通过“克隆”的方式，实行经营统一化。包括经营理念统一化，即各连锁分支的市场定位、企业文化、信息传播、营销策划等的统一；视觉识别系统统一化，即店名、标志、商标、店貌、装饰、陈列、商品及设备等的统一；经营行为统一化，即经营方式、服务准则、行为规范、管理标准、岗位操作和营销策略等的统一。

3. 作业专门化

连锁店在各个经营分支的作业安排上不再是传统的职能混合式，而是实行了科学的专业化分工。总部负责全面的管理，并通过配送中心进行集中进货和配送，门店负责分散销售，实行购销分离。总部的管理职能又进一步分解为经营规划与政策制定、门店开发与设计、商品配置与陈列、采购与配送、库存与保管、财务与会计、人事与培训、促销与广告等，由专业化职能管理部门统一操作，形成集中规划下的专业管理式经营组织网络。

4. 管理规范化

连锁店在管理方式上不再是传统的单店管理，而是有一套规范化的管理制度和调控体系，以保证庞大而又分散的连锁经营体系内部的各类机构能协调有效地运转，减少个人经验等因素对经营的影响。因此，现代化管理手段的应用对于连锁经营优势的发挥至关重要。连锁店的发展在很大程度上正是得益于电脑管理系统、远程通信网络及其他电子技术的广泛运用。

从上述特征可看出，连锁经营的经济学实质就在于它把现代工业化大生产的组织原则及大规模集中化管理模式应用于流通领域，通过联合化、统一化、专业化和规范化等手段，实行规模化经营、标准化服务和科学化管理，达到提高商业经营体系的协调运作能力和规模经济效益的目的，从而形成了其特有的经济优势。

二、连锁经营的类型

现实中，连锁经营存在多种形式。按照不同标准，连锁经营可划分为不同类型。

（一）按照所有权构成的不同划分

按照所有权构成的不同，连锁可划分为正规连锁、自愿连锁和特许连锁。

1. 正规连锁

正规连锁（regular chain，RC），也称直营连锁。美国在工业商业普查和统计中所认定的连锁店均为正规连锁，即单一资本经营，有两个或两个以上分店，统一经营管理。而国际连锁商店协会对正规连锁的定义为：以单一资本经营的10个以上分店组成的零售业或餐饮组织。

正规连锁是最典型的连锁，最容易形成权力集中的大资本，而且在事实上对企业经营管理的各个方面实行高度集中、统一管理，包括统一制定战略、政策和规划，对采购、人事、财务、广告、销售、定价统一管理；分店的一切经营管理策略几乎都听从于总部，分店经理只是总部委派的雇员，负责组织分店的销售及向顾客提供服务。本节讨论的连锁主要是指正规连锁。

2. 自愿连锁

美国商务部对自愿连锁（voluntary chain，VC）的定义是：由批发企业牵头，成员在保持资本独立的前提下自愿组成的集团。日本则认为：自愿连锁是由许多零售企业自己组织起来的，在保持各自经营独立的前提下联合一个或几个批发企业，建立起总部组织，使进货及其他业务统一化，以达到共享规模效益的目的。

自愿连锁成员店的资产独立，自主进行人事管理，在经营上亦有很大的自主权，但经营的商品必须全部或大部分从总部或集团内的批发企业进货，而批发企业则需要向零售企业提供规定的服务。

营销视角

沙县小吃会上市吗?

近年来，沙县小吃火遍大江南北。即使南北方饮食差异非常大，沙县小吃还是所向披靡。沙县小吃在国内的门店数已经突破6万家，沙县农民人均年收入近2万元，其产业规模达到200亿元，解决了一半以上沙县人的就业问题。

沙县小吃的队伍越来越庞大，作为沙县小吃品牌主要推手的沙县政府正在为沙县小吃谋划新的出路。沙县成立了小吃集团公司，准备整合沙县小吃业，走连锁经营的模式，还提出了沙县小吃未来的发展目标是保牌、提质、连锁、上市。

上市企业首先必须具备完善的法人治理结构、清晰的股权关系以及内部董事会，公司内部还要有标准化管理以及严格的制度流程等，更要有良好的业绩回报。从这些方面说沙县小吃离上市还有很大的距离。

此外，沙县小吃原生的“夫妻店”“师徒制”的运作模式根深蒂固。沙县小吃的创业者开始畏惧标准化和制度化，更重要的是他们怕失去对店面的控制，怕从小老板变成打工人，怕会有“失业”的可能性。

资料来源：https://www.0519sdw.com/rd/42773.html；https://baijiahao.baidu.com/s?id=1684832705936629990&wfr=spider&for=pc.

3. 特许连锁

特许连锁（franchise chain，FC）是连锁店的分店同总部签订合同，取得使用总部商标、商号、经营技术及销售总部开发的产品的特许权，经营权仍集中于总部。典型的例子是麦当劳、7-11等。在餐饮、便利店、旅馆等行业，连锁企业通常会在开设了一定数量的正规连锁店后，考虑用特许连锁的方式发展加盟店。

（二）按照业态形式的不同划分

按照业态形式的不同，连锁可分为零售业的连锁经营、餐饮业的连锁经营、服务业的连锁经营。

1. 零售业的连锁经营

连锁是一种重要的零售组织和经营形式，它可用于各种经营形式，如超级市场、折扣店、专业店、便利店和百货商店。

2. 餐饮业的连锁经营

餐饮业的连锁店提供标准化、系列化、大众化的饮食服务。典型的例子如麦当劳、肯德基等遍及世界的快餐连锁店，中国的海底捞、蒸功夫等。

3. 服务业的连锁经营

这主要指同一服务项目间的连锁。服务企业大多采用正规连锁、自愿连锁和特许连锁方式进行扩张。如美国的洗衣店大多采取正规连锁经营的形式，中国的美容美发店较多采用正规连锁经营的形式。

（三）按照分布区域的不同划分

按照分布区域的不同，连锁可以分为全国性连锁和区域性连锁。大多数全国性连锁都是从区域性连锁发展起来的。全国性连锁由于分布地区太广，还可设地区总部一级，协调地区内分店的经营活动，但整个经营决策仍在总部统一控制之下。区域性连锁虽然规模比不上全国性连锁，但在其所在的区域内分店密度更大，更靠近居民生活区，并在集中化、市场细分化方面做得更好。

三、连锁经营的利弊

（一）连锁经营的优势

连锁经营在流通领域代表了一种大工业的标准化经营方式。连锁经营的好处可以用 4S 概括，具体包括：

1. 差别化

差别化（segmentation）指按照企业的业态和定位，明确企业经营的商品和服务的目标，在满足顾客需求的过程中，确定在哪些环节形成与竞争对手的差别，形成竞争优势。企业在经营方式、服务方式等各环节都形成独自、有效的体系。品种、价格、设计、质量、形象、服务、促销手段等都能成为差别化的手段。

2. 简单化

简单化（simplification）即单纯化。在科学分析、高度分工的基础上，连锁使经营管理过程中的每一环节、每一项工作都简单明了、简便易行，即使是非熟练劳动者也能轻松胜任。连锁经营作为一种高速扩张的组织形式，只有简单化，才能拥有高效率，并得到快速推广。

3. 标准化

标准化（standardization）是针对经营管理过程中的每一项工作，不断探索和发现最佳方式方法并予以规范化，按照规范开展各项工作。标准化的目标是提高工作效率。

4. 专业化

专业化（specialization）强调的是分工细致、责任明确，由各行各业的专业人士分别从事商品经营、采购、物流配送、信息管理、商品摆放、店内布置、顾客服务、商店选址、市场调查、促销宣传、人员招聘和培训等工作。有人说，现代的零售连锁企业雇员呈两极分化：一端是基层非熟练工人从事的最简单的劳动；另一端是由高层专业人士从事的复杂的管理。

（二）连锁经营的劣势

连锁经营也有劣势，如各分店自主性有限；管理高度统一后缺乏经营的灵活性；投资数额巨大，使个人投资的成功率降低；在分店增加到一定的数量后，管理容易失控等。同时，连锁经营也不适用于所有的零售业，如有些行业经营的商品太细、太繁杂，不适宜标准化经营；还有些行业的单个企业规模过小，太分散，连锁化程度较低。此外，由于服务和商品品种的刻板，一些连锁店对顾客失去吸引力，他们转而去更有特色或服务更周到的商店购买商品。

第 5 节　特许经营

特许经营是连锁经营的一种。它属于轻度连锁，是一种比较流行的企业扩张和个人创业方式。它以低成本、标准化的经营达到快速扩大业务范围、实现企业经营规模化的目的。其发展速度通常要快于重度资产连锁，所需资产也少于重度资产连锁。特许经营正以其独特的营销方式、经验、管理理念成为我国未来具有影响力的渠道经营方式之一。

一、界定特许经营

特许经营（franchise）指特许人与受许人之间通过协议授予受许人使用特许人已开发出的品牌、商号、经营技术、经营规模的权利。受许人须先付一笔首期特许加盟费，此后每年按销售收入的一定比例支付特许权使用费，换取在一定区域内出售商品或服务的权利，并须遵守合同中关于经营活动的其他规定。

特许经营比较适合规模小且分散的零售和服务业。与重度资产连锁等经营方式相比，它有以下特点：

（1）一个特许经营系统通常由一个特许人和若干受许人组成，特许人和受许人之间关系的核心是特许权的转让，特许人和受许人一对一地签订合同，而各受许人（或分店）之间没有横向联系。

（2）各受许人对自己的店铺拥有自主权，即自己仍是老板，人事和财务均是独立的，特许人无权干涉。这不同于直营（正规）连锁店。

（3）特许人根据契约规定，在特许期间提供受许人开展经营活动所必需的信息、技术、知识和培训，同时授予受许人在一定区域内独家使用其商号、商标或服务项目等的权利。

（4）受许人在特定期间、特定区域享有使用特许人商号、商标、产品或经营技术的权利，同时又须按合同的规定从事经营活动。如麦当劳要求受许人定期到公司的汉堡包大学接受制作汉堡包及管理方面的培训；对所出售的食品有严格的质量标准和操作程序的要求，以及严格的卫生标准和服务要求，如工作人员不准留长发，女士必须带发罩等。

（5）特许关系中通常会明确规定，受许人不是特许人的代理人或伙伴，没有权利代表特许人行事。受许人要明确自己的身份，以便在与消费者打交道时不致发生混淆。在这一点上特许经营关系与代理有本质不同。

（6）合同规定特许人有权按照受许人营业额的一定百分比收取特许权使用费，分享受许人的部分利润，同时也要分担部分费用。如麦当劳收取的特许费用约为受许人营业额的 12%，同时承担员工培训、管理咨询、广告宣传、公共关系和财务咨询等责任。

二、特许经营的类型

特许经营主要有以下两种类型。

（一）产品、商标型特许经营

产品、商标型特许经营也被称作传统特许经营方式。特许人通常是制造商，同意授权受许人对特许产品或商标进行商业开发。特许人可能提供广告、培训、管理咨询方面的帮助。在美国，这种特许大约占所有零售特许商店的 70%，最典型的是大石油公司授权的加油站。

（二）经营模式型特许经营

这种形式的特许人与受许人之间的关系更为密切。受许人不仅被授权使用特许人的商号，还有全套的经营方式、指导和帮助，包括商店选址、产品或服务的质量控制、人员培训、广告、财务系统及产品供应等。这种经营方式常见于餐馆、旅馆、洗衣店等。麦当劳就是这一特许经营形式中最成功的例子。

此外，我们也可从受许人角度予以分类。根据其接受的特许权性质，受许人分为以下两类：

（1）区域受许人。即特许人将一定地理区域内的独占特许权授予区域受许人。区域受许人在该区域内可以独立经营，也可再接受次级受许人经营业务。

（2）复合受许人。一般受许人多为一个拥有一家小店的独立商人，但现在越来越多的特许权被拥有许多分店的连锁公司购买，这些公司称作复合受许人。除特许业务外，它们还经营其他业务。它们加入特许体系的目的主要是为闲置资本寻找投资机会或使业务多样化。

三、特许经营的利弊

（一）特许经营的优势

特许经营的优势主要有：

（1）将经营失败的风险降至最低。对于缺乏经验的投资者而言，自己开一家店铺，实行个体经营，是很困难的，面对大店的竞争，很容易被挤垮。加盟特许经营系统有时是一种明智的选择。根据国际特许经营协会统计，国外普通的企业，第一年的破产率达35%，5年后的破产率达92%；而加盟系统的企业第一年的破产率是4%～6%，5年后的破产率也只有12%。投资者选择一家业绩较好且有实力的特许经营企业，有整个加盟系统作为强大的后盾，还可从总部获得专业技术方面的帮助。市场竞争很激烈，投资者接受总部的帮助，有利于避免小本经营血本无归的风险，个人的工作量和心理压力也会小得多。

（2）受许人通常会得到全国性品牌形象的支持。加盟者只要能拿出开店的资金，借助特许经营总部的商号、技术、服务等，便可以开展经营活动。加盟者凭借总部的商誉，在开业前便拥有了良好的企业形象，容易给顾客带来亲切感。创业阶段最艰难的一步就是不知如何打开市场、树立形象。实力强大的经营者可以尽量利用广告展开宣传攻势，力争在最短的时间内给消费者留下印象。但一般的中小企业及个体经营者想利用大规模的广告来一鸣惊人就不大可能。对于加盟者，总部已有一定的知名度，且已有一定数量的顾客，所以加盟店可借助这种商誉获得发展。

（3）分享规模效益，将开业成本降至最低。首先是采购的规模效益。特许经营企业一般都实行联购分销并建立配送中心，其采购成本较低、手续简便、货源充足。而一些单店经营的店铺，由于资金、储运措施等有限，每次进货都要量出为入，造成每一种商品数量都有限。由于采购批量小、折扣较低、货品价格高，这些单店的吸引力不强。其次是广告宣传的规模效应。特许经营企业往往实力雄厚，有各加盟者的支持，广告支出较多，由此创造的商誉也可由各加盟店分享，而各加盟店只需支付较少的费用。另外，遍布各地的加盟店本身也是一种广告和促销，其作用不可忽视。

（4）分享企业技术开发的成果。为提高整个企业的知名度，好的公司会随时开发独创性、高附加值的商品和服务，以差别化来领先竞争对手。各加盟店不必自设技术研究和开发部门就可享受到这种服务。

（5）从总部获得其他方面的支持与服务。如通过参加总部的培训课程，加盟者可以弥补本身基础知识和专业知识的不足。总部可以帮助加盟者选择店址，拟定装修计划，包括符合城市规划或条例的规定；帮助加盟者获得资金，作为购买经营权的部分款项；培训员工；购买设备；挑选或购买货品；帮助加盟者开业并顺利运作。一般小公司最头疼的是招募员工，对于加盟者来说，只要贴出总部统一印制的海报就不必担心人员的短缺。

综上，加盟者既可以拥有自己的业务，又可以从总部不断获得帮助。加盟者在特许经营合同的范围内独立经营，凭借自己的辛勤劳动获得最大的经营回报，提高投资价值。尽管加盟者获得的服务和支援都相同，但经营业绩却不同，可见加盟者有很大的发挥空间。

（二）特许经营的劣势

一般地，特许经营的劣势主要有：

(1) 受许人须遵循特许人的要求，很少有创新余地。总部对全体加盟店的一致性有严格的要求，各加盟店想完全自主经营是不可能的。总部必须拥有控制加盟店的权力，来保证由加盟店提供给顾客的服务或产品的质量。加盟店接受总部的指导和帮助，其代价是接受总部的集中控制。

加盟店从商店装饰、商品陈列到经营方法，都要按总部的规定去做。特许经营体系通常有一套完整的供给系统，从货品采购、分装、送货到补货，甚至器材供应都由总部负责。总部提供的一切服务，包括采购、运输、器材供应，甚至各项技术指导都不是免费的，会收取若干费用。对于投资者来说，没有选择的余地。总部这种整齐划一的管理，在总部监督人员并不了解地区性情况时，就会使指导徒有其名，甚至出现瞎指挥的现象，而加盟者很少能有创新的余地，这有时可能使一些地区的加盟成员错失发展良机。

(2) 如果特许经营总部不擅长经营业务和管理，会使加盟店受到牵连，使那些满怀希望准备大干一场的加盟店陷入经营和资金风险之中。为此，通常以法律的形式规定准备开展特许经营事业的企业有充分说明合同内容的义务。此外，业界也组织自发性的活动，搜集有关信息，如日本设有特许经营协会，为想要加入特许经营组织的店铺或投资者提供对特许经营总部的情况进行调查的机会。

(3) 投资者加入特许经营组织，无形中已将自己的投资得失与整个特许系统连在一起，形成命运共同体。加盟特许经营组织会增强依赖性，要听从总部来安排和指导。过于依赖总部，加盟店会失去独立性，放松经营和销售努力。更严重的是，一旦总部有所变化，加盟店会受牵连，而且难以应变；如果个别加盟店失败，脱离组织，其他加盟店的形象和信用也会受到影响，而对总部来说，只是失去了一两个经营网点。

(4) 转让或转移加盟店较困难。加盟协议都有条款限制经营业务的转让，这显然会阻止加盟者出售其业务。如果要终止合同，总部出于自身利益的考虑，往往不会轻易同意。如果店主将生意转卖给第三者，或者迁移他地，在未得到总部同意之前，私自行动也是不允许的，即使该店土地和建筑物都归店主所有。

（5）总部的政策对加盟店的利润有很大影响。例如，总部可能希望加盟店提高营业额（定期特许经营费正是从中提取的），但加盟者可能更想增加利润，而营业额的提高却未必会使利润增加。总部采取的革新措施一旦失败，会令加盟店蒙受损失。因此，总部应该在新方法经受市场的彻底考验之后，再向加盟者示范采用新的方法。有时加盟者的负担过重，经营业绩欠佳。原则上，总部对各加盟店一视同仁，但有时为了平衡利润率，对各店有不同的要求。如对新开张的店铺，商品的提供、价格的优惠都有所偏重，而负担往往转嫁到老店上，使老店的业绩往往不如新店。另外，总部在地区间政策的调节上也使不同店铺负担不均。

（6）由于合同期限而受制于总部。实行特许经营，加盟店要和总部签订合同，合同期限或长或短，这在一定程度上会影响企业的投资和经营。一旦合同到期，各店又面临新的选择，经营没有保障。

案 例

依旧存活的瑞幸咖啡 vs. 步步面临挑战的星巴克

在中国咖啡饮品市场，2018年前，星巴克一枝独秀，瑞幸咖啡凭借其独特的经营模式发起了对星巴克的挑战。

瑞幸咖啡

瑞幸咖啡宣称将致力于推动精品咖啡商业化，倡导更方便迅捷的“咖啡新零售”体验，多种形态的咖啡店将遍布各大城市的商圈写字楼，用户可通过移动端自由购买，自提或配送，彻底改变咖啡传统业态模式，解决消费痛点。

2020年，瑞幸咖啡由于财务造假跌入深渊，随后被美国有关机构强制退市。据专业人士分析，造假的一些驱动因素可能是公司发展速度过快导致资金链高度紧张，以及发展模式中对成本的忽视。

2021年，公司获得2.5亿美元融资并实现集团整体盈利。瑞幸在国内已拥有3 949家自营店、1 175家加盟店。业内外对于瑞幸的担忧仍占多数，除去财务造假的负面影响未散，瑞幸还面临快速扩张导致的能否持续获客的难题。

瑞幸带动咖啡行业

2020年至2021年7月，咖啡领域共有近50起融资事件发生。仅2021年上半年，融资金额已经超过63亿元，远超2020年全年金额，也超过了上一轮融资高潮时期的金额。

资本导致零售的快速扩张，仅在北京望京商圈就有170多家咖啡馆，在程序员扎堆的北京中关村，咖啡馆超过200家，上海浦东新区陆家嘴街道则有150多家咖啡馆。

星巴克

以往，在商务活动中，如果有人问“喝咖啡吗？”，得到的回答是“走，去星巴克”。中国市场对于星巴克的意义毋庸置疑。上海星巴克的门店数量是纽约的两倍。

从业绩来看，中国市场的销售量已经连续多年保持增长，星巴克也将中国市场放在了首要位置。

星巴克的连锁和特许经营理念和瑞幸咖啡差不多，但具体的运营细节存在较大不同。星巴克的理念是，在传承经典咖啡文化的同时，关爱伙伴，为顾客提供超越期望的星巴克体验，并为所在社区的繁荣作出贡献。星巴克董事长认为星巴克“不是一家简单的咖啡馆，而是通过咖啡这种社会黏结剂，为人们提供聚会场所的第三空间”。家庭居住空间为第一空间，职场为第二空间，而城市的酒吧、咖啡店、博物馆、图书馆、公园等公共空间为第三空间。换句话说，星巴克重视店铺氛围、顾客伙伴关系，是做文化和体验的。而瑞幸咖啡则是以咖啡的快速消费为主。

2018年第三季度的财报显示，星巴克在中国的销量已开始下滑。一个原因是在优惠券和补贴的诱惑下，消费者大量涌入瑞幸咖啡等咖啡店。在开店速度、扩大规模方面，瑞幸等咖啡店的雄心勃勃给星巴克造成压力。

星巴克的一个应对策略是通过手机App推广忠诚度计划。这是因为，星巴克44%的业务都来自参与忠诚度计划的会员，移动点餐也占据整体营业收入的18%。此外，星巴克开始推出猫爪杯、星巴克冰淇淋等其他产品。

▶ **问题：**

1. 在中国，若干年后，瑞幸咖啡是否可击败星巴克？
2. 星巴克发展步伐是否落后？为什么？

本章小结

1. 所有面向个人消费者的销售商品和服务的活动都可称为零售，它是商品流通的最后环节。零售商作为直接为最终消费者服务的商业单位，具有从业人数众多、业务活动具有明显的时间性和季节性、存在生命周期现象等特点。

2. 从经营业态上零售商可分为实体零售商和非实体零售商两种类型。其中实体零售商包括食品类零售店和非食品类零售店；而非实体零售即无店铺零售，可分为上门推销、自动售货机售货和直销。

3. 互联网的出现引发了销售模式的革命。移动互联零售相对于传统营销在营销观念、营销组合策略和营销手段三个方面均有所创新。

4. 连锁店按照不同的标准可以划分为不同的类型。与传统零售商店相比，它具有四个主要特征：组织联合化、经营统一化、作业专门化和管理规范化，其优势和劣势十分明显。

5. 特许经营是指特许人与受许人之间通过协议授予受许人使用特许人已开发出的品牌、商号、经营技术、经营规模的权利。加入特许经营既有利益，也存在风险。因此，选择特许经营时应充分了解特许经营的费用、风险、特许经营合同及其内容，并结合自身的情况进行可行性研究分析，同时还要能正确化解特许经营中的冲突。

思考题

1. 阐述零售业的主要特点。

2. 阐述连锁经营和特许经营的区别。

3. 试分析零售业态变化的规律，它们的生命周期是否有越来越短的趋势，未来5～10年可能有什么新型零售业态出现。

4. 目前有哪些主要的零售业态？分类的依据是什么？

5. 加入特许经营有哪些优势和劣势？如何减少劣势带来的不利影响？

第3章

批发商——“隐形”中介

学习目标

- 掌握批发的定义，批发商的价值与分类。
- 了解代理商的定义和分类。
- 了解自营销售组织的发展规模与趋势。
- 了解批发市场的分类。

引　例

物美能否帮助麦德龙逆风翻盘？

麦德龙是国际上自助式批发业务的领导者。麦德龙的产品组合和服务项目都是以餐饮企业、中小零售商、机关团体为目标顾客。麦德龙为这些特定的客户提供食品、非食品产品组合，以及有吸引力的批发价格。

随着经营环境的变化，麦德龙的业务逐渐疲软，加之鲜少关注企业关系维护及品牌宣传，公司的发展并不顺利。2020 年 4 月，物美收购麦德龙中国 80%的股权正式交割完成。

如今麦德龙继续以自身品牌保持独立运营，未来或许能够通过与物美旗下多点（Dmall）的联手迅速实现线上线下一体化、到店到家一体化，加快数字化进程，完成渠道转型，迎头赶上新零售时代的零售企业革命。

消费者主要通过零售商接触渠道，对批发商并不一定清楚，但批发商和零售商共同构成了渠道的中间部分。随着消费习惯的改变，如同麦德龙一样，批发商也需要作出改变。

第 1 节　什么是批发

批发和零售构成了渠道的中间环节。在了解零售后，我们有必要对什么是批发、批发的特征、批发商的类型等有全面的了解。

一、界定批发

19世纪，西方国家的批发商在分销渠道中占有重要的地位。那时资本主义还没有发展成为垄断资本主义，许多小制造商要依靠批发商推销和储存产品。另外，许多小零售商也要依靠独立批发商储存、供应货物和借贷资金。到20世纪二三十年代，由于集中和垄断的发展，市场竞争激烈，制造商纷纷设置自己的推销机构，跨过批发商将产品直接销售给零售商，甚至直接卖给最终消费者。同时，美国连锁商店发展很快，大零售商财力雄厚，进货量大，通常设有自己的采购机构，不通过批发商进货，而是直接向制造商大量采购货物。在大制造商和大零售商的两面夹击下，批发商的地位有所下降。但只要存在以社会分工为基础的社会化大生产，只要商品流通中的种种矛盾仍然存在，批发商就有其存在的必要性和积极作用。

批发（wholesaling）是指将商品或服务以较低价格大量出售给那些为了将商品再出售的个人或企业的行为。基于批发的定义，批发商（wholesaler）是指从事批发业务的商业团体。与零售相对，批发的特征主要表现在以下方面：

（1）销售对象不同。批发商从事的是企业之间的商品买卖，一般不直接同消费者发生交易，批发商的交易结束后，商品没有成为最终消费品。而零售商从事的交易是把商品直接卖给最终消费者。

（2）销售批量不同。零售商的销售对象是最终消费者，而最终消费者购买商品是为了个人或家庭的生活消费，因此购买量较小。批发商的主要销售对象是企业、机关用户，这些用户的购买量都较大。

（3）地区分布不同。零售商特别是为数众多的小零售商分散在全国各地的消费者聚居处，而批发商是为产品（服务）制造商、各种公司用户和广大零售商服务的，所以一般集中在中心城市或交通枢纽地区。

二、批发商的价值与局限性

批发之所以存在，在于它对上下游有价值，且价值高于成本。但价值和成本不断在变，这也是一些批发商兴起、一些批发商衰落的主要原因。

（一）批发商的价值

1. 批发商为制造商提供服务

制造商的分销渠道为什么需要批发商？从制造商的角度看，批发商承担了以下营销职能：

（1）市场销售与沟通职能。批发商通过其销售人员的业务活动，可以使制造商有效地接触众多的小客户，从而促进销售。当制造商的市场是由众多地域分布广泛的较小客户组成时，这一职能尤为突出。

(2) 市场覆盖职能。随着全国统一市场和全球统一市场的形成，制造商的产品市场地域分布越来越广泛，市场覆盖率已成为市场占有率的先行指标，产品有一个广泛的市场分布，意味着顾客能随时随地方便地接触并买到产品，而这显然是批发商的长项。

(3) 仓储运输职能。批发商通常负责货物的储存和运送，批发商一般距零售商较近，可以很快将货物送到客户手中，并降低供应商和客户的存货成本和风险。

(4) 订单处理职能。批发商可以满足当地的小额订单客户的需求。批发商往往经营同一大类不同厂商多品种、多规格的产品，因此更适合那些小批量、多品种采购的客户。如汽车修理店的零部件就更适合通过当地的汽车零部件批发商来采购。

(5) 传递市场信息职能。批发商可以向供应商提供有关买主的市场信息，诸如竞争者的活动、新产品的出现、价格的剧烈变动等。

(6) 客户服务职能。客户除了购买产品，还需要各种形式的服务，如产品调换、退货、组装、送货、维修和技术支持。制造商自己直接从事这些活动显然开支太大又收效甚微，所以，实际上是制造商雇用批发商完成这些职能。

归纳起来，批发商的经济角色就是将制造商用于营销的支付转化成自己的生意，从提高社会总资源利用效率的角度看，这实现了双赢。

2. 批发商为零售商提供服务

在个人消费品市场上，批发商最终要靠零售商完成商品的销售。二者利益一致，因此，批发商会尽力满足零售商的需要，并努力帮助、培训和激励零售商成为更有效的经营者。对零售商来说，批发商的作用可归纳如下：

(1) 批发商经常帮助零售商培训推销人员，布置商店，建立信息系统、管理程序、会计系统和存货控制系统，提高零售商的经营效益。

(2) 配货职能。批发商替客户选购产品，并根据零售商的需要将各种货物进行有效的搭配和送货，为零售商节约时间。

(3) 批发商向零售商提供合作广告和促销支持。

(4) 批发商为零售商及时调换有缺陷的产品。

(二) 批发商的局限性

由于批发商通常在股权结构、管理机制、区域等方面不隶属于产品供应商，产品供应商（包括服务提供商）对批发商的控制力度要弱一些。批发商首要考虑的企业行为通常是本企业的盈亏。而实现盈亏的途径有很多种，特别在产品供应商对渠道的控制力度弱时，批发商能借助企业对渠道的控制权获取更多利益，甚至对其他利益相关者造成利益损害。

延伸阅读

中间商制度在近代茶叶贸易中的负面作用

在近代中国茶叶对外贸易中，凭借垄断定价权、出口权和销售权等市场强权，洋行、买办和茶栈等中间商共同主导构建了以它们控制贸易为核心内容的中间商制度。这种制度只有利于中间商的利益实现，却使没有谈判能力的茶商、茶农的利益空间被严重挤压，导致茶叶贸易中的利益分配失衡。中间商制度是近代中国茶叶对外贸易衰落的主因之一。深层次上，中间商制度抑制了制度创新、技术进步、社会投资和企业家进取精神等茶业发展必需的经济要素的形成。在此制度环境下，近代中国茶业无法实现升级和转型，以致茶叶对外贸易最终衰落。

资料来源：张跃．市场强权、利益失衡与产业抑制——论中间商制度在近代华茶贸易中的作用．贵州社会科学，2016（11）：160－168.

三、批发商的分类

批发商有不同的分类。全球比较通用的分类标准是美国商务部所采用的标准。其他标准和该标准有交叉，但可相互印证。

（一）常用分类标准

常用分类标准主要依据惯例将批发商分为商业批发商、代理商和生产商自有销售机构。

1. 商业批发商

商业批发商从渠道上游购买大宗商品的所有权，随后以小批量低价的方式将商品卖给下游零售企业等。商业批发商是最普通的批发商术语，也可以叫作分销商、进出口商等。

2. 代理商

代理商不同于一般的商业批发商，并不全部拥有商品的所有权，主要承担销售、谈判等职能，并从中获得佣金。代理商包括经纪人、委托经销商、销售代理商等。

3. 生产商自有销售机构

出于控制渠道、实力不足以和经销商抗衡等原因，生产商自己拥有和运作渠道机构，但该机构独立于工厂。该机构的职责可大可小，大到可以负责商品的运输，小至只限于商品的谈判。

美国商务部还依据产业和业务的性质，将批发商进一步细分为 18 种类型，例如，汽车、家具、木材、设备、金属、电器等。

（二）按经营商品的范围分类

按经营商品的范围，批发商还可以分为以下三类：

1. 普通商品批发商

这类批发商是指经营品种繁多的普通商品的商业批发商。销售对象主要是杂货店、五金商店、药店、电器商店和小百货商店等。产业用户市场上的普通商品批发商一般是工厂供应商，它们直接面向产业用户销售品种规格繁多的原材料、零配件、设备和工业用品。

2. 大类商品批发商

这类批发商专门经营花色、品种、规格、品牌等非常齐全的某一类商品，同时还经营与这类商品密切相关的商品。例如，大类食品杂货批发商不仅经营罐头、蔬菜、水果、粮食、茶叶、咖啡等食品，还经营肥皂、牙膏等日用品。

3. 大宗商品专业批发商

这类批发商是指专业化程度较高，专门经营某一大类商品的商业批发商。如专门经营钢材、水泥、棉花、谷物、石油等大宗商品的批发商，它们一般规模大，拥有相对固定的客户资源和专门的储运、加工设备。

（三）按照职能和提供的服务分类

按照职能和提供的服务是否完全，批发商还可分为以下两类：

1. 完全职能或完全服务批发商

这类批发商的特点是持有存货，有固定的销售人员，提供信贷、送货、协助管理等全套服务。

2. 有限职能或有限服务批发商

这类批发商是指为了减少成本费用，降低批发价格，只执行传统批发商的一部分职能或提供一部分服务的批发商。这类批发商又可以分为：

（1）现购自运商。现购自运商经营有限的周转快的产品线。它们向小零售商销售商品并收取现金，不赊销，一般也不负责送货，客户要自备货车去批发商的仓库选购货物，付清货款。现购自运商通常是小零售商的股东。

（2）承销批发商。它们通常经营煤、木材、大型设备等大宗、高成交额的商品。因资金投入大，它们不是先买后卖，而是先收到客户订单，再与生产商联系订货，并由生产商根据交货条件和时间直接向客户发货。从收到订单时起，承销批发商就拥有这批货物的所有权，并承担风险，一直到将货物送交客户时为止。由于承销批发商不持有存货，因此经营成本较低，可以为客户节约成本。

（3）货车批发商。它们往往开车送货上门，通常是在固定时间、按固定线路访问固定客户。货车批发商销售的产品极为有限，主要销售生鲜易腐食品，如牛奶、面包、冷饮等，客户则大多是小食品店、餐馆、超市、医院、自助餐厅等。

（4）货架批发商。货架批发商是指专营非食品的家用器皿、化妆品、简装书、小五金商品等的批发商。货架批发商直接在零售店内设置货架，展示商品，管理进货，这意味着批发商要等商品售出之后才对零售商收款。在此过程中，货架批发商承担了送货、上架、持有存货和融资等多项职责，即由生产厂家或批发商将商品摆在零售商分给它们的货架上，自己送货、补货，有时还做现场促销。待货品销出后，货架批发商定期与零售商结算。我国一些百货商场内的货架出租实际上就属于这类。

第2节　代理商

除一般商品批发商外，代理商也被大众熟知。代理商和一般商品批发商存在较大差异。

一、代理商存在的合理性

代理商（agents，brokers，commission merchants）的经营范围一般较窄、专业性较强，所承担的职能基本限于协助完成商品所有权的转移，而不涉及批发商通常承担的实体分销、融资、风险承担等职能。很多代理商只需一间办公室、一台电脑、一台打印机及一台传真机，凭借其专业的市场和商品知识、行业内广泛的客户关系，迅速获取信息、强力推销及谈判的能力，为产品（服务）制造商开拓市场，寻找客户并提高营销网络系统的效率。

代理商的优势主要表现在以下三个方面：

（1）代理商对其代理区域的市场比较熟悉，有成熟的客户关系网络。生产商可利用这一优势“借鸡生蛋”，快速抢占市场，取得先发优势，然后再考虑是否建立自己的销售组织。

（2）规避经销风险。对不熟悉的经销环境，制造商如果贸然进入会面临很大的风险。通过选择可靠的代理商，制造商可以最大限度地规避这种风险。

（3）运营成本较低。代理商的主要收入是佣金。代理商拥有自己的渠道网络，制造商可节省自建分销网络的费用。

代理商更适合运作市场范围大、铺货快、占领市场快、回款快、风险小、相对成本低的商品。不过，代理商也有许多种，制造商与之合作前应关注其特点。

代理商的存在，有其经济学基础。在现代经济学中，代理商所从事的活动被定义为一种契约约定下的关系。在这种契约下，一个人或一些人（即委托人）授予另一个人或另一些人（即代理人）从事某些活动的权利，其中包括授予代理人某些决策权。美国学者约翰逊（Johnson）等人认为，这种委托-代理关系起源于信息的非对称性。信息的非对称性是指契约关系中的一方在某一方面掌握着“个人信息”，即这些信息只有他自己了解，而另一方并不了解。例如，一家服装公司生产了一批服装，按合同规定应在12月上旬交货给外商，但由于某种原因，这批产品到了12月初才生产出来。此时已经无法执行原来的海运方式，只能空运交货了。该公司在空运方面没有经验，只好委托一家专业的国际运输公司，以便按客户要求及时将货物送达目的地。换言之，该国际运输公司非常了解空运业务，这家服装公司却不了解。

在市场经济发达的国家，代理商非常活跃。产品（服务）制造商一般不直接面对用户，而是将产品委托给专业流通企业代理，或者将产品卖给大型流通企业。这样企业可以很快地收回资金，而不必冒资金难以收回或形成“三角债”的风险。日本索尼公司的创始人盛田昭夫曾指出：“若没有代理商，我简直不知道营销中将面临多少困难，你可以派出自己的常驻代表，但即便如此，你也必须通过当地代理网开展工作，或通过掌握这种代理网的某个人开展工作。”

延伸阅读

德国小企业的代理制

在德国，约占企业总数99%的中小企业，贡献了约54%的增加值，带动了62%左右的就业。它们称得上是德国工业和服务业的中坚力量。更为重要的是，德国的中小企业不仅是对德国企业贡献大，在全球市场中也处于重要地位。据相关数据统计，在2 764家中型全球领导企业中，德国就占席47%。

德国小企业普遍采用代理制在全球经销其产品，这样就可节省精力和时间，实行“技术驱动、品质占领市场”的模式，打造高品质的产品，获得丰厚的收益和利润。

资料来源：http://info.ledp.hc360.com/2017/03/020859193728.shtml.

二、代理商的分类

根据承担职能的不同，代理商可分为以下几类。

（一）制造业公司代理商

制造业公司代理商也称制造商代表，在代理商中所占比重最大，主要任务是为签约的制造商寻找顾客和推销产品。不过，这类代理商只被委托代理制造商的部分产品，而且无权选定交易条件和价格。它们一般与两个或多个生产互补产品的制造商签约，在制造商分配的销售领域按与制造商约定的价格政策、订单处理程序、送货服务和各种保证为制造商推销产品。可见，这些制造商代表更像是制造商的推销员。虽然它们同时给几家企业做代理，但产品是互补的，而且代理的产品品种范围有限。

制造业公司代理商主要适用于以下几种情况：

（1）新建的小公司，自己没有力量雇用外勤推销人员（驻在外地），或产品品种十分有限，雇用专职推销人员不划算。

（2）一些大制造商在开发新的地区市场时，因不确定性较大，可先雇用这类代理商，待销路打开、市场销量上升以后，再派出自己的销售人员或设立销售办事处。

（3）一些大制造商在市场潜力较大、发展较成熟的地区派自己的推销员去推销，而在潜在购买者数量有限、市场分散的地区委托代理商去推销，以降低成本。

制造业公司代理商大多是小企业，雇用的推销人员数量不多，但都十分能干。在某些行业，如家具、服饰品、大宗商品、食品及汽车配件等领域，它们的作用十分明显。

（二）销售代理商

销售代理商和制造业公司代理商有很大的不同。销售代理商被授权销售制造商的全部产品，并对交易条件、销售价格有较大的影响。销售代理商的推销范围一般不受地区限制。销售代理商也经营与被委托人有竞争关系的产品。

那些需要集中精力解决生产和技术问题的企业，或是自感营销力不从心的企业会利用销售代理商。销售代理商通常规模较大，不仅负责推销，还负责广告促销，参加国内外展销，调查市场需求变化，向产品（服务）制造商提出产品设计、款式、定价等方面的建议。

（三）采购代理商

采购代理商根据协议为委托人采购、收货、验货、储存及运交货物。例如服装市场上通常有大量的采购代理员，他们受托为各种零售商采购合适的服装、服饰和用品。

（四）佣金商

佣金商一般在批发市场上有自己的摊位和仓库，可替委托人储存、保管货物，且有责任替委托人发现潜在的客户，获得优惠的价格，打包、送货，提供市场信息及短期商业信用。佣金商对委托代销的货物有较大的自主权。因储存、保管的货物多为生鲜易腐产品，佣金商须因时制宜，抓住销售机会。佣金商卖出货物后扣除佣金和其他费用，将余款汇给委托人。

（五）进口和出口代理商

这类代理商的数目和规模很大。它们通常在各国港口设有办事处，专门替委托人从国外获取供货来源或向国外推销产品。它们在进出口贸易及企业进入国外市场的过程中作用十分显著。

延伸阅读

此代理未必是真代理

我国有庞大的白酒消费人群。最近几年，沪深股市的白酒板块一枝独秀，吸引了广大的投资者，也吸引了大量创业者做白酒代理。

有些白酒企业推出了一种代理模式，要求创业者缴纳保证金，筹建店铺等。这显然是要求创业者做其零售终端，而非代理商，只不过是借用了代理这一流行语。

资料来源：https://baijiahao.baidu.com/s?id=1625886218171629554&wfr=spider&for=pc.

（六）信托商

信托商接受他人的委托，以自己的名义向他人购销或寄售物品，并取得报酬。信托商具有法人地位，在交易活动中多选择远期合约交易，一般要签订信托合同，明确委托事宜及相应的权利。信托商有以下几种：

（1）委托商行。它采用面对消费者进行零售的信托商形式，代办转让出售。

（2）贸易货栈。它采用从事批发业的信托商形式，是古老的居间性商人。贸易货栈的主要功能是在买卖双方之间起代理作用，即代客买卖、代购、代销，同时兼顾其他服务功能，如代存、代运等。委托人一般要付一定的佣金。

（3）拍卖行。它是接受委托人委托，以公开拍卖的方式，促使买卖成交的信托商。拍卖方式在零售中较少见，主要在批发中采用。通过拍卖行以公开拍卖的方式进行批发的主要是质量、规格不标准，不易分列等级的蔬菜、水果、茶叶、烟草、羊皮等农产品和工艺品。

第3节　产品（服务）制造商自营销售组织

中间商有存在的价值，但很多情形下，企业可能出于无奈或者战略选择等目的，选择建设自己的渠道销售组织。

一、自营销售组织的理论分析

产品（服务）制造商的自营销售组织与企业生产部门相对独立，它实际承担着企业产品的分销职能。当制造商由于某种原因决定不利用或仅部分利用中间商（包括批发商和零售商）时，公司的销售分支机构就要负责完成应由中间商完成的职能。

市场机制的运行需要一定的成本——交易费用。为了达成一笔交易，即商品所有权的买卖，人们需要投入时间、精力搜索关于产品质量及价格的信息，还要谈判、协商和签约。之后，人们也许还要面临因机会主义行为产生的道德风险，签约的另一方可能会违约或在履约时以次充好。因而客观上就存在将这一系列的交易通过内部化来降低交易费用的可能。

二、自营销售组织的发展规模与趋势

20 世纪以来，随着产品（服务）制造商的规模日趋庞大以及竞争日益激烈，自营销售组织的数量呈上升趋势，尤其是在批发领域。据统计，20 世纪 70 年代中期，美国产品（服务）制造商自营销售组织完成的销售额在批发销售总额中所占的比重高达 36%，且经营效率要比传统批发商高得多：单个企业的销售额约为传统批发商平均值的 4.5 倍；员工人均销售额约为后者的 3 倍，费用则只为后者的一半。造成这种差距的原因可能是制造商自营销售组织从事的批发业务直接与生产相连，同时，制造商自营销售组织确实可以在企业内部协调生产与销售，更充分地利用企业现有资源获得高效益。

在某些行业，自营销售组织具有更明显的优势。一般地，产业用户市场上那些专业性较强的产品，如生产设备、原材料、零配件，由于用户相对集中于某些行业及地区，产品（服务）制造商自行销售难度并不大。如在美国，由制造商自营批发的产品占产品总数的比重，机器设备及零件约为 40%，金属及矿产品达 55%以上，电气制品约为 50%，石油及石油制品、汽车及其零配件达 60%以上。在个人消费市场上，由于品种多样化且顾客非常分散，制造商自营批发的比重就低得多，但生鲜食品需要特殊的储藏运输条件（如冷藏、冷冻设备），也有不少制造商直接批发给零售商。

营销视角

苹果公司为什么要开店？

在乔布斯重返苹果公司之前，苹果公司采用经销模式销售产品。但经销商不允许苹果公司控制其信息。苹果公司希望以其价值观吸引客户购买，但客户经常被零售商推荐各种替代品。而且，经销商没有足够的知识或经验来为苹果公司的产品提出建议，它们也没有适当的工具来展示苹果电脑的便捷和优越性能。

在一个不支持消费者参与的环境中，很难将计算机作为赋权工具来出售，而苹果公司在诞生时就打算让消费者积极探索他们的数字需求。

在制造商处于行业竞争相对集中、企业规模庞大的情况下，采取自营销售组织的情况较多。如美国的石油和汽车行业，虽然用户相对分散，但生产高度集中。在美国医药卫生材料行业中，制造商自营销售组织的批发额占到近 45%，这并非因为客户集中，而是因为制造企业的庞大规模和垄断地位。这使得制造企业寻求通过自营销售组织加强对最终市场的控制，加强与竞争对手的抗衡，并更有效地通过内部计划来协调生产与销售各环节的矛盾。

各种新型商业组织和所有权形式，以及高度发达的社会分工也使产品（服务）制造商独立控制自己产品的分销途径变得更为容易，如代理制度、零售连锁、特许联营及专业物流公司的发展都有助于分销渠道朝这一方向演进。在汽车行业，汽车公司通常赋予专业汽车零售商特许经营权，专营本公司汽车及零配件的销售；在石油行业，大的石油开采冶炼公司实际上通过授予特许经营权的形式控制成千上万的加油站，完成对产品从生产到销售的整个过程的控制。

三、制造商自营销售组织的利弊

（一）自营销售组织的优势

相对于利用经销商销售，制造商自营销售组织具有以下优势：

（1）有利于企业制定灵活的销售策略。产品销售是一个复杂过程。在这个过程中，产品的所有权发生了转移，产品实体得到了转移，生产者和消费者之间进行信息沟通，同时伴随着产品所有权的转移和实体的分配，生产者和消费者之间还发生了货币的转移，货币最终从消费者手中转移到生产者手中。

由于产品销售的复杂性，产品销售策略就变得十分重要，制造商自营销售组织可以有效地对产品销售过程加以控制，同时制定灵活的销售策略。例如，制造商可以制定多种形式的价格策略，以达到增加销量的目的。

（2）进入市场的谈判成本低，速度快。借助中间商销售产品，制造商必须在寻找中间商、甄选中间商等过程中花费一定的费用。对那些需要迅速进入市场，时间是保证推广成功的重要因素的产品而言，自营销售组织在进入市场成本、进入市场速度两方面具有一定的优势。

（3）节省佣金支出。制造商使用中间商（主要指代理商）必须花费一定的佣金。佣金数额与产品的性质、中间商的讨价还价能力等因素相关。一些大制造商自营销售组织在价格谈判上具有较强的议价能力，可以节省佣金支出。

（4）对企业的忠诚度高。中间商销售企业的产品主要是以自身能否获利为出发点，且往往同时销售几家企业的产品。这些产品之间有时因为具有相互替代性而产生竞争，中间商在推销某一种产品时往往不会像制造商自营销售组织那样尽心尽力。

（5）更具有攻击性，在竞争中更容易获胜。产品在市场推广中必然会遇到其他产品，竞争在市场经济中是必然存在的。出于维护本企业利益的目的，自营销售组织在竞争中更具有攻击性，更容易击败竞争对手取得较大的市场份额。

（6）更容易获得企业人、财、物、技术等方面的支持。市场销售是一个复杂的过程，企业对这一过程的支持极为重要。特别是一些技术含量比较高的产品，制造商对销售的技术支持十分重要。

（7）独立性强，不会受制于大中间商。制造商借助少数大的中间商销售产品，有可能形成对这些中间商的依赖，导致企业的市场开拓能力萎缩。中间商在与制造商打交道的过程中处于强势地位，从各方面制约和影响企业，在不知不觉中取得对产品（服务）制造商的控制权，这对产品（服务）制造商来说是十分危险的。制造商自营销售组织则可避免产生这种依赖性。

（二）自营销售组织的劣势

制造商自营销售组织的劣势也十分明显，主要表现在：

（1）组建成本很高。组建自营销售组织是一项复杂的工作，企业要组建比中间商分销效率更高的自营销售组织必然要花费很高的成本，而在企业普遍重视现金流的今天，将大量现金投入销售组织的建设与运营无疑是有风险的。

（2）对企业的管理能力要求很高。自营销售组织的管理是一项很专业的工作，包括销售人员的管理、销售账款的管理等，企业不能像引进生产设备那样引进完全适合自己的销售组织，而必须结合企业的实际情况制定管理制度，还要有合适的人去管理。

（3）不易形成规模效益。与批发商相比，单一制造商生产和经营的产品品种总是要少得多。

（4）容易产生惰性和腐败。销售终端是企业产生实际利润的部门，也是最容易滋生腐败的地方，腐败现象有可能逐步侵蚀企业的健康发展，导致企业衰落。

（5）售后服务和维修成本高。企业为了维持固定的顾客必须重视售后服务，由自营销售组织承担这项工作往往比利用中间商成本更高。

（6）市场和客户信息来源较为单一。企业自建渠道是单一的模式，要比企业采用多种模式的接触面小，信息也比较单一。企业有可能不了解其他渠道的顾客需求变化。

第4节　批发市场

批发市场是我国众多批发商的集散地，对批发业务产生了广泛影响，这是我国商品流通的一个特色，有必要加以介绍。

一、批发市场存在的理论分析

双边市场理论是网络经济学和产业组织领域近年来兴起的前沿理论。现实生活中存在着这样一类平台企业，它们同时向双边用户销售具有相互依赖性和互补性的产品或服务，并且将双边用户——买方和卖方吸引到市场中来，促使双方达成交易。通常，具有这种市场结构的产业市场称作双边市场。

双边市场要求满足：(1) 两组客户，通过一个平台产生互动；(2) 其中一组客户的决策和行为会影响平台带给另外一组客户的价值。依据双边市场的定义，我们可看出批发市场是一个典型的双边市场，这里汇集了各地前来销售的产品和有各种需求的采购人员。批发市场的拥有者通常不会经营产品，而是靠收取场地租金和提供管理服务来运行。批发市场是一个汇集买卖双方和管理第三方的生态系统。其场地越有竞争力，商品就越多，买者也就越多，价格相应越便宜。

二、批发市场的分类

对批发市场的分类主要依据批发市场的起源和产品的属性。但该分类更适合传统的批发市场，不能将移动互联时代的新型批发市场纳入进来。为此，本书依据批发市场的归属权和技术特征将批发市场分为：传统批发市场、网络电商批发平台、集中采购平台等。

(一) 传统批发市场

我国存在大量的商品批发市场，如著名的义乌小商品批发市场等，这些批发市场通常能辐射相邻多个省市。批发的产品包罗万象，如服装、办公用品、花卉、小商品、茶叶等。批发的产品除了消费品，还有工业用品，比如建筑材料等。

此处，传统批发市场（wholesale market）指向再销售者、产业和事业用户销售商品和服务的商业市场，以实体店和销售一般商品为特征。传统批发市场会长期存在，因为对批发的需求依然存在。例如，根据北京市政府的发展规划，北京多数小商品批发市场被疏解至河北省和天津市，实现京津冀协同发展。北京市所提的是疏解，是空间的变化，而非业态需求的消失。

1. 传统批发市场的价值利弊

关于传统批发市场存在争议。有人认为批发市场将来的出路就是彻底转型。这就有必要分析传统批发市场的利弊，并将其置于具体的情境中考量。

(1) 传统批发市场的价值。

①我国地域辽阔，不同区域发展不平衡，消费能力存在差异。大部分企业将大量的人力、物力等投入到一二线或者主力市场，对三四线市场的覆盖极为有限。日化洗护、百货、白酒等品类的生产企业相对分散，价格不透明，这导致渠道各流通层级之间层层加价，各个渠道层级之间存在较大差价，这为批发商的存在和发展提供了天然的土壤。

②传统批发市场通常是某类产品的集中地。在这里，每一家批发商背后有几十人甚至上百人的团队在支撑着这条供应链，以保证每天都有稳定的货物进入市场。

例如，蔬菜批发市场背后涉及从耕种、管理、采收、中转、预冷、加工、包装、装车、运输到卸货等工作。批发商经营品种有限，越大的市场做得越专业。除非企业有资源和组织能力，全天候管理数万人的团队，否则农产品类批发市场不易被替代。

③传统批发市场承担了重要的分拣和配送等职能。快速消费品，特别是易腐类快速消费品、农产品等，在批发市场的仓库存放时间很短就要被分销至下一环节。分拣和配送对于这些产品的快速周转就变得非常重要，因为下一环节可能是众多的二三级批发市场、农贸市场肉菜档、超市、社区店、食堂、餐馆、酒店等。

（2）传统批发市场的局限。

①主动创新不足。批发商的使命在于减少交易成本，提高流通效率，改善供求关系，调节市场供求。这要求此类批发市场以消费者需求为导向，顺应技术等外部宏观经济因素的变化。但一些批发市场，特别是一些小商品批发市场，由于从业人员学历较低，视野不宽，加之资金紧张，他们将批发市场更多地看作是生计，而非事业，得过且过的意识比较强，创新的动力不足。

②批发市场中的一些批发商规模过小。在全球，批发商并非一定要足够大，也有很多规模小但专业性比较强的批发商。我国很多传统批发市场以小商贩为主体，管理水平先进的大批发商较少。批发商“小、散、差、乱”，过小的经营规模使批发企业经营成本高、效率低，难以形成规模效益。

③一些批发市场秩序较混乱。很多传统的批发市场是自发产生的，缺乏有效的市场规范和管理，市场交易秩序较混乱。有些批发市场存在信息不畅、规则不明确等问题。

2. 传统批发市场的进一步分类

我国存在种类繁多的传统批发市场。有些批发市场经营多种产品，有些则比较聚焦，专注一两类产品。有些批发市场是自然而然聚集产生的，有些则是由政府或者企业主导，但后者和前者有着较强的相关性。

传统批发市场主要的类型有：（1）依托当地集贸市场形成的批发市场，比如曾经的北京市动物园批发市场等；（2）依托大城市的旅游胜地形成的批发市场，比如上海的城隍庙批发市场；（3）依托地方产业而创办的批发市场，比如河北香河家具城、各地的建材城等；（4）在大城市的城乡接合部创立的批发市场，这类市场发展历史较短，其存在的主要原因是能够弥补城市大商场的不足，城乡接合部各项成本较低且物理空间比较大。

（二）网络电商批发平台

互联网技术的成熟使企业间的网上交易过程大为简化。2011—2019 年我国电子商务交易额持续增长，2019 年中国电子商务交易规模达 36.8 万亿元，同比增长 13.1%。从 2019 年我国电子商务行业主要细分市场结构来看，B2B 行业的交易规模依然占比最大，其次是零售电商行业。2019 年 B2B 行业市场规模占比为 66.74%，零售电商行业市场规模占比为 28.88%。[①] 虽然 B2B 未必全是批发业务，但从现实的网站构建看，具有批发特征的网络电商平台占了大部分。

1. 网络电商批发平台的组织构架

网络电商批发平台是由网络电商平台运营商发起，提供产品或服务，吸引更多的批发商到平台上来交互，如电子商务平台吸引了批发商和客户在平台上进行交易，媒体平台吸引了观众、广告商及内容提供商三边用户等。网络电商批发平台组织架构如图 3-1 所示。

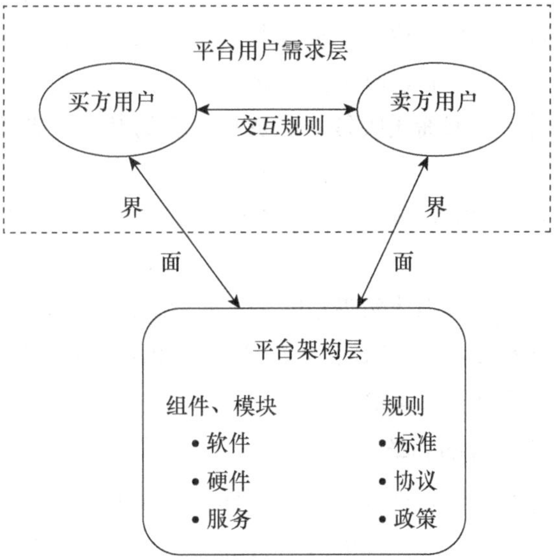

图 3-1 网络电商批发平台组织架构

2. 网络电商批发平台的交易流程

网络电商批发平台的交易流程越来越趋同，下面以阿里巴巴卖家的交易流程为例，简要说明网络交易流程（如图 3-2 所示）。

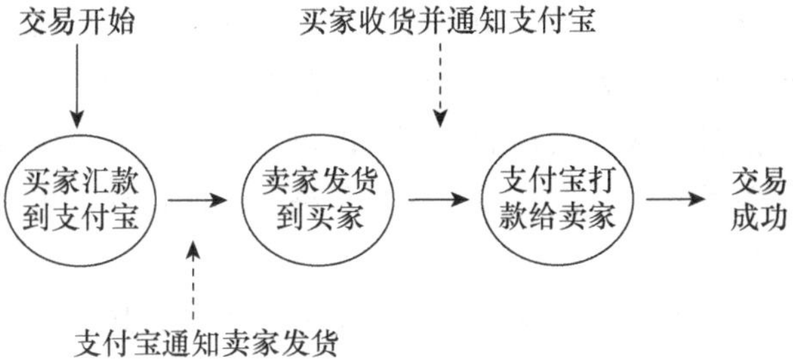

图 3-2 网络交易流程

具体的操作如下：

---

① https://baijiahao.baidu.com/s?id=1662572442377203688&wfr=spider&for=pc.

①查看订单。卖家发布一口价、拍卖的商品信息，如果有买家下单，登录“我的阿里助手”查看。

②补充运费。登录“我的阿里助手”后，点击“交易管理”，再点击“我是卖家”。进入补充运费页面，填写相关信息，点击“预览”确认无误后提交。

③联系买家付款。确认提交后，交易状态变成“等待买家付款”。买家会收到这条交易信息，卖家也可以联系买家，让买家付款。

④发货给买家。买家付款后，交易状态更改，点击“等待您发货”，点击“确认”，点击“确认发货”。接着登录支付宝，输入相关货物运输信息，点击“确认发货”，再点击“确定”。

⑤联系买家收货。发货完成后，交易状态更改为“等待买家确认收货”。卖家可联系买家并通知买家及时确认收货并付款。

⑥管理成功交易。买家确认收货并付款后，交易状态更改为“交易成功”。卖家点击“交易管理”—“我是卖家”—“已结束的交易”，找到对应的交易信息，交易成功。卖家登录支付宝，申请提现（将该笔交易的金额从支付宝账户提取到银行账户）。

综上所述，首先，买家确认购买某网站上的商品后，先把货款打至类似支付宝的第三方账户；卖家发货，等买家向第三方账户发出确认收到商品并且对商品满意后，第三方账户才把货款划至卖家账户。

3. 网络电商批发平台的利弊

下面以阿里巴巴电商批发平台为例介绍网络电商批发平台的利弊。

（1）网络电商批发平台的独特价值。

①具有极强的聚集效应。与传统批发市场地处一隅，辐射范围有较强的区域色彩相比，阿里巴巴的1688.com平台以批发和采购业务为核心，在全球注册用户超过1.2亿，每天有超过1 200万客户访问并产生1.5亿次在线浏览，有1 000万企业开通公司商铺，覆盖服装、家居、工业品等49个一级行业。这个平台汇集越来越多的大小批发商，顾客完全可实现商品的一站式购齐。

②有效降低了交易中存在的信用风险。通过强大的数据后台记录与检测，阿里巴巴筛选出那些网上长期经营良好、信誉评价高的企业作为贷款客户，也就是说它的资产端是相对优质的、风险可控的。阿里巴巴可以通过分析这些后台数据分辨出哪些是假的订单，哪些是骗贷的订单，哪些是高质量的订单，进而对用户进行信用评级。

③提供较多的客户服务。阿里巴巴向批发商提供外贸培训、老板培训、公司团队打造等服务。形式有线下培训和线上培训，线下培训定期会有行业专业人士讲座分享。线上培训是阿里巴巴后台的视频培训，针对外贸操作流程、销售技巧、阿里巴巴网站操作等进行的培训。阿里巴巴的培训能在一定程度上激励销售人员的士气。

（2）网络电商批发平台的局限性。

①批发商之间的恶性竞争激烈。阿里巴巴平台上中国卖家太多，加之平台允许买家群发询盘，导致价格竞争激烈，因此成交的订单利润都偏低。由于阿里巴巴会员来源复杂，内耗严重，好客户与一般客户质量悬殊。

②批发平台之间的竞争激烈。阿里巴巴的网站模式是中介形式，这种模式具有可模仿性，这就为其他竞争者进入该行业提供了样板，也就为自己增加了竞争者。

③市场与平台的运营政策高度相关。阿里巴巴转移了战略，将大量资金投放到 C2C 的淘宝网上，可能会面临老客户减少、新客户补给不足的尴尬局面。

（三）集中采购平台

随着互联网技术的广泛应用，很多企业、政府机关等应用互联网平台来集中采购所需物资。一些企业、政府部门专门搭建平台来实现产品的集中买卖，希望可以节省成本。这种类型的采购具有批发的性质。

集中采购（centralized purchasing）指某一团体通过对同一类材料进行集中化采购来降低采购成本。集中采购有自己的采购网站，在我国，大家熟知的集中采购是政府集中采购，很多大企业也使用集中采购。集中采购的产品范围很广，包括办公用品、医疗用品等。

集中采购的形式也很多，包括集中定价、分开采购，集中订货、分开收货付款，集中订货、分开收货、集中付款，集中采购后调拨等。

1. 集中采购的主要优势

（1）降低产品购买成本。集中采购的核心优势在于将微量的需求不断地汇集起来形成数量优势，借此向供应商压价，进而获得较低价格。

（2）规范采购行为。通过将采购需求、采购时间、采购人员、采购地点以及供应商适度集中，集中采购将分散性决策变为集中公开决策，增加采购活动的规范透明度，弱化各需求主体不合理的个性主张，减少采购经办人员接触供应商的环节和机会。这些均有利于建立专业化、标准化的采购作业流程和岗位人员约束激励机制。

2. 集中采购的主要劣势

（1）一些高质量产品未必参加。集中采购的核心是降低成本，而一些高质量产品显然价高。采购平台或者采购政策会对此类产品作出限制，它们未必能进入采购目录。如果从长期效果来看，高质量产品的性价比或许会更高。

（2）有可能采购周期长，手续比较烦琐。要积攒一定的采购数量达到批发的要求，有些采购需求的满足需要等待。此外，存在审批等环节，有可能造成时间延误。

（3）存在因过度竞争导致某些产品亏本的现象。集中采购的数量是多数生产商无法忽视的，但客观上一款产品有多家供应商，像阿里巴巴这样可公开询价的网站必然使得竞争白热化。这会导致很多企业为了获得市场份额牺牲掉价格，最终要么供货延迟，要么产品质量欠佳，甚至有可能毁约。

案 例

外迁后的小商品批发市场发展战略

根据北京市政府的发展规划，多数小商品批发市场将被疏解至河北省和天津市，实现京津冀协同发展。被疏解的业态包括流行饰物、服装鞋帽、家居用品、办公文体、儿童玩具、工艺礼品、通信器材、家电音响、家居建材等。被疏解的批发市场至少350个，其中包括知名的马连道茶城、大红门批发市场、动物园批发市场。河北等地看到批发市场可能带来的巨大商机，纷纷采取行动承接这些批发市场。河北省以保定市白沟新城、石家庄市乐城国际贸易城、沧州市明珠商贸城等为重点，承接北京服装批发市场转移。为吸引商户，地方政府认为要给予入驻商户优惠和支持，具体包括租金、物业费用减免，全力解决商户住房、子女就学等问题。但从商户关注的焦点看，他们更重视承接地的市场发展前景。从批发市场的运营规律看，承接地提出实现采购商聚集、供应商聚集、服务商聚集，提高便利化水平，提升产品质量，扩大出口规模等发展方向，这显然是基于现有的批发市场管理策略的优化。

河北等地愿意承接小商品批发市场的一个主要动因是目前市场带来的现实收益，但从长远看，批发市场也面临业态升级和更替的可能。这主要是因为：

（1）小商品批发市场是特定时期的产物。动物园批发市场产生于商品流通极度短缺的改革开放初期，一些个体户看到西直门立交桥附近交通流量大，从开始的沿街摆摊，到后来的逐步进入商场，最终发展为年销售额200亿元的批发市场。市场管理者的态度也经历了从最初的放任发展到逐步规范。业态属性也发生了变化，从经济发展的必要补充，逐步变为低端产业。即使在二三线城市，小批发市场也在趋于萎缩，规模大不如前。当地政府采取其他措施也无法改变人们对新业态的向往。

（2）一线城市的政策有强烈的全国示范作用。流通行业存在较强的示范效应，在全球各国均是如此。美国政府采用联邦制，各州有一定经济自主权，但商品流通方面全美上下一盘棋，从东海岸的纽约至西海岸的西雅图，从北部的波士顿到南部的迈阿密，商品流通业态基本一致。在印度，以往的流通业态以夫妻店为主，但随着中等收入群体的兴起，新型的超市等业态在逐步替代夫妻店。在我国，该示范效应也存在。此外，我国还存在另一种示范效应，即一线城市有较强的全国示范作用。一线城市认为传统的批发市场不能反映现代化成果并带来健康风险，采取疏解措施，二三线城市会在未来一些年效仿。

（3）较高的同质化要求批发市场保持竞争优势。这些批发市场多数以批发服装为主，大家比拼的是价格，缺乏明显的定位差异，竞争非常激烈，谈不上持续的竞争优势。例如，北京动物园批发市场的拆迁商户在考量将来在哪里重新开业时，可供选择的就包括河北廊坊、保定白沟新城、石家庄国际贸易城、天津西青区卓尔电商城等多个功能相似的市场。中国地区差异大，小商品批发市场有长期存在的社会基础，但主打低质低价的策略已不符合消费者多元化需求，消费者开始注重购物环境的舒适性。而价格战会伤及本地已有的批发市场和商户。所以，即使是外迁至河北等地，这些批发市场也需要产业升级。

白沟新城等地给出的产业升级方向试图复制义乌等地的小商品批发市场模式，忽略了商品流通的内在规律和市场需求的实质。商品的内在规律就是这些批发市场必然要逐步融入以规模化、效率化、品牌化为基本特征的现代流通体系。采购商、供应商、服务商之间应由产业链的主导力量进行整合，而非简单的聚集或堆积。另外，小商品批发市场过去存在多元需求，包括当地需求和全国性需求，该需求也需转型。小商品批发市场需要进入北京的大型商超的供应体系，实现线上和线下相结合，满足新市场所在地的需求。在北京，小批发市场大部分是满足当地居民的需求。这是很大的需求，但当地居民不大可能跑到较远的批发市场去购物，解决办法无非是网络购物和进入当地超市。此外，新的所在地需求容量显然有限，批发市场只能从其他需求入手。最后，由于物流逐渐便捷，零售商可以直接从固定的厂家进货，这样成本会更低，效率也会更高，这些批发市场曾经辐射全国和华北地区的能力逐渐弱化。更有效地为这些需求服务不是单个小商户或者一群小商户可以实现的，这需要夫妻店式的小商户向现代的大型批发公司转变，需要升级后的新业态具有规模经济效应。

▶ 问题：

1. 你认为小商品批发市场是否有必要外迁？

2. 你认为外迁后的小商品批发市场的发展战略是什么？

本章小结

1. 批发商是传统销售渠道中的一个重要机构，它在销售对象、销售批量及地区分布上均不同于零售商。批发商为供应商和零售商提供了多项服务，其存在具有一定的合理性。按照经营商品的范围，批发商可以分为普通商品批发商、大类商品批发商和大宗商品专业批发商三种类型；按照职能和提供的服务，批发商又可分为完全职能或完全服务批发商、有限职能或有限服务批发商两种类型。它们都有各自的明显特征，应按照一定的标准进行选择。

2. 代理商与批发商的本质区别在于代理商不拥有商品的所有权。它们是独立自主经营的企业，以获取佣金作为报酬，具有一定的渠道优势。根据承担职能的不同，代理商可以分为制造业公司代理商、销售代理商、采购代理商、佣金商、进口和出口代理商、信托商等。

3. 制造商自营销售组织与企业的生产部门相对独立，它实际承担着企业产品的分销职能。在某些行业和某些方面，制造商自营销售组织比利用经销商销售具有明显的优势。

4. 互联网技术的成熟使企业间的网上交易过程大为简化。

5. 在中国B2B主要以双边市场的形式存在。双边市场理论是网络经济学和产业组织领域近年来兴起的前沿理论。

思考题

1. 简述批发和零售的区别。
2. 简述批发商的分类。
3. 批发商为制造商和零售商分别提供哪些服务？
4. 为什么有些制造商进入批发领域，直接从事市场开拓与销售？
5. 你认为中国的批发市场发展前景如何？

PART TWO

2

|第2篇|

如何制定营销渠道战略

第4章

权衡渠道与市场营销要素

学习目标

- 了解渠道管理的理论起点。
- 了解营销组合要素与渠道之间的关系。
- 了解如何根据产品生命周期选择渠道策略。
- 了解渠道成员定价策略与渠道策略的关系。
- 了解企业如何选择渠道促销工具。

引　例

沃尔玛携手供应商推动减排

沃尔玛计划到2030年将其在全球业务价值链中产生的温室气体排放减少10亿吨。在沃尔玛上海、深圳等分公司的努力下，有数百家中国供应商或在中国有业务的供应商都积极参与该项目，其中就包括中国的TCP公司。

TCP公司为沃尔玛400多家门店供应灯泡。该公司之前已加入沃尔玛工厂能效提升项目，其工厂的产品和工艺改进令人瞩目。加入沃尔玛的10亿吨减排项目后，TCP在能效提升方面更加大胆，依靠产品创新承诺更进一步的减排目标，并推出了新型节能灯泡。

资料来源：https://www.prnasia.com/story/243285-1.shtml.

单个企业的力量是有限的，渠道链条上的企业要想实现自己的目标，要和其他企业多方合作。如何加强渠道成员协作、避免渠道冲突，同时处理好渠道与产品策略、价格策略、促销策略等的关系，是企业亟须思考的重大问题。

第1节　渠道管理的理论起点

渠道策略的制定应在企业价值观的主导下展开，是企业战略和营销战略的组成部分，其重要性取决于企业当时的经营状况。

一、渠道与顾客价值

顾客感知价值（customer perceived value，CPV）指潜在顾客针对某个产品及替代物所感知的所有利益和所有成本之间的差。顾客总价值（total customer value）指顾客感知和期望通过消费产品（或服务）获取的一系列经济、功能和心理利益的货币价值。顾客总成本（total customer cost）指顾客预计在评价、获得、使用及处理某个特定市场提供物时所发生的一系列成本，包括货币、时间、精力及心理成本。

顾客感知价值的基础是顾客从不同的选择方案中所得和所付之差。顾客获益的同时也要承担成本。营销者可通过提升功能或情感利益，和（或）降低一种或多种成本，来增加提供物的价值。例如，在选择两种价值供应品 V1 和 V2 时，顾客会考察 V1∶V2 的比值，如果比值大于 1 就选择 V1，比值小于 1 就选择 V2，比值等于 1 则随意选择。

企业存在的意义在于为顾客创造尽可能多的价值。基于此，企业在特定的情境、机会、目标和资源下谋求长期生存和增长。渠道管理作为企业管理的一部分，也要遵循为顾客创造更多价值的宗旨。

基于竞争的顾客价值思路的最后体现便是价值主张，价值主张（value proposition）指该企业赖以实现差异化和定位的所有利益的组合。价值主张直接回答顾客的问题——我为什么要购买你的品牌？沃尔沃的价值主张以安全为核心，包括可靠性、宽敞和时尚，售价高于平均水平，但就其提供的利益组合来说，算得上公平合理。好的价值主张有优质优价、优质同价、同质低价、低质更低价、优质低价等五种。

管理者通常采用顾客价值分析（customer value analysis）方法来揭示企业相对于竞争者的优劣势。该方法的分析步骤如下：

（1）识别顾客所看重的主要属性和利益。他们会询问顾客在选择产品或供应商时期望获得的属性、利益和性能水平。

（2）定量评价不同属性和利益的重要程度。他们要求顾客对不同属性和利益的重要程度评定等级。如果等级差异很大，营销者就应将顾客划分为不同的细分市场。

（3）以顾客价值各指标的重要程度为序，评价企业和竞争者在各个指标上的绩效。顾客向企业描述自己在某处看到的企业和竞争者在每个属性和利益维度上的绩效水平。

（4）基于单个属性或利益，考察特定细分市场中的顾客如何评价本企业相对于某一主要竞争者的绩效水平。如果产品在所有重要属性和利益方面均优于竞争者，企业便可制定一个较高的价格获得更高的利润，或制定相同的价格获得更多的市场份额。

（5）随时监测顾客价值。由于经济、技术和特征在不断变化，企业须定期重新研究顾客价值和竞争者的地位。

二、渠道与商业模式

近年来，商业模式（business model）这一概念引起人们的关注。德鲁克认为，当今企业之间的竞争，不是产品之间的竞争，而是商业模式之间的竞争。一家新企业的创立和发展，首先思考的就是商业模式。可以说，一家小商店都会有自己的商业模式。商业模式是一种经营思维和运营逻辑，决定了企业的业务范围、运营方式等，最终决定了企业的成本结构、利润来源。

早期商业模式的界定和研究主要从企业盈利角度展开，强调商业模式是企业获取利润的逻辑，商业模式也被称为盈利模式。任何一家企业都要直面企业的盈利问题。但企业的盈利能否实现涉及企业商业活动的结构、各要素之间的关系，以及对环境变化的反应等。企业要通过合适的流程设计和策略组合来协调各种要素。这种业务运作机制是企业盈利的重要保证。该内容包括产品选择、交付方式、管理流程、资源流、知识管理和后勤流等。随着研究的深入，人们对商业模式的认识也逐步从盈利模式扩展到了运营结构的构建。

战略观对商业模式的看法提高到整个公司的战略层面，认为商业模式追求的已经不是单纯的盈利和实现，而是整个公司的运营和实现，这便是对企业战略的总体考察，涉及市场主张、组织行为、增长机会、竞争优势和可持续性等。哈梅尔从战略管理角度强调战略观下的商业模式包括：（1）核心战略，指经营使命、产品及市场范围和差异化基础；（2）战略性资源，包括核心能力、战略性资产和核心流程；（3）顾客界面，包括履行与支持、信息与洞察力、关系动态和价格结构；（4）价值网络，包括供应商、合伙人和联盟。此外，还有其他学者解构了商业模式，例如，林德等从组织职能角度认为战略观下的商业模式包括定价模式、收入模式、渠道模式、商业流程模式、网络商业模式、组织模式和价值主张。

此外，有学者认为商业模式创新的关键也是企业为自身、供应商、伙伴以及顾客创造价值的关键，认为商业模式的设计应包括交易内容、交易结构以及交易治理，并强调各个要素之间的协同的重要性。

综上，商业模式的概念和内涵在不断演化，并无固定和统一的定义，甚至这一概念与顾客价值等内容有交叉，但它的逻辑、分析框架等处在企业战略决策和运营管理的顶端，是关乎企业全局发展的一个重要的理论和实践工具。特别需要说明的是，本书将商业模式排在顾客价值后面，主要是认为顾客价值更多地体现为管理哲学，是管理最基本的内核。此外，渠道决策与管理在很多企业中日趋重要，凸显全局性和战略性，企业有必要在商业模式中对其予以重视。①

---

① 在这里需要说明的是，学界对商业模式的定义未达成共识，但对商业模式的重要性达成了共识，本书着重介绍商业模式的重要性，并非对商业模式做系统性论述。本书简单地将商业模式理解为在企业价值观指导下，有动态和静态之分，比企业战略更具全局性和系统性的一个理论工具。

三、渠道与企业战略

渠道策略是指企业为了实现其向目标市场分销产品的营销目标而制定的基本原则。渠道决策与管理具有战略性。经济全球化、科技迅速发展和市场竞争加剧，迫使企业接受新理论，如价值链理论、交易成本理论、全面质量管理理论等，以更宽的视野对进入市场的方式做系统的战略调整。许多企业重视战略，将分销作为企业整体目标和战略的核心，并将分销渠道作为构建、发展企业核心竞争力的重要战略手段。

（一）渠道在企业目标市场管理中扮演着重要角色

目标市场选择和定位是企业战略制定最重要的环节。制造商只有通过渠道才可能提供不同种类、不同水平的服务，满足目标市场消费者的需求。高水平的客户服务源于企业对分销战略的高度重视，源于对目标市场需求的充分了解，源于分销渠道的高效运转。

（二）与其他营销组合要素相比，渠道对企业战略的实现更重要

事实证明，营销组合要素 4P 中的 3P——产品、价格和促销，难以给企业带来竞争优势。首先，信息技术的飞速发展带动产品技术在全球快速转移，一个地区或一个企业很难长期在技术上遥遥领先，通过产品获得竞争优势的机会越来越小。其次，伴随技术优势丧失的是价格优势，企业难以获得超低水平的成本优势。最后，指望通过促销来赢得市场，也因为其易模仿性而难以达到效果。渠道却可以提供更多、更持续的优势。分销战略是一个长期战略，必须假以时日才能真正建立起一个分销体系。分销战略具有隐蔽性，刚建立时很难被竞争对手察觉，待到渠道发挥作用时，竞争对手已很难模仿。

（三）渠道创造的资源对企业发展有补充作用

企业可以从渠道中获得一些自身很难获得的资源，从而促进发展。例如，随着国内外市场竞争的加剧和买方市场的逐渐强大，越来越多的制造商开始与经销商建立长期稳定的关系，以获取有价值的资源，提高渠道关系收益。威尔逊和詹特尼亚（Wilson and Jantrania，1994）认为发展渠道关系的目的就在于获取关系价值，包括经济价值、战略价值和行为价值。特别是，知识经济时代，知识已经取代劳动和资本成为企业最有价值的战略资源，是企业竞争优势的来源和企业成功的关键（Drucker，1993）。从分销系统中获得关于市场、竞争者、消费者等市场知识，对于企业改进产品、提高竞争力，进而获得更进一步的发展有重要作用。

四、渠道与营销组合要素

科特勒将营销计划分为两个层次：战略层和战术层。战略营销计划（strategic marketing plan）指企业在分析最佳市场机会的基础上，确定其目标市场和价值主张。战术营销计划（tactical marketing plan）详细说明了要采用的营销战术，包括促销、广告推销、定价、销售渠道和服务。但如果从顾客价值—企业战略—企业营销战略—渠道管理的角度看，科特勒的企业战略与企业营销战略是有交叉的。科特勒等人未将营销战略置于企业战略框架内，而是将营销战略做了提升以适应营销管理课程框架的需要，我们也采用了类似的方式，以凸显渠道重要性在不同企业中的不同。

营销要素理论（4P 理论）是美国学者麦卡锡于 20 世纪 60 年代提出的，是在营销实践中不断发展、不断深化的营销理论之一。营销要素理论选取企业运营过程中最为重要的四个可控因素——产品、价格、渠道、促销，进行优化组合、综合运用。

4P 理论有不完善的地方，主要表现为无法涉及所有营销变量，无法适应当前服务营销迅速发展的学术环境等。但它在理论界和实践中被广泛运用，是营销知识体系中的核心内容。

（一）产品要素

在制定战略的过程中，企业首先要思考如何满足客户需求，为客户提供所需的产品与服务。产品是市场营销组合中的核心要素。产品要素与其他要素联系最为紧密，对营销组合的效率产生最为重要的影响。它可以是有形的物质产品，也可以是无形的服务。产品包括种类、性能、品牌、质量、设计包装、规格、退换货、售后服务等元素，这些元素共同构成了产品属性。

（二）价格要素

价格影响企业的竞争力、产品的销量与成本、企业最终盈利等多个方面，涉及渠道分级中各个成员的利益。企业生产一种新的产品，采取新的分销渠道时，均会根据产品或渠道制定相应的价格策略。价格要素包括折扣、转让、信用条件等。

（三）促销要素

促销指销售者为了达成销售目标，促使目标客户完成购买而进行的一系列沟通或说服活动。促销的主要工具包括销售促进、广告、人员推销以及公共关系。多数情况下，企业的促销活动需要渠道成员来支持。

营销组合的合理运用是企业发展、赢得市场、获得消费者青睐的重要保证，必须处理好营销组合中 4P 与营销战略之间的关系。营销组合中，渠道策略不仅仅是市场营销战略的一个独立分支，更与其他战略计划息息相关。

营销渠道策略的合理高效实施有助于提高企业竞争力。在现代商业发展的历程中，各个领域均有企业从渠道问题入手，通过科学管理有效改进营销渠道，从而改善企业财务运营状况，帮助企业在激烈竞争环境中把握主动权。对于企业来说，渠道管理无论是在运营、盈利还是风险控制方面均占据突出地位。

营销要素紧密相连，我们无法将渠道与价格、促销、产品截然分开。后三者的问题常常需要放在渠道的框架下进行思考。渠道管理者应知晓营销组合变量与渠道变量之间的联系，将营销组合变量视为一种有助于渠道策略设计的资源。此外，运用营销组合变量这一框架，企业能了解、控制甚至影响渠道成员的行为。

第2节　渠道与产品策略

产品是价值创造的核心。产品作为沟通企业与消费者的媒介，能直观反映出企业市场定位、战略目标，甚至更深层次的品牌文化。把握好产品管理与渠道管理的关系，能帮助企业高效地把握市场潮流。

一、整体产品与渠道管理

整体产品包含三方面：核心产品（或称实质产品）、形式产品、附加产品（或称延伸产品）。核心产品指产品本身提供给顾客的基本效用和利益。例如，我们购买纯净水，是为了解决口渴的生理需求；购买图书，是为了满足获取知识的需求。核心产品是产品概念最重要的基础。形式产品是核心产品展示出来的实体和外观，是核心产品借以实现的形式。形式产品包括包装、商标、式样、品质、特征。附加产品是消费者在执行购买决策的过程中，所获取的除产品本身外全部附加利益的总和。附加产品这一属性对于大多数产品并非附加或可有可无的，而是必不可少的。附加产品可以是产品说明书，可以是产品维修、配送服务或是产品使用培训。

延伸阅读

为不同渠道设计不同包装?

尼尔森发布的《中国新零售白皮书》指出：为线上与线下渠道设计出不同的包装规格，可带动整体销量增长。例如，同一个品牌的气泡饮料在线上以24瓶330mL售卖时，销量远高于6瓶330mL或24瓶300mL的组合。而在实体店，气泡饮料在单卖一瓶600mL时最受欢迎，紧随其后的是单瓶500mL和单瓶2 000mL的包装规格。

资料来源：尼尔森中国新零售报告：线上线下包装规格搭配至关重要.http://www.sohu.com/a/163150397_198937.

传统观念认为，产品是能够在市场上买到，并能够满足人们欲望和需要的任何东西。各种各样的产品构成了日常生活的方方面面。苹果公司生产的手机、雀巢公司生产的咖啡、资生堂生产的洗面奶，甚至电影公司出品的电影都是产品。因此，从传统视角出发，渠道主要是分销实实在在的产品。但渠道的功能还包括提供售后服务、传递信息、协助企业推广等。

基于以上整体产品的概念，营销渠道还有如下几个重要的特点：

（1）将买卖双方联系起来。以智能手机为例，有些工业设计者将其看作是话筒、屏幕、芯片的组合，事实上智能手机通过这些硬件设备将手机两端的有联络需求的消费者连在一起，这背后是一个庞大的系统在支持。产品便将以上核心、形式、期望等产品属性整合在一起。营销渠道提供了一个通道，使得这些属性组合将买卖双方联系起来。

（2）功能随产品的演进而变化。还是以智能手机为例，手机的功能在不断变化，手机屏幕越来越大，内置 App 的功能越来越多。手机竞争的焦点在不断变化升级，营销渠道也必须作出改变。此外，随着服务、品牌等无形因素在产品中的比重逐步增加，传统的产品概念也扩展为整体产品概念。此时，产品不仅仅指有形产品，还包括设计、理念、服务或所有这些的组合。相应地，渠道的功能也发生了变化，更侧重于提供服务等。

二、产品生命周期与渠道管理

（一）产品生命周期理论

产品生命周期（product life cycle）包括导入期、成长期、成熟期以及衰退期四个阶段。随着产品经历生命周期的不同阶段，产品的生产成本、销售数量将发生变化，处于不同生命周期阶段的产品会给企业带来不同的利润（如图 4-1 所示）。

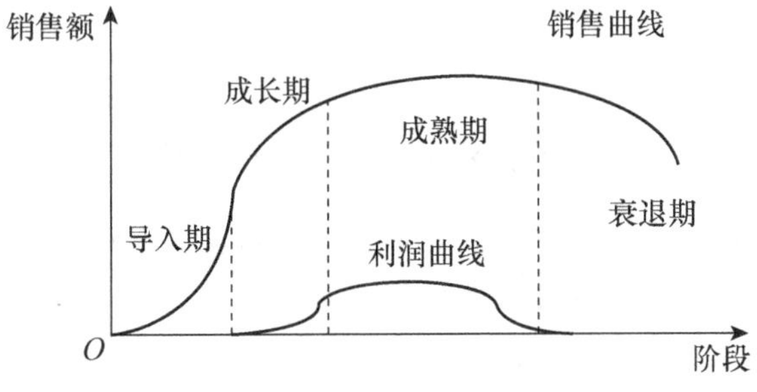

图 4-1 产品生命周期与利润曲线

为了保障企业利润最大化、延长企业存续期，企业需要为处于不同生命周期阶段的产品制定不同的营销战略和渠道策略。科学有效的渠道管理与产品能否发挥最大价值密切相关，一成不变的渠道管理战略无法适应产品市场的动态变化。

（二）根据产品生命周期进行渠道管理

企业管理者应把握产品生命周期的不同特点，及时追踪产品发展状态，根据产品实际生命周期阶段采用相应的渠道管理战略。

1. 导入期

在导入期，从企业着手准备设计开发一款新产品开始，这一过程需要企业投入大量的研发费、设计费，以及随之而来的市场开拓成本（即吸引鼓励分销商进货）。从渠道管理角度，企业需要保证各渠道成员能够支持产品导入阶段的市场销售。在这一阶段企业无法利用产品获得收入，利润为负。

新产品的失败率居高不下，对于某些行业的企业来说很常见。制造商为了提高利润，较好的应对措施是降低产品的失败率，制订更加细致周密的新产品开发计划。在产品开发过程中，渠道开发是进入市场前的准备工作中一个重要的组成部分。产品如果能够获得强有力的渠道支持，在新市场被消费者认可的机会将大大增加。企业能否为渠道下游成员提供特殊的培训教育，当前渠道是否需要依据新产品作出相应调整，渠道成员能够为新产品计划提供什么资源等，均是生产企业进行新产品渠道管理过程中不可忽视的问题。

（1）提供必要的培训。为了使新产品能够迅速被消费者接受，保证新产品的成功销售，企业对渠道合作者提供与产品相关的培训是有必要的。从成本效益角度看，培训需要邀请讲师、租用场地，产生费用支出，但培训将直接提高渠道合作的效果。由培训产生的效益是不可估量的，如果放弃培训将使产品在面向市场的过程中遭遇风险。

（2）促使渠道成员接受新产品。新产品能否获得成功，除了取决于是否被最终用户接受以外，还受渠道成员对于新产品接受程度的影响。渠道成员关注的是产品是否容易销售、在储存上是否便利等问题。为了促使渠道成员接受新产品，一些企业从储存便利性、陈列规则性的角度出发，在产品外观设计上下足功夫。

营销视角

为何经销商愿意卖普洱茶？

中国许多茶叶经销商在创业初期通常会犯难：卖哪一种茶呢？一些经销商会倾向于卖普洱茶。这是因为普洱茶容易储存，而且一些人认为储存越久越有价值，绿茶则需要放入冰箱里，储存一年以上口感会变淡。

对于经销商而言，增加一种茶类的分销要冒茶叶滞销带来的血本无归的风险。而普洱茶的增值功能正好与一般存货减值的功能相反。这有效地减轻了经销商的后顾之忧。

（3）鼓励渠道成员参与开发新产品。邀请渠道成员参与新产品开发能够提高合作商对于新产品的关注度，对产品进入市场之后的渠道合作起到激励作用。让下游企业参与到产品开发过程中，共同商讨产品进入市场中的某些问题，详细记录合作伙伴针对项目实施的想法和意见，能最大限度地降低产品风险。然而，由于市场竞争的存在，向合作者公开产品计划意味着公司机密的泄露。泄露产品信息是许多企业的“禁区”，准确把握渠道合作者的参与程度，在控制风险的前提下做到充分沟通是企业需要事先考虑的。

2. 成长期

在成长期，产品逐渐被市场认可，销量增加，企业获得的利润从负值变为正值。这一阶段企业需要加强和巩固渠道成员的关系建设，使上下游合作伙伴沟通顺畅、交流无阻，为产品快速适应市场创造稳固高效的渠道环境。

3. 成熟期

产品成熟期是持续时间最长的一个阶段。随着越来越多的潜在消费者开始购买产品，产品的市场覆盖逐渐饱和，销售额增长速度放缓，利润水平在一定时间内维持不变。产品已经被市场认可，并且在同类型市场上占有一定的市场份额，销量下降导致企业面对生产能力过剩、产品库存积压等问题，行业竞争加剧。此时企业应当加强对竞争对手的观察，避免同类型竞争产品抢占渠道资源、干扰渠道结构，同时在渠道内部控制渠道竞争，采取渠道沟通、渠道激励、关系营销等措施保持渠道权力，减少渠道冲突，保证渠道控制的有效性。企业利用成熟期的宝贵时间，积极利用销售资源与经验研发新产品，开启新的渠道策略，着手建设新渠道。

4. 衰退期

第四阶段为产品衰退期。即使产品制作精良、工艺先进、受到热烈欢迎，也很难避免衰退。产品衰退期有可能相当漫长，例如小灵通在移动通信市场上存活 17 年之久，一直到 2014 年才完全退出市场；也有可能极为迅速，如昙花一现的康师傅“优健美”乳饮料。产品衰退的原因包括更具竞争性的产品出现、科学技术进步以及消费者偏好改变等。企业为衰退期产品往往放弃部分市场，减少促销费用和渠道建设费用的投入，控制或削减产品占有的存货成本、销售成本以及管理部门的时间成本。同时企业需要准确把握渠道成员关系，争取在旧产品彻底退出市场后，通过调整原有的渠道结构保证在后续产品销售过程中渠道成员良好合作。

（1）产品线拓展和收缩。企业通常拥有较长的产品线来保证有各种不同需求的目标客户都能够获得想要的产品。宝洁的佳洁士牙膏在美国本土拥有 52 种不同的产品，海飞丝洗发水拥有 31 个品种。

企业通常很难找到各个渠道成员都满意的产品线组合。如果企业选择产品线扩展战略，随着产品种类增加、品种趋于复杂化，中间商需要在运输、储存上加大成本支出，零售商也需要准备更大的货架空间来满足所有品种的陈列需求，这将使销售工作难度加大。如果选择产品线收缩战略，一部分渠道成员则会抱怨由于产品种类减少，顾客可能无法购买到满意的商品。

企业应当考虑渠道合作者关于产品线调整的看法，根据渠道整体的最佳利益选择最为合适的产品线。为了避免渠道冲突，降低产生误会的风险，制造商应当及时向渠道下游合作者解释产品线调整的原因。此外，制造商应提前通知渠道合作者相关变动，以便合作者做好充分准备。

企业产品线的拓展或者收缩战略应当获得渠道合作者的支持与配合。宝洁在2014年净销售额与2013年几乎持平，其最重要的竞争对手联合利华则保持净利润增长，且拥有比宝洁更高的销售额。强大的竞争压力下，宝洁庞大臃肿的公司体制和种类繁多的产品线成为增长面临的首要难题。为了解决这一问题，宝洁决定减少旗下部分品牌的产品，并联合各大超市、零售店展开调查，仅保留消费者最需要的产品。

（2）产品线延伸。产品线延伸是指部分或全部地改变企业现有产品线的市场定位，即将企业的产品线延伸超出目前的范围。在渠道管理方面面临的最主要问题是渠道成员对新市场不了解而产生的问题。企业调整产品线后，产品线的后向延伸或前向延伸都会瞄准新的细分市场，而原有的渠道是否足以覆盖高端或低端市场，是企业需要考虑的重点。如果原有渠道无法全面覆盖，则需要对渠道成员作出必要的调整。为了避免在产品线调整过程中出现问题，企业应当做好新市场的测试工作。在对市场进行营销测试后再将产品线扩展至新目标市场，以规避营销风险，打消渠道合作者的疑虑。

第3节　渠道与价格策略

企业在提供产品和服务时必须定价。价格在日常生活中的表现形式多种多样。我们为公寓付房租，或为消耗掉的各类商品支付一定的价格，资本的价格是银行收取的利息，劳动的价格是工资。产品价值和价格的实现有赖于渠道的传递，此外渠道内部也存在产品价值的确定和收益的分配等问题。

一、价格—渠道的简要逻辑

（一）产品与价格

企业开发出的高质量的产品并不一定是顾客感知价值最大的产品，因为衡量顾客感知价值的另一个指标是价格。也就是说，企业的产品应具有较高的性价比。例如，通常认为LV的箱包价格贵，但质量很好；沃尔玛的产品质量不是最好的，但价格比较低，LV和沃尔玛均有性价比较高的产品，只是二者的定位不同。出售高性价比的产品是市场营销的基本价值观，渠道的价值也在于此。

（二）价格与渠道

从经济学角度看，价格是买卖双方竞价的结果。从图 4－2 可看出，为了得到自我价值的最大化，卖方提出一个比期望中自己能够获得的公平价格更高的价格，而买方与此相反，提出一个比自己能够获得的价格更低的价格。竞价的结果是在买方所需产品的数量和卖方能够提供的产品数量的基础上，达成的一个双方同意的价格。

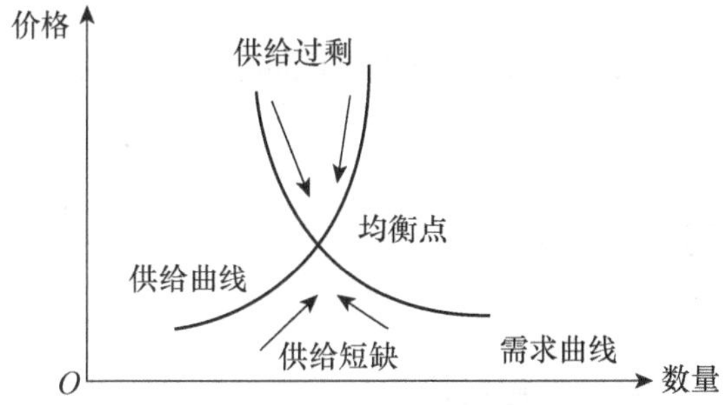

图 4－2　产品的供给和需求曲线

在营销渠道中，价格的确定是各渠道成员之间竞争的结果。交易价格除了与供给需求数量有关，还受渠道成员对渠道的控制力、话语权或讨价还价能力的影响。价格在市场营销组合中是唯一代表收入的要素，而其他要素（如促销等）则代表成本。渠道成员之间对于价格的控制能力将代表渠道控制力的大小。渠道控制指某一渠道成员对于另一渠道成员的计划、决策、行为施加影响的过程，是企业运行和管理渠道的能力。渠道成员之间相互影响、互惠互利，渠道控制根植于相互依赖的渠道关系。企业竞价能力越强，越能把控渠道价格，保证渠道上下游流通过程朝着有利于企业的方向发展。

（三）渠道的价格结构

渠道定价相当于渠道成员间针对渠道利润“分蛋糕”的过程。渠道中每一个层次的渠道成员都希望获得最终消费者支付价格的一部分，以此来获得预期的利润。在成本一定的条件下，渠道成员获得的毛利润越高，最终净利润越高，企业效益越好。而毛利润的划分同样取决于各个渠道成员议价能力与渠道控制力。制定严格的价格体系有助于减少渠道冲突，提高渠道整体利益并为社会创造最大价值。

营销视角

同团为何不同价？

某女士反映，2017 年她和朋友在南通国际旅行社报了一个去泰国的旅行团，价格是 4 800 元左右，当她到达上海机场时才发现旅行团是多地拼团，都是从上海出发，然而同样的行程，其他游客花了不到 3 800 元，和自己支付的价格差了 1 000 元左右。

旅游主管部门认为：旅行社可以自主决定旅游线路的价格。按照法律规定，旅游服务价格属于市场调节价，也就是说，旅游线路的价格主导权在旅行社手里。旅行社可以根据自己的客源市场、经营需求来确定价格。即使是同一旅游线路，在不同季节和时段报出的价格可以有高有低。此外，旅行社可以根据市场营销的情况，对同一线路的服务价格实施动态调控。最初报名的服务价格和尾单价格就不同，后者可能很低。由于旅行团收客需要分阶段完成，同一团队，尤其是大团队游客的价格可能不一致。因此，只要旅行社履行了明码标价的义务，就可以自行决定旅游线路的价格。

资料来源：同团为何不同价，主管部门给答复！http://www.sohu.com/a/241988511_146237.

二、渠道成员执行定价策略

（一）渠道成员不同的价格目标

将渠道成员看作单独的个体，我们便会发现，渠道成员都是以追求利润为目标的，根据自己的位置和整体环境制定相应的价格策略。渠道成员的价格策略见表4-1。

表4-1 渠道成员的价格策略

	生产者	批发商	零售商
稳定策略	目标：控制渠道终端，防止价格处于无序状态；实施价格维持战略，具有明显的优势	目标：保证自身在获取一定利润的同时不被行业竞争者排除在市场外	稳定目标：确定商品总体定价水平，并以此来确定品牌市场定位 低价策略目标：选择比竞争对手更低的价格吸引潜在消费者，通过“薄利多销”渗透市场、吸引消费者 高价策略目标：通常在地理位置、客流量上有明显优势
可变策略	目标：需要中间商提高市场占有率；市场本身有差异性	低价策略目标：减少产品毛利来吸引更多顾客 高价策略目标：牺牲部分价格敏感顾客来换取更精细的服务体验	目标：实现特定时期内的销售目标

从表4-1可以看出，多数渠道成员希望价格保持稳定，但越接近消费者，越有可能面临更为多变的市场环境，其调整价格的意愿越强，策略也越多。

（二）渠道成员执行生产商定价策略

企业定价的方法很多，最基本的定价方式包括基于成本、基于竞争和基于感知价值的定价方式。每一类基本定价方式又包含多种定价方法，例如基本成本的定价法包括成本加成、盈亏平衡等定价方法。

一般地，生产商在渠道的上游，是渠道价格策略的发起者，它应设法使渠道成员执行其价格策略。虽然渠道成员的目标是个体企业利润最大化，但渠道成员在获得渠道收益后，应执行生产商的价格策略。

例如，对于一些快速消费品，生产商有可能采用基于竞争的定价策略。此时，渠道成员便要使产品的价格与竞争对手保持一致。行业内竞争者往往采用类似的分销渠道，竞争者也会对企业渠道的定价策略作出反应。例如，经销商在经销联想笔记本电脑时，会参考戴尔、三星或宏碁笔记本电脑的价格。但基于竞争的价格策略并不能保证企业提高市场份额或者获利，反而有可能导致价格战，进而破坏整个渠道。此时，渠道商的做法便是在执行生产商的定价策略之外，采用差异化的竞争策略来有效应对基于竞争的定价策略的负面影响。

再比如，消费者越来越注重产品价格和服务之间的关系，虽然认为高价格应获得优质服务，但并不会认为低价格就应该获得低质量的服务。这一趋势倒逼渠道成员对其价格策略作出调整，而这些价格策略在生产商策略之外。从构建稳定的渠道关系出发，渠道商有必要执行生产商的价格策略，并作出自己的价格努力。例如，渠道商提供价格保证。价格保证指渠道成员使顾客相信，它们的价格在给定的市场中是最低价，如果顾客发现更低的价格，渠道成员将退还差价。

三、价格的激励功能

渠道成员的合作是任务完成的保证。对合作关系做适当的价格约定能有效地激励和制约渠道成员的行为。这些价格策略主要包括销量定价、职能津贴和促销津贴等。

（1）销量定价。通常生产商会对购买量大的或者销量高的经销商给予单独回报，包括数量回报或者价格回报等。但该方法也有弊端，订购量较少的顾客或者经销商会感到不满，他们有可能用脚投票。

（2）职能津贴。在进出价格差外，渠道商有可能履行特定职能，厂商有必要对此给予回报。比如，有些经销商负责承办厂商的经销商年会、培训等，而这些原本是厂商自己的任务。

（3）促销津贴。渠道商在销售产品之外，还承担厂商的业务拓展、品牌推广等任务。渠道商应获得相应的回报，回报的方式多种多样，包括获取免费产品、现金奖励、服务支援等。

第 4 节　渠道与促销策略

促销策略是营销组合要素之一，其基本价值与其他要素一致，也在于为顾客提供较高的感知价值。促销承担了促使买卖双方有效沟通的任务，通俗地讲，就是通过促销让消费者知道产品好。承担促销工作的成员包括生产商和渠道商，在某些特定的场景下，渠道商承担了较多的促销工作。

一、促销—渠道的简要逻辑

企业在生产出一款具有性价比的产品后，还有两项工作要做，一是让顾客知晓，二是送到顾客身边。促销（promotion）便是要完成第一项任务，具体指渠道成员为了告知、提醒、劝说顾客购买产品或服务所采取的沟通行为。从营销价值视角看，促销的本质与其他营销要素是一致的，以为顾客提供高的感知价值为核心。为实现这一目的，促销的目标需要依据场景进一步细化为产品差异化、共享信息资源以及刺激购买行为等。

从促销决策过程看，渠道商较多地参与了厂商的促销活动。促销决策过程主要包括：确定目标群体、确定促销目的、设计沟通信息、选择沟通方式、设计促销组合与评价促销效果。从促销决策的实施过程看，促销与渠道的关系体现在以下方面：

（1）促销活动的发起者通常是生产企业。通常，促销被视作生产企业的行为，即狭义的促销仅仅包含生产企业本身发起的、由渠道成员共同参与的沟通行为。

（2）促销的实施者之一通常是经销商和零售商。它们不仅要负责促销活动的实施，还要负责信息的收集。经销商和零售商的投入程度直接关系到生产企业的促销效果。以家用电器有奖促销为例，经销商和零售商需要在活动之前备足库存，电器的体积越大，以经销商为主的家电分销体系中企业的库存压力就越大。

（3）促销需要借助一系列沟通与说服活动准确、快速地将有关产品的信息传达给接收者——消费者。促销活动由一系列促销工具构成，不同的生产企业往往依据产品特征选取不同的促销方法。这些沟通活动在传播效率、成本、最终效果方面有所差异，生产企业和渠道商需要结合使用。

综上，我们可以看出渠道商在厂商的促销策略的落地中扮演了重要角色，其作用的发挥也和选取的促销工具相关。

二、渠道与促销目标实现

促销的基本目标在于沟通，但结合不同的场景可以进一步细化，相应的渠道商的任务也不同。下面介绍一些主要的促销目标以及渠道商可能采取的行动。

（1）刺激购买行为。例如，一些消费者对价格非常敏感，即使微小的价格下调也会刺激他们的购买欲望，同时，他们很容易受群体的暗示而购买一些认为实惠的商品。经销商的工作便是，要经常有适当的降价促销，配合专卖店的布置和氛围营造，刺激顾客的购买欲望，特别是做大型促销活动。

（2）产品差异化。产品差异化（product differentiation）指企业以某种方式改变那些基本相同的产品，以使消费者相信这些产品存在差异而产生不同的偏好。渠道商的工作是增加产品的差异，它可利用独特的促销手段，包括广告、销售促进、人员推销和公共关系等，建立顾客对产品差异的认知。有的渠道商重视广告媒体宣传，有的重视人员推销，有的在利用公共关系方面获得很大成功，有的则擅长开展各种形式的销售促进。不同促销手段的利用可以让顾客感知到产品的与众不同。

（3）共享信息资源。渠道合作的一个前提是各方形成共识。渠道商需要不断地交换信息，这样才能对品牌价值、价格等达成一致。例如，沃尔玛向自己的供应商开放采购系统，让供应商实时了解产品的库存情况。

三、渠道促销思路选择

不同的促销方式在动机、对象、效率等方面有所差异，选择的促销工具不同。促销主要有两种基本思路，一是推式促销策略，二是拉式促销策略，若将二者相结合，则要重点关注促销的实施对象。

（一）选择促销的实施对象

生产商是促销的发动者。依据其促销的实施对象，大致将其策略分为推式促销和拉式促销，推式促销主要作用于营销人员，拉式促销主要作用于消费者。实施过程中，企业通常将推式促销和拉式促销结合使用。

推式促销指在制定和实施促销策略的过程中，重点利用推销人员、贸易促进的方法针对中间商开展营销活动，进而刺激消费者购买行为的一种促销方式。推式促销中，起点是生产商，直接作用对象是渠道中间商，由中间商将产品推广至消费者。生产企业将更加直接地与渠道成员一起工作，以此获得更加可靠的渠道支持。企业通常利用谈判的沟通方式使中间商提高订货量、增加库存，并促使产品最终推向消费者，进而增加企业利润。推式促销的促销工具主要以人员推销为主，企业利用推销人员与渠道合作者在合作范围、渠道价格或利润分配方面谈判，结合企业利益满足渠道商在优惠折扣方面的需求，利用中间商的力量将产品推向市场。

拉式促销指生产企业首先刺激消费者，提高消费者对品牌的关注度，反过来拉动中间商进货。拉式促销的起点是生产商，直接作用对象是最终消费者。当消费者因销售促进活动而购买产品时，购买量的增加导致零售商存货下降，从而促使零售商加大从批发商处购买产品的数量，最终拉动批发商加大从生产企业的进货量，形成一个良性闭环。广告是最能体现拉式促销特点且使用最为频繁的营销手段。企业通过将整体品牌或者某个产品通过电视媒体、平面媒体等途径广而告之，将品牌或产品的相关信息及时、准确地传播给最终消费者，有效地刺激目标客户群体的购买欲望。市场上产生巨大的需求量，渠道中间商不得不增加向上游渠道合作者购买的产品量，以缓解库存减少的压力，消费者的购买需求通过渠道信息的传播一级一级向上传递直至生产企业。此外，营业推广和公共关系也是拉式促销的重要手段。公共关系利用社会化媒体为企业营造良好的、负责任的品牌形象，强化消费者的品牌偏好，诱发他们的购买欲望。这也体现了拉式促销的特点。

（二）常见的渠道促销工具

促销工具种类很多，渠道商可以依据自身偏好和现实条件来挑选。有些促销工具既可用在推式策略中，也可用在拉式策略中。

广告是最常见的促销工具。广告一般指广告主付费、通过一定形式的媒体公开而广泛地向特定受众传播某种思想、信息的宣传手段。共同付费广告是在渠道促销中，为了达到促销效率最大化，生产企业与渠道合作者共同分担广告成本的促销工具。生产企业可以发布全国性广告，在全国市场上推广产品。除了全国性广告，零售商还可以针对特定产品在特定区域内发布地方性广告。全国性广告通过简单明了的介绍促使目标客户产生购买兴趣，地方性广告则通过对商品价格、属性的详细介绍来刺激购买行为。

促销人员在与目标客户或渠道合作者代表沟通谈判的过程中，应能够根据对方的实际情况作出不同的应对。相比广告，人员推销的高接触度更容易建立起良好的客户关系，使得目标客户或渠道合作者代表产生品牌信任与偏好。

营业推广为消费者立即购买提供了理由，例如肯德基发放优惠券，还在官网上开发电子优惠券，吸引顾客。此外，销售竞赛和激励活动也是激发渠道成员销售产品积极性的常见方法。销售竞赛主要分为中间商之间的竞赛和推销人员之间的竞赛两种。

案 例

如何从宝洁公司的多品牌策略看待电商专供？

多品牌策略是许多大企业采用的拓展策略。比如宝洁公司的洗发水业务。宝洁拥有12种洗发水品牌。所有品牌的洗发水都有相同的基本成分，但每个品牌都专注于一种特定的消费者需求并拥有各自的特色。比如每个品牌都会从气味、颜色和包装上与其他品牌区分开。

宝洁公司认为，不同的渠道、不同的商店、不同的销售模式、不同的品类和产品、不同的区域和时间段，每一种组合都是一个独特的需求场景。为支撑其品牌发展，宝洁公司的各项企业职能不断发力。以供应链管理为例，在升级供应网络和升级智能制造的同时，宝洁中国不断深入推进供应链链路数字化。具体策略包括：(1) 成立了供应链数字化运筹中心，把分布在全国乃至亚洲各地的计划体系整合在总部广州，通过一个中枢管理全中国的业务运作。(2) 建立了全链路可视化运作的数字系统，使供应链所有端到端的运作状态，以及供应链KPI如订单满足率、库存、成本、运输时效都实时可见。(3) 通过数字孪生技术结合供应链不同端的大小数据进行数据建模和解决方案模拟仿真，以提升决策的速度和效率。

与宝洁公司的多品牌策略相似，近年来，很多网络电商品牌也在推行多品牌多渠道策略。

例如，小王在“双 11”期间在网上买了某品牌的全自动洗衣机。“比线下同一品牌类似功能的洗衣机便宜了好几百元，但是在线下实体店找不到这一型号的洗衣机。当时我以为自己买到了专门供给电商的商品，捡了大便宜，后来才发现线下实体店卖的全自动洗衣机操作更加容易、功能相对多一些，线下实体店出售的洗衣机材质也相对好很多。”小王得出结论，“便宜没好货，好货不便宜”，以后在网上买东西时，还是别太贪小便宜了。究竟是小王贪便宜了还是有陷阱？

目前“电商专供”商品存在同款不同价、同牌不同质等情形。第一种情形指电商专供商品价低。外观编码与实体店商品完全相同，即线上线下销售同一型号的商品，价格却明显不同。第二种情形指电商专供产品与线下产品同牌不同质。这些产品符合国家对产品质量标准的要求，同时获得了相应的品牌授权。

消费者和专家对这两种情形存在较大分歧。比如，针对第一种情形，有专家认为应对其与线下同款商品在功能、配置、规格、做工、选材、设计等方面存在的差异进行充分披露，企业不得在推销产品过程中以任何方式隐瞒、混淆产品的重要信息，企业应避免消费者陷于错误认识并切实维护消费者的选择权。企业则认为价格不一是渠道成本不一致导致的。针对第二类产品，同样也存在不同意见。专家认为在宣传上不能谎称与线下高质量产品一致，否则就是对消费者的欺诈。而有消费者（例如前文所述的小王）则认为自己上了当，以后要擦亮眼睛。

▶ 问题：

1. 你认同电商专供属于多渠道策略吗？
2. 根据宝洁公司的多品牌策略，你认为目前的电商专供应怎么做？

本章小结

1. 对于很多企业，渠道策略可以放在企业商务模式、企业战略之中。渠道策略也是企业价值、商务模式、战略的具体落实。

2. 自营销组合概念提出以来，国内外各个行业的企业逐渐认识到把握组合中各要素、科学制定营销组合的重要性和必要性。一个企业，从产品的设计、生产开始，到通过销售网络将产品转化为持续的顾客关系，这一过程中的方方面面都离不开渠道策略的制定与实施。

3. 如何在企业销售过程中的渠道节点有效把握市场机会，妥善处理渠道冲突，解决渠道问题，是企业需要考虑的重要战略细节。面对企业可能出现的各种问题，企业决策者要从企业整体战略角度，权衡渠道与其他营销要素之间的关系，实现企业短期营运目标，最终实现提高品牌知名度，提高市场占有率，提升客户忠诚度的战略规划。

思考题

1. 企业选择渠道时为什么要考虑其他营销组合要素？
2. 企业在产品生命周期的不同阶段如何选择中间商？
3. 企业应如何考虑渠道价格因素？
4. 常见的渠道促销工具有哪些？

第5章
制定营销渠道战略

学习目标

- 了解渠道战略设计的概念。
- 掌握渠道战略设计的步骤。
- 掌握渠道设计的原则。
- 掌握渠道创新的信号和障碍。

引 例

携程网的渠道下沉战略

渠道下沉通常指因为企业原有的市场环境、行业、产业结构遇到瓶颈，企业将渠道延伸至二三线城市或者农村市场，以寻求更大的机会。这是一个比较新的营销渠道战略术语。

携程网全年总交易额过去几年增长很快，跑赢海外知名竞争对手 Expedia（约1 000亿美元）和 Booking（约930亿美元）。但携程看到未来二三线城市的市场前景，提出了渠道下沉战略，或者说线下旅游新零售业态。携程网通过门店扩张获得更多城市的线下流量。按照计划，“携程旅游”品牌的门店总数在2019年达到3 000家，新增的1 300多家门店中，一半落地县级城市。加上“旅游百事通”和“去哪儿”品牌门店，携程线下门店总数量达到8 000家。

新冠肺炎疫情的暴发，使携程8 000家门店面临挑战。为了帮助门店消化库存、减少损失，携程不得不让利，免除加盟店的管理费，同时发挥渠道优势，帮助门店进行资源整合、销售引导甚至是组织培训。

分销渠道是企业满足顾客需要的重要途径，是企业和渠道商共同扩大销售、顺利实现销售目标和渠道共赢的重要保障。企业应从战略的高度来看待分销渠道，设计出适应不断变化的市场环境，以最低成本传递重要的消费者信息，最大限度满足顾客需要的分销渠道。渠道战略应与企业的总体战略相一致。此外，它还要满足效率要求，并确保灵活性。

第 1 节　渠道战略设计

第 4 章探讨了渠道与顾客价值、商业模式、企业战略、营销组合的其他策略的关系，界定了渠道决策和管理在企业管理中的位置。由于渠道战略是渠道管理的基础，且渠道战略重要性日益凸显，内容也较多，本章单独探讨企业的渠道战略。

一、渠道战略设计概述

渠道战略（channel strategy）指企业为实现向目标市场分销产品的营销目标而遵循的基本原则。渠道设计（channel design）指为实现分销目标，对各种备选渠道结构进行评估和选择，从而开发新的销售渠道或改进现有营销渠道的过程。渠道设计与其他营销组合的决策相似。

广义的渠道设计包括在公司创立之时设计全新的渠道，以及改变或再设计已有的渠道。对于后者，现在也称为渠道再造，是市场营销者经常要做的事。相比之下，从一开始就设计全新的分销渠道的情形比较少见。

渠道设计更具有战略意义。渠道战略设计（channel strategic design）指对关系企业生存与发展的基本分销模式、目标与管理原则的决策。其基本要求是：在分析企业顾客价值并审视商业模式后，适应变化的市场环境，以最低总成本传递重要的消费者信息，实现顾客满意最大化。为此，渠道战略设计必须遵循两个价值原则，即以合理的价格向消费者提供值得信赖的产品或服务；准确确定细分化的目标市场并以合适的产品或服务满足这一市场需要。具体地说，渠道战略设计应当回答下列问题：（1）为达成终端顾客满意，分销渠道一般需要提供哪些服务？（2）可以通过何种营销努力来提供这些服务？（3）哪一类机构提供这些服务的效率和效益更高？

营销视角

招商银行继续升级电子渠道

招商银行大力推进电子渠道创新，积极探索移动金融和金融互联网新模式。网上银行、手机银行和远程银行已经实现对物理渠道的有效补充。但各大银行先后利用网上银行为客户提供随时随地的自助式交互服务。为强化和保持行业领先的客户体验，从 2018 年起，招商银行推出以下服务：使用招商银行 App 等电子渠道进行转账，单笔转账额度可达 100 万元，单日转账额度可达 500 万元，且不限银行和地域，也不收取任何转账手续费。

在新冠肺炎疫情期间，为有效保护公众的身体健康和生命安全，保障社会金融服务正常运行，招商银行的企业 App、微信公众号、95555 服务热线、网上企业银行等对公电子渠道服务保持全面开放。招商银行的公司客户可以通过以上任一渠道办理各类线上自助业务，并可扫码预约开户和填单。

资料来源：https://baijiahao.baidu.com/s?id=1657587916551713477&wfr=spider&for=pc.

二、渠道战略设计的步骤

每个企业的分销渠道设计的操作不尽相同，但基本步骤大致相同。斯特恩等学者通过对多家大型公司的长期研究，总结出了用户驱动分销系统设计模型。该模型将分销渠道设计分为12个步骤，本书将之归类合并，把渠道战略设计过程分为4个步骤。

第一步，分析渠道环境。这一步的核心是对目前企业分销渠道的状况、市场覆盖面及其对公司绩效的影响、面临的挑战等有一个清醒的认识和准确的把握。

第二步，建立渠道目标。这一步将渠道功能的预期具体化。它依据对不同服务产出水平的需求来识别细分市场，再决定服务于什么细分市场和选择什么渠道。

第三步，选择渠道战略模式。这一步要确认公司经过什么渠道到达消费者。每种渠道都有利弊。选择方案由三方面的要素确定：中间商的类型、所需的中间商数目、每个渠道成员的条件及其相互责任。要依据经济性、可控制性和适应性这三个标准来评估。

第四步，实施渠道战略模型。这一步是将渠道战略方案具体化。依据战略方案和战略重点，企业要提出更具体的数量和时间方案。例如，根据任务的轻重缓急和时机，企业进一步明确工作量和期限，并考虑由谁来执行战略计划等。

第2节 分析渠道环境

一、渠道环境

渠道环境是相互依赖的组织集合。众多学者在研究渠道环境的过程中更多地借用了组织理论中环境的概念。但组织理论对环境也没有统一的定义，通过文献研究可以将这些定义归为两类：一类是基于系统的观点，将环境视为所研究的组织之外客观存在的实体；另一类则认为环境并非实体，而是所研究组织的决策者的一种主观认知。大部分学者在研究过程中采用前一种环境定义。

基于系统的观点认为，企业在设计分销渠道时，首先要将渠道作为开放的系统，认识渠道环境对渠道变化的影响。由许多相互依存的组织构成的渠道组成一个系统，这个系统的各个成员共同创造渠道的服务产出。一条分销渠道包含两大部分：经营者和最终使用者。前者为垂直结合的营销组织，主要由制造商、批发商和零售商组成，是渠道系统的经营亚系统。后者由相关市场的消费者（集团购买者和家庭）构成，是渠道系统的用户亚系统。经营亚系统的存在以满足用户需求为前提。其成员要彼此协调，才能实现渠道功能并达成各自目标。同其他系统一样，分销系统有它的边界，包括地理边界（如区域市场）、经济边界（如处理产品或服务的能量）和人力边界（如相互交往的能力）。同时，所有分销渠道也是一个更大系统即经济分配结构系统的一部分。经济分配结构系统又是国内外环境的一个亚系统。国内外环境包括经济、社会、文化和政治法律等亚系统。这些系统即渠道环境系统影响着渠道效率、效益和形态变化。分销渠道环境系统如图 5－1 所示。

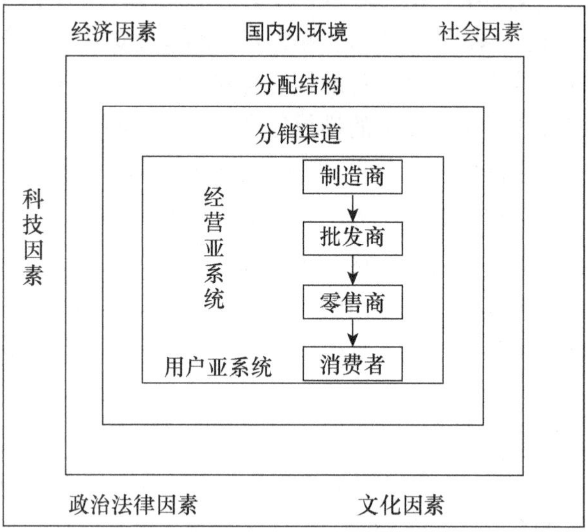

图 5－1　分销渠道环境系统

渠道环境对分销结构和行为的影响是多方面的。在本书的第 1 章我们已对经济环境、社会文化环境、竞争环境、科技环境的变化做了简要阐述，此处只是希望读者认识渠道环境的维度和内容，及其对渠道选择的影响。以竞争环境为例，读者要认识到竞争环境演变对渠道的重要影响。第 1 章的图 1－11 列示了营销渠道演化的主要阶段。从中可以看到，伴随竞争的加剧，营销渠道由粗（大量市场分销）到细（细分市场分销和子细分市场分销）。为了进一步争夺顾客，分销渠道越来越需要渗透到更为细小的目标细分市场中。

营销视角

哈罗单车的农村包围城市战略

一线城市常出现交通拥堵。其中，“最后一公里”是城市居民采用公共交通出行的主要障碍。共享单车（自行车）企业通常在校园、地铁站点、公交站点、居民区、商业区、公共服务区等提供服务。

对于共享单车企业来说，一线城市是“兵家必争之地”。北上广深作为一线城市，集中了市场约70%的共享单车。但中小城市并非就没有机会，发展空间很大：国内中小城市基数庞大，出行需求尚未得到满足，但中小城市交通特征不一，部分城市公共交通欠发达，迫切需要共享单车作为补充。中小城市交通不太拥堵，骑行环境更好。商业集中度低，不易造成单车堆积，便于管理。

哈罗单车起步之初因为资金匮乏，只能避开北京、上海等一线城市，从苏州、宁波、长沙等二线城市开拓市场，差异化战略让哈罗单车避开了正面厮杀，也让它在二三线城市站稳脚跟。

随着摩拜单车、OFO小黄车的消亡，哈罗单车也进入了北京等一线城市。哈罗单车由于更新较快、舒适度高，迅速在这些城市打开了市场。

二、环境分析的侧重点

渠道环境综合影响渠道成员的价值观和行为准则，形成一种平衡力量，决定渠道结构与行为。例如，消费者的便利导向，经营者的利益竞争导向，以及法律对分销地区及行业封锁、价格歧视、捆绑销售等不公平行为的限制，这些因素平衡着渠道的发展。这种平衡力量对分销渠道的影响主要表现在渠道的垂直整合上。如大型零售商通过兼并与扩张来抗衡大制造商的力量；连锁商店使用自有品牌来抗衡拥有全国品牌的制造商力量；零售商通过联盟（不同类型商店）、连锁（同类商店）方式抗衡大公司连锁和制造商的控制。此外，渠道环境分析还需注意以下重点：

（1）环境差异性。指所面对的群体（包括组织、个人和任何影响资源的社会力量）特征的相似或差异程度。

（2）环境变动性。指环境中营销力量变化和更新的频率。

（3）环境集中性。指市场资源被控制或集中于少数组织的程度。

（4）环境包容性。指市场为中心渠道伙伴吸引资源的能力，主要特征是有利或不利的经济和需求条件。

（5）环境相互关联性。指相关的组织之间联系或联结的数量和类型。

（6）环境冲突性。指以渠道成员争夺对市场资源的控制为特征的不正常竞争压力的水平（由以竞争者为中心的行为所引起）。

（7）环境相互依赖性。指在市场资源相互竞争中，一个成员对其他成员行动的反应度和敏感度。

第3节　设定渠道目标

在对渠道环境有清楚认知的基础上，企业需依据一定规则来设定比较务实的渠道目标，这些规则本质上也是一个流程，具体包括分析顾客价值、渠道设计理论指引、渠道设计原则和设定渠道目标四步。

一、分析顾客价值

顾客价值在制定企业渠道战略时处于核心地位。

（一）分析顾客需要的服务水平

在进行渠道设计时首先要了解目标顾客对企业的服务产出的需求。提高服务水平意味着渠道成本的增加和价格的提高。以下内容会对渠道的服务水平产生影响：

1. 批量大小

批量是顾客购买产品的单位数量。集团和组织市场的购买量较大，一般消费者多为单件购买，当然，有些顾客为了得到数量折扣也会提高单次购买量，但数量仍然较少。单次购买数量还受到多个因素的限制。在有些国家，由于家庭住房面积较大或家庭离销售场所较远，因而单次购买的数量较大。相反，在人口稠密、住房紧张的国家，单次购买量要相对小些。单次购买量小，也决定了其购买的频繁性，要求渠道提供的服务水平更高。

2. 等候时间

等候时间是指渠道顾客等待收到货物的平均时间。顾客一般喜欢快速交货渠道，快速服务要求高的服务水平。等候时间与分销系统流程的设计、渠道成员的工作效率、服务水平和网点数量有密切关系。它要求企业建立快速的顾客反应系统。

3. 空间便利

空间便利是营销渠道为顾客购买产品所提供的方便程度。例如，雪佛兰比凯迪拉克提供了更大的便利，它有更多的经销商，可帮助顾客节省运输和搜寻成本，并为汽车修理提供方便。

4. 产品品种

产品品种是营销渠道提供的商品花色品种的宽度。一般来说，顾客喜欢较多的花色品种，因为选择更多。例如，购买者喜欢在经营多个品牌的经销店购买汽车。

5. 服务支持

服务支持是渠道提供的附加服务（信贷、交货、安装、修理等）。服务支持力度越大，渠道提供的服务越多。

（二）设计能满足顾客需要的分销渠道

首先，企业要识别顾客的渠道偏好。假设企业拥有世界一流的电话推销业务，但如果顾客不想通过电话购买产品，所有这一切就毫无意义。在确定分销渠道时，顾客对某种分销渠道的接受程度和接受意愿尤为重要。例如，不列颠百科全书出版公司就因为不了解现代顾客的渠道偏好而遭到了致命的打击。不列颠百科全书内容丰富、印刷精良，但该出版公司一直挨家挨户推销这套价格不菲的丛书，这种分销渠道显然已落后于时代。它的竞争对手成功地把购买百科全书的顾客转移到低成本渠道，并为这些渠道配备了产品。结果不列颠百科全书出版公司在20世纪90年代年均销售收入下降了近10%，并解雇了500名销售人员，最后不得不也转向了低成本销售渠道。

其次，企业要了解顾客所需要的渠道服务项目。为使顾客接受和认可渠道并留下来，渠道必须积极响应顾客的需求。例如，对一台个人电脑的购买者来说，他要求的服务项目包括：产品演示、保证条款、使用培训、安装和修理服务、维修期间使用备用机以及技术建议等。顾客可能需要以上所有的服务项目，这势必增加分销成本，企业需要在所有的服务项目中作出准确的判断，响应顾客的关键购买准则。另外，不同顾客对渠道服务项目的要求是不同的，如果差异很大，则很难用一条渠道满足所有顾客的要求，此时可根据不同顾客群体对特定服务项目重要程度的认识进行顾客细分，并为每个细分群体确定能为其提供最优服务的渠道类型。

总之，渠道设计的一个原则是发现顾客想从渠道中获得什么，并通过改进和创新更好的渠道为顾客服务。顾客的满意度和对不同分销渠道的评价，对分销渠道的设计具有决定性影响。

营销视角

传音手机针对非洲市场需求改进设计

在国内，传音手机这一品牌并不为大众熟知。但在非洲，它取得了骄人的销售业绩。传音在非洲进行了卓越的本地化工作，打磨满足用户实际需求的产品，以提升用户体验。非洲的基础设施建设还不够完善，电力供应不足，传音为此开发了“火箭充电”技术，手机充电半小时能用7个小时，极大的电池容量确保了超长待机。有社交媒体报道，非洲人肤色偏深，传音手机针对这一点进行了改进，开发出了非洲版的美颜相机，帮助用户拍出漂亮的巧克力肤色。非洲人喜欢音乐，喜欢跳舞，传音手机为此配备超长开机音乐，响亮的来电铃声让用户尽情享受音乐。正是因为这些点点滴滴的改进，传音手机在非洲获得认可。

资料来源：被誉为“非洲之王”的国产手机是何方神圣?. http://www.sohu.com/a/230247609_114819.

二、渠道设计理论指引

在基本顾客价值的指引下，渠道战略制定还需要考虑企业本身的需求，而此类需求决策通常有相应的经济学理论和管理学理论做支撑。本书依据理论产生的先后来介绍，这并不意味着年代较久的理论就过时，理论是否实用取决于应用条件，有些早期理论或许更简洁明了。

（一）交易成本理论

交易成本理论认为，组织与协调商品交换会产生一系列交易费用。这些费用主要源于三项经济活动：一是买卖双方互相寻找，在比较产品质量、厂商信誉等过程中引发的调研活动费用；二是与买卖双方商定供货条件的谈判签约活动相关的管理费用；三是契约的执行费用。不同类型的产品，其交易费用有很大差别。例如，质量等级简单的矿产品，交易费用很低；而技术复杂的专利产品，交易费用就高得多。企业应根据交易费用的高低及市场环境的要求，选择不同控制程度的渠道模式（高度控制、中度控制、低度控制），以取得长期最佳效益。

在渠道设计中，要具体分析影响交易成本的各种因素，图5－2显示了四个主要因素。

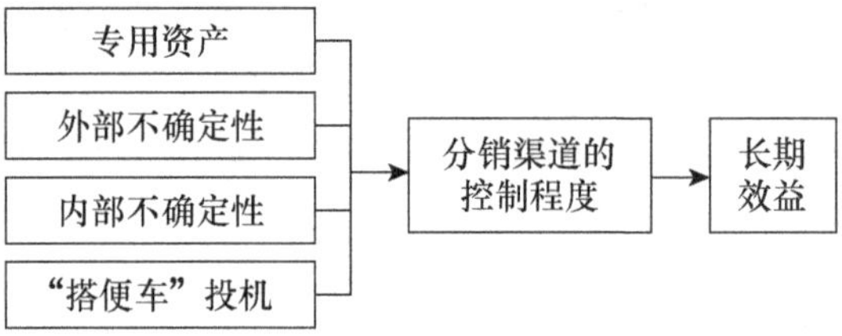

图5－2　影响交易成本的主要因素

（二）渠道设计总成本理论

美国渠道问题专家布克林在20世纪80年代提出“分销系统总成本最低原则”。他认为，企业在设计分销渠道时不仅要考虑制造商和中间商的成本最低，而且要考虑用户成本最低。企业分销渠道的选择与订货时间的提前或延后直接相关，即订货时间会影响企业选择直接渠道还是间接渠道。

分销系统设计面临两大相反的情况。一种情况是延后订货。由于消费者需求多变、市场日益细分、产品花色品种越来越多等而要求渠道系统尽可能推迟订货时间，使订货时间更接近消费时间，减少订货后需求变化带来的货不对路的风险。对制造商来说，延后订货意味着它能根据更为确定的需求（订单）来组织生产，将市场风险降到最低，并能减少产品储存费用。因此，分销系统效率的提高，可以通过最大限度的延后订货来实现。另一种情况是尽早订货。如生产的规模经济性、消费者购买的随机选择、减少多次进货的较高成本、减少存货断档带来顾客“跳槽”的机会损失等，这些都要求渠道系统尽早订货。显然，延后订货有低风险的好处，但增加了机会成本；尽早订货可以产生规模经济效益，但风险较大，分销成本较高。这两种情况相互作用，决定了分销渠道的组织特征，即是由生产者组织流通还是由中间商来组织流通更加合理。

（三）进入市场的战略行为理论

企业战略行为理论认为，竞争优势和超额利润之所以存在，是因为该市场存在进入壁垒。否则，各类企业源源不断涌入，会使超额利润消失。因此，企业进入市场时，首先要考虑的问题就是如何突破这种壁垒，占据有利的战略位置。进入壁垒主要表现为两大类型：成本劣势和报复威胁。

进入壁垒的存在要求企业在进入市场时做好战略选择并尽量避免报复威胁。一般可以采取两种战略。一是选择进入行业的特定部分或新的细分市场，以差异化产品降低成本劣势；二是兼并该行业中的现有企业，尽量避免行业总生产规模过大而导致价格战，尽可能不改变行业现有结构，避免与行业巨头正面冲突。日本汽车进入美国市场就是选择市场中某些特定部分，瞄准市场低价车，以简单、小型、省油的车型配合相应的渠道，避开美国厂商的豪华车市场，从而取得了成功。

（四）渠道共创价值网络理论

在传统的产业链模型中，生产者生产的出发点是对客户需求的预测，即生产者根据历史同期产品的销量、替代品以及客户购买力等方面的情况决定产品的生产量。这时企业就会面临两个问题。第一，可能因为预测市场状况时选择的变量或标准不当使得预测出现偏差。第二，因为市场的需求是随时变化的，而预测仅仅是基于当前的需求作出的，所以产品生产出来就可能已经过时。传统供应链的这些缺陷，使得价值不断流失，究其原因，正是没能及时地对市场变化作出反应。要做到及时有效地对市场需求作出反应，仅靠一家企业是无力完成的，所以一些对企业来说成本较高或不具备完成能力的任务，就要交给其他合作企业来完成。正是在这种情况下，有互联网和不断发展的信息技术作支撑，出现了价值网络的概念。

亚德里安·斯莱沃斯基在《发现利润区》一书中首次提出了价值网络的概念，他认为：价值网络是一种新的业务模式，它将顾客日益提高的苛刻要求和灵活、有效率、低成本的制造相连接，采用数字信息快速配送产品，避开了代理费用高昂的分销层，将合作的提供商连接在一起，以便交付定制的解决方案，将价值提升到战略水平，以适应不断发生的变化。

与传统的供应链相比，价值网络具有以下特征：

（1）以顾客需求为中心。企业的生产活动是基于顾客的实际需求，关注的是如何使顾客价值最大化。

（2）高度协作。网络中的企业关注的是整个网络成员共同效率的提高，企业要充分利用合作伙伴的能力，其中内嵌和外包是价值网络中企业运用的主要手段。

（3）快速反应。信息技术提高了各网络成员的沟通能力，能够及时有效地对市场需求作出反应。

（4）低成本。虽然企业信息技术方面的成本增加了，但是信息技术为企业带来的交易成本的降低，能够抵消基础设施建设方面增加的成本。总体看来，企业的成本是下降的。

三、渠道设计原则

基于基本价值观和渠道战略理论，我们依据一些渠道管理经验，简要总结一些原则来给渠道目标设定提供指导。

1. 客户导向

即使企业有成本等制约因素的考虑，企业还是须将市场客户需求放在第一位，树立客户导向的经营思想。企业不仅要提供符合消费者需求的产品，还必须使营销渠道为目标消费者的购买提供方便，满足消费者在购买时间、地点以及售后服务方面的需求。

2. 最大效率

企业应关注提高流通效率，努力降低流通过程中的费用，使分销网络的各个阶段、各个环节、各个流程的费用合理化。降低产品成本是取得市场竞争优势和获得最大效益的一个重要手段。

3. 发挥企业优势

企业要注意发挥自己的特长。现代市场经济的竞争早已是整个综合性网络的整体竞争。企业依据自己的特长选择合适的渠道网络模式，以获得最佳的经济效益和良好的客户反馈。同时企业也要注意通过发挥自身优势来保证渠道成员的合作，贯彻企业的战略方针与政策。

4. 合理分配利益

合理分配利益是渠道合作的关键。利益分配不公常常是渠道成员之间产生矛盾冲突的根源。企业应该制定一套合理的利益分配制度，根据渠道成员承担的职能、投入的资源和取得的成绩，合理分配渠道合作所带来的利益。

5. 协调及合作

渠道成员之间不可避免地存在着竞争，企业在建立、选择营销渠道模式时，要充分考虑竞争的强度。企业一方面鼓励渠道成员之间的有益竞争；另一方面又要积极引导渠道成员的合作，协调其冲突，加强渠道成员的沟通，努力使各渠道有序运行，实现既定目标。

6. 覆盖适度

企业在选择分销渠道模式时仅仅考虑加快速度、降低费用是不够的，还应考虑商品能不能销售出去，是否有足够的市场覆盖面以支持针对目标市场的销售任务。不能一味强调降低分销成本，否则可能产生销售量下降、市场覆盖面不足的后果。成本的降低应是规模效应和速度效应的结果。在营销渠道模式的选择中，企业应避免扩张过度、分布范围过广，以免造成沟通和服务的困难，导致无法控制和管理目标市场。

7. 稳定可控

企业的分销渠道模式一经确定便需花费相当大的人力、物力、财力去建立和巩固，整个过程往往复杂且缓慢。企业一般不会轻易更换渠道模式及成员，只有保持渠道的相对稳定才能进一步提高渠道的效益。畅通有序、覆盖适度是分销渠道稳固的基础。

8. 控制平衡

企业在选择分销渠道时，不能只追求自身的效益最大化而忽略其他渠道成员的局部利益，应合理分配、平衡各个成员的利益。

四、设定渠道目标

渠道目标是渠道设计者对渠道功能预期的具体化。企业可依据对不同服务产出水平的需求来识别细分市场。有效的渠道计划要求决定企业服务于哪一个细分市场。

渠道目标因产品特性的不同而不同。易腐产品要求较直接的营销渠道。体积庞大的产品，如建筑材料，要求采用运输距离最短、搬运次数最少的渠道布局。非标准化的产品，如顾客定制机器和特制模型等，则由公司销售代表直接销售。需要安装或长期服务的产品，如冷热系统，通常由公司或者独家特许经营商经销。单位价值高的产品，如发电机和叶轮机等，一般由公司人员销售，很少通过中间商。

渠道设计反映不同类型的中间商在执行各种任务时的优势和劣势。例如，制造商的业务代表接触每个顾客的费用较少，因为总费用由几个客户分摊。但是，业务代表对每个顾客的销售努力则低于制造商人员所能达到的水平。渠道设计还受到竞争者使用渠道的制约。

渠道设计必须适应大环境。当经济不景气时，生产者总是要求利用较短的渠道将产品推入市场，并且取消一些会提高产品最终价格的非必需性服务。法律规定和限制也将影响渠道设计。具体的渠道设计的目标如表 5－1 所示。

表 5－1　渠道设计的目标

目标	操作说明
顺畅	最基本的功能，以短渠道较为适宜
增大流量	追求铺货率，广泛布局，多路并进
便利	应最大限度地贴近消费者，广泛布点，灵活经营
开拓市场	一般较倚重经销商、代理商，待站稳脚跟之后，再组建自己的网络
提高市场占有率	渠道维护至关重要
提高品牌知名度	争取和维系客户对品牌的信任度与忠诚度
经济性	要考虑渠道的建设成本、维系成本、替代成本及收益

续表

目标	操作说明
市场覆盖面和密度	多家分销和密集分销
控制渠道	厂家应扎扎实实地提高自身能力，通过管理、资金、经验、品牌或所有权来掌握渠道主动权

第 4 节　分销渠道模式决策

企业要根据市场和行业竞争情况，设计出适合自身情况、符合企业目标的分销系统。在这一系统中，企业要把处于价值链不同环节各自独立的生产商、经销商、零售商组织起来，通过构建一种相对稳定、谋求双赢的伙伴关系，对它们进行科学合理的分工，使之成为一个有机整体。组成企业分销系统的渠道可能不止一条，不同渠道之间应通过相互补充和配合形成一个包括多种渠道形式的网络系统，来共同满足市场需求并完成企业的分销任务。

决定一家企业分销渠道模式的主要因素有渠道结构和渠道成员。

一、确定渠道的层次结构

不同企业渠道结构的外在表现大不相同，但内核有很多共同之处。

（一）确定渠道的长度和宽度（或密度）

渠道的长度和宽度（或密度）是渠道设计的两大要素。渠道长度指为完成企业的目标而需要的渠道层次的数目。渠道宽度（或密度）则指渠道的每一个层次上所需中间商的数目。

渠道长度的选择可以从零阶渠道（直销）到三阶渠道（产品由制造商卖给代理商，再到批发商、零售商，最后到最终消费者）。在短渠道中，制造商将产品和服务直接卖给最终消费者而不通过任何中间商。长渠道与短渠道的比较见表 5-2。

表 5-2　长渠道与短渠道的比较

渠道类型	优点及适用范围	缺点及基本要求
长渠道	市场覆盖面广；厂家可以将中间商的优势转化为自己的优势；可减轻厂家费用压力；适宜一般消费品的销售	厂家对渠道的控制程度较低；增加了服务水平的差异性；加大了对中间商进行协调的工作量
短渠道	厂家对渠道的控制程度较高；适宜专用品、时尚品及顾客密度大的市场区域	厂家要承担大部分或者全部渠道功能，必须具备足够的资源；市场覆盖面较窄

营销视角

箭牌口香糖的渠道分类

中国市场业态多样，有全国性的零售连锁巨头，也有夫妻店、非连锁的便利店，甚至地摊，这些业态分布在中国的大中小城市以及郊县。由于口香糖属冲动型消费品，如何让产品摆在最显眼的位置是对业务人员的挑战，始终保持产品的新鲜度很关键，建立以及维护与经销商的关系也至关重要。

渠道繁多，公司首先要做的是分类，将渠道分成现代渠道、传统渠道和批发渠道。现代渠道包括大卖场、超市以及连锁经营的便利店等，其特点是用收银机结算，提供自选服务。传统渠道包括各种夫妻店、邮储报刊亭以及非连锁的便利店等。批发渠道包括各种食品商品批发业态为主的市场。

箭牌根据零售商的销售区域和业态来选择渠道战略伙伴，并且采取抓大放小的策略。针对全国零售连锁巨头和大卖场，箭牌从公司层面统一谈判、统一供货，设计统一的铺货标准，此举可以降低谈判成本。而针对区域一级的业态，则交由区域经理来负责，一方面减少区域间串货，一方面及时跟踪区域商品动态，更加接近消费者。

资料来源：从营销到渠道，绿箭靠什么把一只单品卖到一亿盒？. https://news.21food.cn/35/2577029.html.

渠道密度有三种类型：独家型、密集型和选择型。独家型是一种选择性分销渠道结构，它是一种特殊选择，指在某些特定的市场领域只使用唯一的中间商。密集型是指在渠道的每个层级使用尽可能多的销路。选择型是指在一个特定的层级中不是所有的中间商都被使用，只有那些经过仔细挑选的才能使用。三者优劣的比较见表5-3。

表5-3　独家型分销、密集型分销及选择型分销的比较

分销类型	含义	优点	不足
独家型	在既定市场区域内每一渠道层次只有一个中间商	市场竞争程度低；厂家与经销商关系较为密切；适宜专用品和特殊品分销	因缺乏竞争，顾客的满意度可能会受到影响；经销商对厂家的反控制力较强
密集型	凡符合厂家最低要求的中间商均可参与分销	市场覆盖率高；比较适合便利品分销	市场竞争激烈，导致市场混乱，破坏了厂家的营销意图；渠道管理成本较高
选择型	从入围者中选择一部分作为经销商	通常介于独家型分销和密集型分销之间	

（二）确定终端的组织形式是连锁还是特许经营

企业通常会考虑渠道终端的形象、管理等，以保证企业对渠道的控制力，或者呈现给消费者一致的形象。企业通常采用的形式是连锁或者特许经营。在第2章，我们已经对连锁和特许经营的含义、优势及劣势做了介绍，企业的渠道设计工作无非就是对这些内容的权衡。采用何种方式，还取决于企业的资金实力。如果企业希望共享渠道成员的资金和其他资源，会偏向特许经营模式。

（三）确定渠道是单一模式还是多种并用模式

对于采用一种渠道模式还是多种并用，企业可从两个方面来考虑。首先，企业应决定使用相同分销渠道还是不同分销渠道销售不同商品，或者决定使用一类分销渠道还是多类分销渠道销售同种商品。其次，企业应决定是采取开放性渠道策略还是采取排他性渠道策略。

对于选择用相同分销渠道销售不同商品，还是用不同分销渠道销售不同商品，关键在于企业产品线中的产品关联度。关联度大的可采用相同分销渠道销售不同商品；相反，对于实施多元化战略，企业产品关联度不大的情况，则应考虑使用多种分销渠道。此外，也可以对大客户采取直接渠道销售，而对中小客户通过中间商来进行分销。还可以在不同的地区运用不同的渠道设计。对成熟市场区域可以由经销商负责，而对新开辟的市场则由厂家的销售代表先来开拓。使用多种渠道模式，应考虑企业处理多种分销渠道矛盾冲突的能力。多种分销渠道并存会引起矛盾冲突，致使分销网络成员不愿积极努力。因此采用多渠道策略时企业必须采取措施防止渠道冲突。比如给不同渠道提供不同品种或不同品牌的商品，明确定义各分销渠道的销售区域，加强或改变分销渠道的价值定位，或通过政策加以控制等。

采取开放性渠道策略意味着：一是企业将不仅依据自身的分销力量来销售产品，同时还将选择中间商；二是企业将不断根据变化的市场情况对分销网络进行调整，或者增加新的渠道销售形式。随着计算机技术和互联网的发展，越来越多的企业在采用传统分销渠道的同时，也纷纷采用电子商务、网上营销的方式来销售自己的产品。而排他性渠道策略则意味着企业全部运用自身的销售力量来分销产品，例如运用庞大的销售队伍，在全国各地建立销售分支机构，设立专卖店等。

二、确定渠道成员

之所以把对渠道成员的选择放在渠道层面，主要是因为渠道的一些不易改变的刚性特征和选择渠道成员的不易。首先，企业选择渠道后通常会稳定一段时间。其次，即使有好的渠道规划，如果没有合适的渠道可选，计划也是空中楼阁。最后，渠道成员加入渠道的代价可能会比较高。因此，企业渠道的人员配备呈现很强的战略性质。

企业与谁合作，与谁为伍，通常会体现出企业对价值观、战略、模式等的认知。这些合作者也通常会对厂商的商业模式、渠道构建等的成败产生重要影响。

确定渠道成员的核心职能主要包括确定渠道成员的资质、明确各成员的任务等。

第 5 节　评估和落实渠道方案

在进行渠道战略模式选择与实施时，企业必须使内部和外部的资源协调起来，必须了解其限制条件因素，并在此基础上选择、确定和实施方案。

一、评估标准

企业需根据目前实力与环境状况对各个战略备选方案进行可行性分析，作出适用与否的评价。为减少风险或增大成功概率，有关管理人员可对某些次要目标及其措施作出适当调整。企业可从以下方面对渠道进行评估。

（一）经济标准

每一种渠道模式都会产生不同的销售量和销售成本，因此生产企业需要考虑的首要问题是：是使用企业自己的推销队伍带来的销售量大还是借助分销机构带来的销售量大?

同意使用企业自己推销队伍的人认为：企业的推销人员对企业有绝对的忠诚，对企业的产品有足够的熟悉度，他们更富有进取心，推销人员的前途与企业命运息息相关，所以选用自己的推销队伍，采用直接销售方式将给企业带来更大的销售量。在实际活动中顾客也表示出与企业营销人员直接沟通的意愿，这样既可以全面了解产品，又可以获得技术、资金上的支持。主张借助分销商来扩大销售的人认为：分销商的存在是社会分工的必然产物，由于专门从事产品分销工作，分销商具有比企业自身更丰富的销售经验，可以动用的人力、物力、财力资源更多。分销商深入社会，与顾客有着最紧密、最广泛的联系，信息沟通迅速，分销产品得力。只要给予其必要的价格折扣或佣金，它们就会比企业的推销人员干得更出色。企业在进行产品分销模式选择时，必须考虑自销和利用分销商销售的利弊得失。

生产企业还需要比较分销成本。分销成本的高低与销售量的大小密切相关。在某个销售量水平上，无论采用哪种分销方式，其分销成本应该是相等的。如果实际销售量低于上述销售量水平，则利用分销商比较有利；而当实际销售量高于上述销售量水平时，利用企业自身销售人员及机构更为有利。企业在一个很小的区域销售产品时，就没有必要使用自己的推销人员，借助分销商的力量比较有利。

（二）控制标准

分销商本身是一个独立的经济利益主体，它关心的也是自身的经济利益最大化，所以分销商的精力主要集中在如何刺激消费者购买方面。一家分销商分销的产品少则几十种，多则上万种，对于众多产品的技术问题或相关资料信息缺乏细致的了解，难以有效地针对产品特性和顾客特性进行营业推广活动，会影响企业产品的销售量。因此，生产企业在选择分销模式时，要考虑如何控制分销商。要想使分销商全力以赴地推销自己的产品，除了在价格上给予一定折扣外，还须加强对分销商的管理。

控制程度的标准主要考虑衡量分销商之间的纵向、横向经济关系及分销机构成员稳定性等具体因素。分销商之间的纵向、横向经济关系复杂。如果出现问题，诸如横向关系中的竞争冲突、纵向关系中的利益分配不当，或由于利益一致而结成的无原则的联合迫使生产企业作出更大的让步，都会直接影响生产企业的切身经济利益。如果企业所选择的分销商缺乏相对的稳定性，分销商的法律地位不明，其作为独立的市场行为主体的作用也就很难体现。其分销作用也会因此而受到多方限制，会对企业的产品分销工作带来不良影响。

（三）适应性标准

由于市场营销环境的不断变化，每一种分销网络模式都只能持续一段时间，而不能长久地发挥作用。因此，在一种分销网络模式运行的有效期限内，生产者还必须根据环境的变化适时进行其他网络模式的选择。从经济性和可控性角度考虑，生产企业最好是利用现有的分销网络模式，只对其中一些不适应环境变化的要素进行局部调整。除非原有的分销网络模式已完全不适用，否则不要轻易舍弃现有的分销网络模式。在实际营销活动中，企业选定的分销商必须承担相应义务，不能随便变动。

现实约束是需要考虑的另一个重要方面。法律限制、文化限制和历史沿革，都是应当认真评估的重要约束条件。尤其在开展国际市场营销活动时，企业将面临完全不同于国内的政治、经济、法律、社会、文化等客观环境。国际环境比国内市场更加复杂，不确定性、不可控性更强。在建立国际销售渠道时更应注意现实约束。

二、制订实施方案

渠道战略只是规定了渠道的方向与任务，不可能提出更具体的数量和时间方案。战略实施计划就是将战略方案具体化。依据战略方案和战略重点，企业需规定任务的轻重缓急和时机，进一步明确工作量和期限，并考虑由谁来执行战略计划，如何才能顺利完成战略计划要求的工作。不编制具体的行动计划，再好的战略也无法实施。

如果在编制战略实施计划时，事先没有认真研究战略的要求，就会缺乏战略指导，计划的实施效果也不会理想。渠道战略的实施往往会涉及企业人力资源部门、财务部门、生产部门等方方面面的配合，需要企业进行全面的考虑。在企业总体经营战略的指导下，企业要提出支持战略实施的项目方案，编制方案的成本预算，制定执行方案的详细工作程序，包括方案的时间进度、资源条件、经营预算等，以便为经营战略的实施做好准备。

战略实施计划的内容包括：

（1）根据渠道战略所规定的各项目标编制较为详细的战略项目及其行动计划，如资金筹集计划、人力资源安排计划、市场开发计划、广告促销计划等。

（2）区别各战略项目间必要的顺序和关系。可划分重点区域市场与一般区域市场，也可划分钉子市场（问题市场）与规范市场。

（3）确定各战略项目的执行人员及负责人。对重要市场区域应配备得力的销售管理人员和市场开拓能力强的销售人员。

（4）确定各战略项目的实施方法和所需资源，如各区域市场广告的投入、促销方案的制订。

（5）估计各战略项目所需的时间。

（6）与渠道相关成员进行沟通，取得外部分销商的理解和支持。

（7）评价与控制，即确立工作目标和考核标准，对各市场区域实行跟踪，发现偏差时及时纠正。

第6节 渠道战略变革和创新

企业内外部环境的变化为渠道创新提供了动力，也提供了条件。渠道创新是以价值链增值最大化的理念创新为指导，以实施目标管理机制的扁平化组织创新为基础，以营销管理信息系统的技术创新为工具的系统工程。一味地盯住传统销售通路不放，或者一味地追求渠道扁平化，甚至自建终端，都可能过于片面，甚至会由于竞争的变化或利益的驱使而导致大部分经销商一夜之间倒戈。

一、渠道创新的信号

以下五种信号标志着渠道需要创新或存在创新的可能：

1. 最终用户不满意

不满意的用户通常难以觉察，特别是当整个行业都经营不善，问题普遍存在时。用户对分销系统的要求越来越高，不合格的营销渠道将导致越来越多的最终用户不满意。因此，令最终用户满意是对营销渠道的最低要求。

2. 存在许多可供利用的营销渠道

新的营销渠道会给企业带来全新的顾客，并可以重新确定分销成本或服务标准。由于我国消费者众多，消费水平参差不齐，企业运用单一的渠道策略很难达到理想的营销效果，多渠道策略便应运而生。它是提升业绩和降低费用的有效手段。不同的营销渠道服务于不同的细分市场，这意味着如果企业放弃一种营销渠道，就有可能失去整个细分市场，造成市场覆盖的空白，因此企业需要不断探索开创新渠道的可行性。

3. 渠道费用持续上升

随着市场竞争的加剧，企业需要发掘每一寸利润空间。市场开拓带来的销售费用上升，很大一部分体现在渠道上，如何通过渠道创新降低分销费用成为企业关注的问题之一。

4. 现有分销商不胜任

当制造商力争获得增长或面对竞争挑战时，那些不愿意主动适应新市场、不思进取的分销商会成为企业发展的最大障碍。分销商安于现状的代价是企业利润的减少和失去最终用户。

5. 客户关系管理方式落后

信息技术的发展为管理分销商的购销调存创造了有利条件，但许多企业还继续使用尽管重要但并不到位的“走动式”人员管理。电子信息交换系统和顾客快速反馈系统能帮助分销商管理库存，还可以帮助企业减少成本，并最大限度地发展与厂商的关系，提高管理效率。信息网络已经使服务提供者能够跳过传统分销商与最终客户直接打交道，比如在线机票预订渐渐取代了传统的旅行社机票预订便是一个例证。此外，物流领域也涌现出大量革新，比如可靠高效的隔夜快递和即时跟踪分销商库存状况的信息系统等。这些革新开始淘汰原有的产品和部件库存系统，为营销渠道网络的再造创造了条件。

二、渠道改进

在对营销渠道的环境进行分析和评估后，接着就要针对所存在的问题对渠道作相应的调整，以优化渠道、增进效益。渠道的改进通常分为三个方面，这三个方面主要指的是“硬性”改进，如果加上渠道的“软性”改进，则是四个方面。

1. 调整渠道政策，但不增减渠道成员

这是渠道的“软性”改进。调整的范围可包括但不限于价格政策、铺货政策、市场推广政策、信用政策、激励政策等。

2. 增加或减少渠道成员

做这种决策时通常需要进行增量分析，以估算增加或减少渠道成员对企业利润的影响。但当个别渠道成员对同一系统的其他成员有间接影响时，增量分析方法就不适用。因此，在实际业务中，不能仅仅依据增量分析的结果采取行动，而宜采用整体系统模拟来评估某一决策对整个渠道系统的影响。

3. 增加或减少某类渠道

信息技术的发展催生了许多新的渠道模式，同时，消费者的购买行为也处于动态变化之中。生产厂家需要经常思考这样一个问题：企业现有渠道是否仍能有效地将产品送达目标消费者手中？比如，针对网上服装业务的发展，传统奢侈品需要考虑是否增加网上渠道。采用全渠道是当今时代的一个显著特点。如海尔率先在家电行业开展 B2C 渠道的建设；戴尔公司在中国除了直销外，也开始开辟经销商和零售商渠道。

4. 改进和修正整个营销系统

这是最复杂的渠道改进，因为不仅涉及渠道改进，还涉及整个营销系统的修正。比如，苹果公司从经销制转为直营。这种决策通常由企业的最高层来制定。

三、渠道创新的障碍

各行各业涌现了许多新兴的营销渠道，为企业削减成本和迅速占领特定的细分市场创造了机会，如直接邮购、仓储式大型超市和在线订购等，这些新渠道对消费品制造商的重要性与日俱增。尽管如此，一些公司却未能充分利用这些新渠道进行渠道创新，原因有以下几点：

1. 机遇很难发现

多种原因造成渠道机遇识别的困难。首先，消费者的购物习惯不会在短期内改变，而是逐渐变化。其次，企业普遍使用外部渠道，与自己的最终用户很少直接接触。这使企业过度倚仗分销商对市场新兴渠道的敏感性，即寄希望于分销商发现和利用新渠道。而这必然是行不通的，因为新兴渠道往往拒绝从传统分销商那里采购，而倾向于直接与生产企业打交道，这将影响现有分销商的利益。

2. 渠道创新的最大障碍往往在于企业内部

企业往往专注于对营销渠道的控制和管理（尽管并没有真正做到），忽视与消费者保持接触，不能及时、全面、准确地了解消费者的感受和意见。许多企业甚至不能准确地掌握消费者的购买习惯。那些希望发现和利用新渠道的企业，要加强与最终用户的接触，了解他们的购买习惯并及时发现其变化。

3. 渠道决策受感情因素左右

由于与传统分销商的关系深厚，许多企业不愿意放弃获利性很差的渠道和从渠道中剔除业绩不好的分销商。许多企业的业务员乃至营销管理人员，都与自己的分销商形成了千丝万缕的关系，被分销商左右。更有甚者，由于管理不到位，有的企业因分销商欠款而被拖累。

企业应对传统营销渠道的束缚有深刻的了解，并知道如何合理、合法地加以改变和创新，从而形成企业的渠道竞争优势。

案　例

福耀玻璃在营销渠道上的权衡

在全球玻璃行业下行之际，全球最大的汽车玻璃生产商福耀玻璃似乎不受影响，其渠道布局功不可没。

1. 权衡国内外销售市场和渠道

从1987年成立到1994年，福耀玻璃集中精力开拓国内市场。因专注汽车玻璃，福耀玻璃迅速在国内形成规模，成为全国最大的汽车玻璃生产商。福耀玻璃在国内的市场份额已经达到70%。

1994年底，福耀玻璃提前到海外布局相关汽车玻璃产业。为了加大海外销售力度，它在美国成立了公司。此后，福耀玻璃相继在德国、韩国、日本等发达国家成立子公司，为这些市场的客户提供销售及客户支援服务，开拓海外销售渠道。目前，福耀玻璃为宾利、奔驰、宝马等世界知名品牌，以及中国多家汽车厂商提供全球OEM配套服务。福耀玻璃在全球市场占有率约25%。

虽然福耀玻璃成功了，但它当时制定决策时充满了犹豫。这是因为，随着全球经济的转型和不确定性的增加，很多以前从未遇到的大问题都会给公司的国际化发展带来挑战。例如，公司的出口业务已占公司总业务的30%，一旦汇率发生大的波动，就会给公司的销售业绩和财务状况带来不利影响。

2. 权衡直营还是经销

福耀玻璃的销售渠道主要有两种：OEM配套业务和ARG配件业务。其中OEM配套业务采用直营的分销模式，即福耀玻璃的生产厂商直接向汽车制造商供货，生产新车安装的汽车玻璃；ARG配件业务采用经销的分销模式，即在专门的售后市场生产用于更换的汽车玻璃。现阶段OEM配套业务规模大约是ARG配件业务的4倍多。

福耀玻璃目前看重OEM配套市场的发展，并且在参与OEM配套服务上投入更多精力。在产品投入生产之前，福耀玻璃认真研究汽车玻璃的发展趋势，并评估汽车制造商对产品的质量所提要求的可行性。在产品的开发过程中，福耀玻璃始终与汽车制造商保持沟通和对接，并为它们提供高效及时的服务。在产品开发结束后，福耀玻璃对生产技术作进一步的升级和改进，并为产品提供VAVE降成本解决方案。

但有人认为，福耀玻璃过度依赖下游的汽车制造商，运营状况受汽车市场的影响非常大。由于过度依赖汽车消费，福耀玻璃与下游汽车制造商的关系波动比较大。因此，有人建议开拓ARG配件业务。但ARG配件业务分销渠道的特点主要是渠道种类多且杂，渠道宽度大但购买量小，质量把关不严格。

3. 权衡在美国的ARG配件业务采用连锁还是特许经营

如果在国外市场比如美国市场开展配件业务，那么依据此类产品的渠道组织形式，福耀玻璃面临的问题便是采用连锁还是特许经营。有人认为，经过90多年的发展，美国在ARG配件市场上的行业管理已经成熟，这为福耀玻璃在美国开展连锁经营作了很好的铺垫。美国现阶段的法律法规比较完善，汽车玻璃行业也制定了标准化的指导方针，不仅为其开展汽车玻璃连锁经营提供了法律保障，也为消费者提供了保障。

由于福耀玻璃缺乏专业连锁店和网络销售平台，也很少做广告或进行其他的推广活动，福耀玻璃与经销商之间几乎没有互动。此外，绝大多数外国消费者对福耀玻璃品牌的认识还不够，开展连锁经营的推广成本会非常高。因此，采用适度放权让利和由当地人经营的特许经营方式或许会更有效。

▶ 问题：

1. 如果是你，是否愿意开拓海外市场？

2. 如果是你，是否愿意开拓配件业务？

3. 假设福耀玻璃要开拓美国的配件业务市场，你将选择采用连锁还是特许经营？

本章小结

1. 分销渠道为越来越多的企业所重视。建立和管理分销渠道正在成为企业获得竞争优势的重要途径，并成为营造和维持企业核心能力的重要来源。这一切都将分销渠道的建设和管理上升到了战略的高度。

2. 渠道目标一般包括顺畅、增大流量、便利、开拓市场、提高市场占有率、提高品牌知名度、经济性、市场覆盖面和密度及控制渠道。

3. 渠道设计过程中应遵循的原则有：客户导向、最大效率、发挥企业优势、合理分配利益、协调及合作、覆盖适度、稳定可控和控制平衡。

4. 理想的分销系统需要按经济标准、控制标准和适应性标准对其进行评估和选择。在战略实施阶段，企业各层级的管理者都应根据企业总体经营战略支持分销战略的实施。

思考题

1. 渠道战略设计的步骤包括哪些内容？

2. 渠道设计需要遵循哪些原则？

3. 对渠道进行评估的标准有哪些？

4. 调查和了解个人电脑、家用电器、食品饮料业目前的渠道运作模式，并以此为例进行行业模拟分析。

第 6 章
选择渠道成员

学习目标

- 了解寻找渠道成员的流程、标准和方法。
- 掌握确定渠道成员的决策过程。
- 了解厂商吸引渠道成员的政策和具体措施。

引 例

选择沃尔玛分销产品吗?

日用品企业如果能进入沃尔玛的分销体系，意味着企业将有巨大的销量，这是众多企业梦寐以求的。但沃尔玛不通过经销商或制造商代表与供应商接触和交易，而是直接与供应商打交道。

沃尔玛要求供应商加入它的供应商协作平台，按商品和商店实时共享销售数据。沃尔玛还要求签订长期合同和大量采购，加强与供应商的合作。新的供应商被要求必须通过外部第三方进行的现场供应链安全审核。那些提供非处方药、维生素、膳食和营养补充剂、含有活性药物成分的商品的公司，被要求必须证明符合现行的 FDA 良好生产规范。

沃尔玛要求供应商在其内部运营中使用沃尔玛的可持续发展指数。可持续发展联盟根据最新公认的排放、废物、森林砍伐和工人安全等指标更新指数。在中国，沃尔玛要求很多供应商参与类似项目，它们致力于利用一个基于网络的工具来确定提高能源效率的举措，从而提高资源效率。

沃尔玛是否管多了? 供应商是否愿意选择沃尔玛等大型零售商分销产品?

渠道成员选择是在渠道战略设计完成之后，渠道管理者所要完成的渠道组织职能。第 5 章简要介绍了渠道中间商的选择标准，本章将重点讨论企业如何联合渠道成员共同进行产品分销，制造商如何利用来自渠道成员的人力、物力、财力和知识资源完成产品分销。选择渠道成员的战略意义在于，一旦选择某个渠道成员作为产品分销的渠道伙伴，就在分销渠道中形成相对应的社会分工或引起分销渠道结构的重组。这种分销渠道结构通常能够影响分销成本，影响产品能否及时准确地转移到消费者手里，也影响产品在消费者心目中的定位。对于渠道管理者而言，研究和理解渠道成员的选择至关重要。

第1节 寻找渠道成员

营销渠道能否发挥正常的功能，渠道策略能否实施，渠道目标能否实现，企业能否在营销渠道中获取竞争优势，很大程度上取决于企业对渠道成员的选择。选择渠道成员不是为了获得一批商品的销售合同，而是选择商品分销的战略伙伴或合作者，这是对有关分销渠道功能的承担者的战略性选择。因此，对于制造商而言，选择合适的渠道成员至关重要。

一、渠道成员来之不易

理论上，只要有好的创意和资金，企业自然能吸引诸多经销商。经销商作为一个独立的个体，除了要适应渠道中的各方要求，还要独立经营、自负盈亏。事实上企业与渠道成员的合作并不容易。

实践中，经销商通常面临很多困难，主要体现为：(1) 经销商需要自行承担投资成本。经销商需要自行承担房租，人工、产品、库存费用，日常开销等。而这些成本近年来大幅增加，使得投资金额越来越大，收回成本越来越慢。(2) 经销商被供应商要求储备相应库存。这必然占用经销商资金，此外还有库存积压、货款拖欠等问题。很多经销商通过银行贷款或民间借贷融资，经营成本增加。(3) 经销商的利润在摊薄。互联网的兴起使得价格日益透明化，经销商行业洗牌加剧，还有一些杂牌门店打出低价的旗号，抢走了部分生意，经销商的利润不断走低。(4) 经销商通常白手起家。很多经销商白手起家，花每一笔钱都精打细算，且不管生意好坏，收入高低，自己都得承担风险。

二、寻找渠道成员的流程

寻找渠道成员需要有明确的流程。一般的流程包括以下步骤：明确各成员的任务；确定渠道成员资质；确定选择渠道成员的标准和方法；确定寻找渠道成员的主要途径。

(一) 明确各成员的任务

因为有任务，渠道成员才联系在一起。企业可事先构想将可能的渠道任务细分为两个具体活动：明确渠道成员的职责并将任务分配给生产商及经销商。

表6-1列出了分销中渠道成员的任务：推销、渠道支持、物流、产品修正与

售后服务以及风险承担。这些渠道任务必须在渠道参与者之间分配。

表6-1 渠道成员的任务

任务	主要内容
推销	新产品市场推广，现有产品的推广，向最终消费者促销，建立零售展厅，价格谈判与销售形式的确定
渠道支持	市场调研，地区市场信息共享，向顾客提供信息，与最终消费者洽谈，选择经销商，培训经销商的员工
物流	存货，订单处理，产品运输，与最终消费者的信用交易，向顾客报单，单据处理
产品修正与售后服务	提供技术服务，调整产品以满足顾客需求，产品维护与修理，处理退货，处理取消订货
风险承担	存货融资，向最终消费者提供信用，存货的所有权，产品保管义务，仓储设施投资

表6-1列出的每一项任务都需要由渠道成员承担。其中，许多职责可以由生产商来执行，或分配给经销商，或移交给消费者/最终用户，或分配给辅助商（如广告代理商、运输公司等），也可以由渠道成员共同承担。从生产商的角度，在渠道成员中分配任务的主要标准是：降低分销成本；增加市场份额、销售额和利润；实现投资的风险最低化和收益最优化；满足消费者对产品技术信息、产品分布、产品调整以及售后服务的要求，从而在竞争中取得优势。

在渠道成员之间分配渠道任务时，必须考虑如下因素：渠道成员是否愿意承担相关的市场渠道职能，不同渠道成员提供的职能服务的质量，制造商希望与顾客接触的程度，特定顾客的重要性，渠道设计的实用性。

渠道成员职责明确、任务清晰是渠道顺畅运行的基本前提。制造商、经销商在渠道中应该各自承担什么样的职责，由谁来担任渠道领袖，这些都应在渠道设计时认真考虑。明确了各成员的权责后，各方都应恪守既定的规则，避免任务交叉导致渠道冲突。此外，在分配渠道任务时，应注意与各方协商，力求任务分配做到扬长避短，发挥渠道的整体优势。

（二）确定渠道成员资质

不同行业的厂商，选择渠道成员的原则可能不同。在市场的不同发展阶段，厂商选择渠道成员的原则也不同。但总的来说，厂商选择渠道成员需要遵循如下基本原则：

1. 中间商的市场范围

首先要考虑中间商经营的地域范围与产品的预计销售地区是否一致，比如，产品准备销往东北地区，中间商的经营范围就必须包括这个地区。其次要考虑中间商的销售对象是不是生产商所希望的潜在顾客，因为生产商都希望中间商能打入自己已确定的目标市场，并最终说服消费者购买自己的产品。

2. 中间商的产品政策

中间商承销的产品种类及其组合情况是中间商产品政策的具体体现。选择时，一要看中间商有多少产品线（即供应货物的来源）；二要看各种经销产品的组合关系，是竞争性产品还是互补性产品。

3. 预期合作程度

中间商与生产企业合作得好，就会积极主动地推销企业的产品，这对双方都有益。有些中间商希望生产企业也参与促销，扩大市场需求，并相信这样会获得更高的利润。生产企业应根据产品销售的需要确定与中间商合作的具体方式。

4. 中间商的财务状况及管理水平

中间商能否按时结算（包括在必要时预付货款）取决于财务状况的好坏。中间商的管理是否规范、高效，关系到中间商营销的成败，这些都与生产企业的发展休戚相关。因此，这两方面的条件也必须考虑。

5. 中间商的综合服务能力

现代商业经营服务项目甚多，选择中间商要看其综合服务能力。有些产品需要中间商向顾客提供售后服务，有些产品要提供技术指导或财务帮助（如赊购或分期付款），有些产品需要专门的运输存储设备。合适的中间商所能提供的综合服务项目应与企业产品销售所需要的服务内容相一致。

营销视角

为何自助咖啡售货机的销售采用加盟方式?

近年来，自助咖啡售货机总能吸引不少关注。这种方式购买咖啡比较节约时间，从下单到拿到咖啡，不到 1 分钟就完成了，而在咖啡厅则可能需要等待一会儿。再者，自助咖啡售货机可以自主选择咖啡的口味，非常自由。很多消费者觉得，现在很多咖啡店的咖啡也是自动咖啡机做的，还不如直接买自助咖啡售货机做的，经济实惠，口味也差不多。

但自助咖啡售货机的销售通常采用加盟方式，而非直接售卖机器。经销商主要的加盟方式之一是租用机器，即经销商自行经营，负责全部的经营流程，自助咖啡售货机生产厂家提供机器安装等服务，租赁期间提供免费维修。该方式需要客户交押金，经销商与企业利润分成。合作租赁可以降低双方的投资风险。

此外，制造商之所以要参与整个服务过程是因为利益驱动。一个因素可能是去除人力成本、机器成本、材料成本、场地成本，一台自助咖啡售货机通常四五个月就可以回本，如果运营到位，回本时间还可以更短。

（三）确定选择渠道成员的标准和方法

选择渠道成员需要细化选择标准和确定评价方法。

1. 细化选择标准

渠道成员的选择标准需满足多维性和可操作性，布伦德尔设计了渠道成员评选的问题表，作为制造商选择经销商的依据。该渠道成员选择标准如今很适用。布伦德尔设计的 20 个选择性问题如下：

（1）经销商是否真的对我们的产品感兴趣？

（2）它的实力如何？

（3）它在企业目标顾客群体中声誉如何？

（4）它在供应商中信誉怎样？

（5）它是否富有开拓精神？

（6）它同时经销哪些其他产品？

（7）它的财务状况如何？

（8）它经营某类产品的能力如何？

（9）它的规模如何？

（10）它要求货物清单必须准确清晰吗？

（11）它的消费群体有哪些？

（12）哪些经销商对它所出售的产品从不过问？

（13）它认为价格需要保持稳定吗？

（14）它过去 5 年的销售业绩怎样？

（15）它的业务员的销售区域有多大？

（16）它的业务员经过培训了吗？

（17）它的外勤人员有多少？

（18）它的内勤人员有多少？

（19）它的团队精神、销售培训及促销活动怎样？

（20）经销企业的产品，它能提供什么优惠条件？

2. 确定评价方法

基于以上标准或其他类似指标及思路，企业需对渠道成员作出是否合适的评价。通常，评价渠道成员的方法主要有定量方法和定性方法。下面简要讨论定量方法，定性方法在第 2 节介绍。

（1）加权评分法。加权评分法就是对拟选择作为合作伙伴的中间商，分别就其分销产品的各项能力和条件进行打分，同时根据不同因素对分销渠道功能建设的重要程度分别赋予一定的权重，然后计算每个中间商的总加权得分，从中选择得分较高者。该种方法主要适用于在一个较小范围的市场，为了建立精选的渠道网络而选择理想的中间商。例如，一家公司决定在某地区采用精选的一级分销渠道模式（即厂家把自己的产品销售给零售商，再由零售商销售给消费者）。经过考察，初步选出三家比较合适的候选中间商。公司希望选取的零售商有理想的地理位置，有一定的经营规模，顾客流量较大，市场声望较高，与生产厂商积极协作，主动进行信息沟通，货款结算信誉好。各个候选中间商在某些方面有一定的优势，但是没有一个在各方面均名列前茅。因此，公司采用加权评分法对三个候选中间商进行评价，如表6-2所示。

表6-2 加权评分法

评价因素	权重	候选中间商1		候选中间商2		候选中间商3	
		打分	加权分	打分	加权分	打分	加权分
地理位置	0.2	85	17	70	14	80	16
经营规模	0.15	70	10.5	80	12	85	12.75
顾客流量	0.15	90	13.5	85	12.75	90	13.5
市场声望	0.1	75	7.5	80	8	85	8.5
合作态度	0.15	80	12	90	13.5	75	11.25
信息沟通	0.05	80	4	60	3	75	3.75
货款结算	0.2	65	13	75	15	60	12
总分	1	545	77.5	540	78.25	550	77.75

从表6-2的总分栏可以看出，第二个候选中间商得到最高的加权总分，公司应当考虑选择它。

（2）销售量分析法。销售量分析法是通过实地考察候选中间商的顾客流量和销售情况，并分析其近年来销售量及变化趋势，对有关中间商实际的分销能力（尤其是可能达到的销售量水平）进行估计和评价，据此选择最佳候选中间商。

（3）销售费用分析法。渠道管理和运作需要支付一定的成本和费用，主要包括市场开拓费用、让利促销费用、由于货款延迟支付而带来的收益损失、谈判和监督履约的费用等。这些费用构成了销售费用或流通费用，减少了制造商的净收益。企业可以通过控制流通费用来提高渠道的效益，增加净收益。因此，企业可以把预期销售费用看作选择中间商的一种指标。常用的方法有三种：

①总销售费用比较法。在分析有关候选中间商的合作态度、营销战略、市场声誉、顾客流量、销售记录的基础上，估算各个候选中间商作为分销渠道成员在执行分销功能过程中的销售费用。然后，选择费用最低的中间商。

②单位商品（单位销售额）销售费用比较法。销售费用一定时，销售量越大，单位商品的销售费用越低，渠道成员的效率就越高。因此在评价有关中间商的优劣时，需要把销售量与销售费用联系起来综合评价。进一步，将中间商的预期总销售费用与该中间商能够实现的商品销售量（或销售额）的比值，即单位商

品（单位销售额）销售费用进行比较，选出比值最小者作为营销渠道成员。

③费用效率分析法。也就是以销售业绩与销售费用的比值作为评价依据来选择最佳中间商。此方法采用中间商能够实现的销售业绩（总销售量或者总销售额）与该中间商总销售费用的比值，该比值称为费用效率，公式如下：

$$费用效率=\frac{中间商的总销售量（或总销售额）}{中间商的总销售费用}$$

可以看出，费用效率是单位商品销售费用的倒数。当然，也可以进行量本利综合分析，这需要利用盈亏平衡分析原理和曲线图。

（四）确定寻找渠道成员的主要途径

确定了营销渠道目标和渠道策略以后，企业就要开始招募和筛选中间商。从众多的候选中间商中选出合适的渠道伙伴是一项较为困难的工作，但事实上只有少数实力雄厚的制造商才可能有大量的中间商供其选择，大多数制造商都需要通过各种方式去寻找合适的中间商。

寻找渠道成员的过程也就是招商的过程，招商过程的核心是制订一个好的招商方案，并保证该方案的实施。寻找备选渠道成员的程序如表 6-3 所示。

表 6-3 寻找备选渠道成员程序表

程序	活动
1. 诉求点的确定	确定吸引中间商的卖点，如有效的促销计划
2. 成立招商部门	依具体情况确定岗位与规模
3. 确定信息发布渠道	内部人员举荐、顾客提供、交易中的伙伴、广告和招商会议、互联网
4. 确定招商层级	省级、地区级还是县级
5. 确定选择中间商的政策	区域划分、价格折扣、付款规定、服务标准等
6. 选择招商的形式	(1) 拍卖经销权：中间商通过竞标方式买断区域经销权，竞标价格为买权费而非货款 (2) 经销招标：中间商通过竞标方式取得区域经销权，标的是首批进货额和一定时间的销售额承诺。竞标价格不是买权费而是进货款 (3) 开放式招商：在报名的备选渠道成员中依评价标准进行评选
7. 确定招商流程	确定招商方案—配备招商人员—发布招商广告—处理应招信息—发出会议邀请—召开签约会议—督促履约—款到发货—将客户档案移交销售部—分销开始
8. 费用预算	设定总费用额度，并在招商广告、促销品、办公场地、人员开支、办公费等方面进行分配

招募中间商的途径很多，一般来说，有以下几种：

(1) 发布招商广告。这种方式费用高、见效快、操作水平高，可以主动地、较全面地了解经销商的情况。

（2）举办产品展示会、订货会。这种方式对展示公司品牌形象有很大的推动作用，专业性的订货会可招来大批专业性经销商。

（3）利用专业网站。企业通过各种搜索引擎，在专业网站上浏览各中间商的详细信息，对其进行高效率的对比选择。

（4）同行、朋友介绍。这种方式最可靠，同行、朋友与经销商相处时间久，对经销商的了解比较全面，这样可节省时间，降低选择风险，并且和经销商沟通效率比较高。

（5）利用媒体广告或工具书。企业应当关注当地电视、报纸、广播上的同类产品广告；同时，应善于利用各种专业工具书，包括工商企业名录、消费指南、专业杂志等。

（6）咨询广告公司。当地广告公司对当地各行业的市场情况及经销商分布比较了解，在与它们进行广告代理业务洽谈时，可详细询问本地经销商的情况。

（7）去销售现场或专业性的批发市场调查。企业可到市场上各零售终端现场询问专柜组长或采购人员，了解同类产品的进货渠道，调查各家中间商的实力、诚信度及业界口碑。另外，许多城市都设有专业性批发市场，大部分经销商为了提高自己的知名度，都会要求厂家给它们制作“××地区总经销、总代理”等各式招牌、横幅等，悬挂在经销商门口或是店堂里，这也不失为一种有效的信息来源。

第2节　确定渠道成员

图6-1描述了确定营销渠道成员的决策过程。第一个问题是决定是否使用中间商。如果选择“否”，渠道就是没有中间商的直接渠道。如果选择“是”，那么接下来的问题是在渠道结构中应该增加什么类型的非零售中间商（如工业分销商与独立销售代表）和零售中间商（如专业商店与大规模商场）。最后，一旦发现某一特定类型的中间商值得加入渠道，则其身份必须加以明确（如使用哪个销售商或哪个工业分销商）。回答这些问题将有助于制定相关决策。

一、确定渠道成员类型

如果企业决定采用间接渠道，非零售和零售渠道成员都可以使用。问题是，为了满足终端用户的服务需求，哪个或哪些渠道流可以通过渠道成员来执行？例如，在一个市场区域内，让仓库保有一定的库存量非常重要（为了满足空间便利性，渠道成员必须承担实物流），采用独立的销售代表就不是一个好的选择，因为通常它是没有库存的。另外，假设终端用户更加重视顾客体验，而不是空间便利性，那么由销售力量代表的促销流就是一种重要的投入，而不是拥有和储存实物。制造商选用独

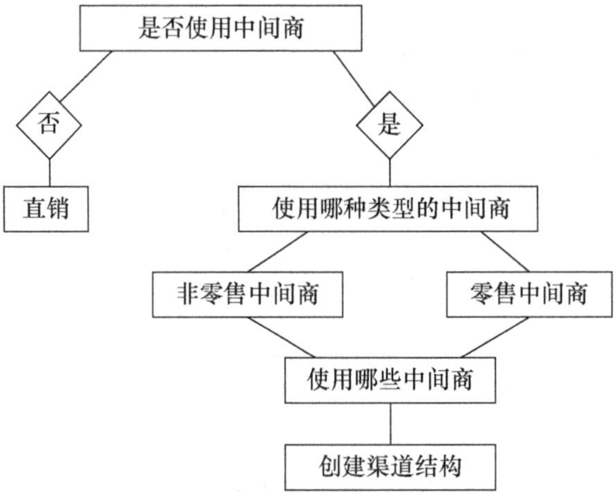

图6-1 确定渠道成员的决策过程

立的销售代理商而不是自建销售队伍，能够更好地满足服务需求。

（一）零售渠道成员的确定

企业对与消费者接触有需求时，通常会关注零售渠道的构建。例如，企业欲向消费者呈现一致的品牌形象，通常会要求零售商统一标识、名称、员工服饰等。零售商的选择直接影响到能否保质保量地执行企业的渠道策略。零售商的组织形式有连锁和特许经营等。下面以特许经营为例简要说明对零售商的选择。

特许经营是一种回报较高的营销方式，但高回报伴随着高风险，即使在特许经营高度发达的美国，特许经营店的失败率也高达45%。因此，在选择受许人时，企业应注意受许人的自身条件是否与特许企业吻合。

比如，受许人是否对该行业真正感兴趣；是否能接受特许企业的企业文化；是否愿意长时间地参与经营活动；是否具有高超的与人相处的技巧、迫切的学习愿望、充足的后备资金。

目前有许多发展前景相当好的特许企业给受许人提供了很大的选择空间，但如果受许人只考虑赚钱而忽略了自己的兴趣，将难以取得成功。另外，特许企业存在一个文化系统，一旦加入就必须按特许企业的观念经营运作。如果两者格格不入，最好放弃，否则勉强加盟，也很难融合。

营销视角

施华洛世奇元素

施华洛世奇元素指的是由施华洛世奇公司批发给其他厂家的“裸晶”，属于半成品批发，这些厂家把“裸晶”镶嵌到自己开发的产品上。施华洛世奇公司希望能通过与其他企业合作尽可能地推广其产品。

对于可能产生的“误导”，施华洛世奇公司早有详细规定。施华洛世奇给合法授权商一份《视觉识别规范手册》，当中清晰列明，在标注文字时应标注“施华洛世奇元素”，其中“商标名是一个整体，必须完整标注”，且“为了表明该品牌属于成分品牌，‘采用’一词必须放在‘施华洛世奇元素’之前”。标准的标注方式是“采用施华洛世奇元素”。

资料来源：小心被“施华洛世奇元素”误导. https://www.sohu.com/a/304250062_213996.

（二）非零售渠道成员的确定

生产商一般没有足够实力采用零售模式分销其产品，一般会选择非零售渠道成员。在选择时，企业通常会与很多渠道成员打交道。这些成员包括批发商、代理商等。

1. 批发商的选择

既然不同批发商在经营商品的种类、所处地理区域及完成职能等方面有较大的区别，那么生产企业在选择批发商时，就应根据自身产品的特点、市场分布范围及财务状况等条件，制定对批发商的选择标准。具体需要考虑的标准如下：

（1）要考虑批发商业务范围的地理分布区域与企业目标销售区域是否一致。如果企业推出产品的市场分布范围是有限的，或先在有限的市场上销售成功，再扩大到更广的市场范围，这时企业就应选择区域批发商而不是全国批发商。

（2）要考虑批发商经营商品的范围及其顾客群是否与本企业产品的目标顾客群一致。例如，一家生产洗发水的企业应选择全国性的大类商品专业批发商和地区性的普通商品批发商。因为洗发水属于便利品，目标顾客分布范围广，应在各百货店、杂货店、超市出售。

（3）要考虑批发商的市场营销能力。生产企业利用批发商主要看重其开拓市场、扩散产品的能力。产品一旦由批发商购进，其市场营销能力就决定了产品能在多大程度、多大范围内实现其价值，从而制约着生产者的生产规模、生产速度甚至新产品开发的成败。因此要选择那些业务联系广、人员素质高、促销能力强和经营规模大的批发商。

（4）要考虑批发商掌握和反馈市场信息的能力。生产企业通常不接触最终用户，但又十分需要来自最终用户的信息反馈，而批发商由于业务范围广，一般对有关专业市场的供求及竞争状况会有其信息来源，因此选择批发商时要考虑批发商是否有较强的掌握和反馈市场信息的能力。

（5）要考虑批发商的合作态度及能力。批发商和生产企业作为交易中的买方和卖方，是一种合作关系，必然会产生一些矛盾，若解决不好，将影响双方的利益。所以生产企业应选择那些乐于并善于合作的批发商作为营销网络系统成员。

总之，在选择批发商时，应综合考虑其竞争优势，以确定是否符合企业自身所需。批发商的竞争优势包括市场开发优势、财务状况优势、服务优势、速度优势、成本优势、信誉优势、经营优势等。

一个需要特别考虑的问题是把不止一种渠道流分配给单一渠道成员是否存在协同效应。例如考虑使用卡车将产品从制造商工厂运输给收货人（买方）的问题。制造商经常使用独立的卡车公司运送产品，也就是把产品的实物流外包给卡车公司。但越来越多的发货人希望运输商能够起到物流整合的功能，而不仅仅是执行实物流的运输部分。把多种渠道流分配给一个渠道成员能够大幅降低成本。例如，使用一体化的第三方物流公司去处理诸如化学危险品的运输，从而使得产品转手次数最少，以降低风险。

2. 代理商的选择

每一种选择标准都可进一步细化。对代理商通常有以下几种选择：

（1）独家销售代理与一般销售代理的选择。独家销售代理是指在某个协议规定的市场范围内，在一定时间内对某产品的销售具有独家代理权，但不拥有商品所有权，不承担信用、外汇或市场风险，所得报酬按商品销售量的一定比例抽取。代理商的任务是接受订单和发货。代理商接受订单后转交给制造商，制造商可直接将货物运送给顾客，顾客亦可直接付款给制造商。代理商不必持有存货。制造商划分独家销售代理区域是由于其产品的市场销售面广，不可能由一家代理商承揽所有产品的销售业务，于是让代理商分工负责。另外，由于制造商生产多类产品，一个代理商不能同时代理数类产品，所以在同一地区也可能依产品性质、种类的不同，设立几个独家销售代理。

采用独家销售代理的优点主要有：一是独家代理商更乐于承担在代理区域内的广告宣传和售后服务，这样既能收到较好的宣传效果，又能享受到收益；二是制造商更容易与代理商充分合作，代理商没有竞争者，彼此间易于沟通。

采用独家销售代理的缺点主要是：若独家代理商销售能力弱，销售业绩不佳，企业无法插手其独家代理销售区域的销售事务，只能等到合同期满后才能更换不称职的独家代理商。

一般销售代理与独家销售代理的主要区别在于：制造商在委托一般代理商的代理范围内，还可利用其他代理商。但是经由其他代理商达成的交易，也要向这个一般代理商支付一定的佣金，不过数额较低。在同一代理区域中选择多家代理商的目的是让它们共同替厂商开发这一市场。

采用一般销售代理的优点主要有：一是共同开发市场。由于不同的代理商有不同的销售网络，厂商同时运用数家代理商便意味着同时拥有更多的营销网络。二是代理商之间可以互相竞争。当一家代理商销售不积极或业绩不佳时，制造商仍可以依靠其他代理商，而代理商之间的竞争比较激烈。三是一般代理方式无垄断销售的嫌疑，更符合商品自由流通的潮流。

采用一般销售代理的缺点有：一是易于造成代理商之间的恶性竞争。特别是在同一市场内争取订单时，往往采用降价的方式竞争，可能导致企业产品价格螺旋式下降。二是代理商之间相互推脱广告宣传和售后服务责任。由于若干代理商拥有同一市场，某一代理商对广告宣传和售后服务的投入令大家都受益，以致谁都不愿意多投入。三是与独家代理商相比，一般代理商的士气和积极性要低一些。这一点在汽车销售代理中得到了证实。

（2）买断代理与佣金代理的选择。从严格意义上说，买断代理不是真正意义上的代理，海外的商务活动中存在这种形式。

对委托企业来说，买断代理的优点主要有：一是买断代理商一般资本雄厚，有较完善的销售网络，销售能力较强，商誉较好，同时还承担广告宣传任务或费用。因此，企业考虑其实力同意授予买断代理权，有的厂商特别是名牌商品厂商，甚至同意授予其独家买断代理权。二是委托企业风险小。一旦合同签订，之后的风险一概由买断代理商承担（质量问题除外）。

对买断代理商来说，买断代理的优点有：一是货源有保证，特别是经营名牌商品时，市场有一定的保障；二是利润比佣金代理商高，因为买断代理商的收入由买卖差价决定，一般比佣金代理商高。

对委托企业来说，采用买断代理方式对代理商的控制程度较佣金代理方式弱，对销售过程和价格的控制程度弱。所以，代理商一方对名牌产品更乐于接受买断代理；而委托企业则只愿意将买断代理权授予那些资本雄厚、商誉好、推销能力强的代理商。

二、明确渠道成员协作关系

在考虑使用何种渠道成员时，应主要考虑效率和协调因素之间的结合。例如，在可选择的各种渠道成员中，制造商也许会选择融入营销渠道所需费用最低的渠道成员。有时这甚至意味着使用另一家制造商的销售人员和分销能力，即所谓的搭载运输关系。在搭载运输渠道中搭运者是生产需要销售的产品的公司，而承运者则是在分销系统中具有兼容搭运者产品的过剩能力的另一家制造商。对于搭运者来说，可以省下雇用大量销售员的费用。对于承运者来说，承运搭运者的产品能增加收入，还可因为在销售清单中补充了新的产品而产生协同效应，总的销售渠道费用因此要比制造商直接销售低。这种安排常见于医药公司、食品包装公司和金融服务公司。

协调问题与效率问题同等重要。当承运的产品正是承运者的直接竞争产品时，希望承运的合作伙伴保持努力是困难的。因此选择能从搭载者利益出发的合作伙伴的途径是，寻找生产互补性而非有直接竞争关系的产品的公司，这样的伙伴才更有可能把有关搭载者产品的工作做好。

另一种经常性的策略是实行“互换搭载”，即每家公司既出售自己的产品也出售合作伙伴的产品。任何一方都会努力销售合作伙伴的产品。

总之，营销渠道的成员选择决策的所有层次都围绕三个关键因素：需求方、供应方或效率以及协作。在回答诸如在渠道的某一给定层次上渠道成员的最佳数量是多少、是否运用双重分销等其他渠道结构问题时，同样需要考虑这些因素。

第 3 节　确保渠道成员稳定

渠道成员一旦确定，生产企业可制定吸引渠道成员的政策并采用优惠措施。目的是吸引优秀渠道成员加盟，向渠道成员表达厂商对它们的承诺和支持，确保它们成功运作。事实证明，在彼此承诺、互相协作的基础上，由生产商和渠道成员（批发商/零售商）建立起来的伙伴关系或战略同盟关系不仅普遍，而且已成为衡量厂商与多个渠道成员之间关系的准则。

一、厂商吸引渠道成员的政策

分销渠道政策是生产企业、渠道成员和消费者三方利益的联结点，利用这些政策能够对渠道成员产生真正有效的作用力，同时也有利于实现生产企业的分销渠道建设目标，维护消费者的利益，确保渠道成员的稳定。厂商吸引渠道成员的政策主要有以下几方面：

（一）商品销售政策

1. 销售区域

企业应根据生产能力、市场需求的分布、产品市场生命周期的变化等因素，考虑开拓各个区域市场的次序、时间以及相应的策略。由于不同区域市场通常因为文化差异、经济发展水平及经济形势的差异、商业环境与习惯的差异，对商品分销渠道存在着不同的要求，这就要求针对不同区域市场的特点，提出不同的区域分销渠道政策。商品销售区域政策应能体现快速占领市场空间、不断扩大有利的销售空间范围、在市场潜力较大的区域实现深度渗透的渠道策略。

2. 销售服务

不少商品在销售给顾客前后，都需要提供一定的服务。然而，渠道成员从事商品销售服务，必然会增加人力、物力的投入，增加经营成本。分销渠道政策应当鼓励渠道成员向顾客提供力所能及的服务，规范渠道成员的服务范围（项目）与服务操作流程，必要时提供服务技能培训和专业服务设备或工具，建立服务质量回访和监督机制，并根据提供服务的数量与质量给予补偿和奖励。

3. 专人负责

对所销售的商品，渠道成员是否派出专人进行管理和销售，反映出这一商品在渠道成员心目中的地位，也关系到顾客在选择购买该商品时能否获得足够的信息。分销渠道政策应当鼓励渠道成员对所销售的商品实行专人负责，并对专职人员在商品分销过程中的权力与职责进行规范，必要时还要提供商品及商品展示知识的培训，建立相关岗位的监督与考核制度，对表现优秀的专职人员以及渠道成员给予奖励。

（二）价格政策

生产企业将商品销售给渠道成员的价格，或者支付给渠道成员的佣金，与生产企业的盈利情况、渠道成员的利润或投资报酬有关，也会间接反映到商品最终的销售价格上，关系到最终购买者的购买价格。除了渠道成员销售产品的价格是否由企业掌握之外，渠道成员从上游供应商进货时，能否获得合理的进货价格以及理想的折扣，也关系到渠道成员利润的高低。

转售定价权指生产企业要求渠道成员以多高价格将商品销售给最终顾客。有关转售定价权的规定，关系到消费者或最终用户的购买价格，也关系到所销售商品的市场竞争力，进而影响到生产企业和渠道成员的销售规模。

（三）商品供应政策

1. 备货水平

备货水平指每个销售门店或机构必须持有多少存货，以便满足一定期限内顾客的购买需求，或者每个门店必须持有满足多少天销售需要的商品存量。企业应规定销售门店的最低备货水平，目的是防止缺货，保证顾客需求得到满足。规范供应商的货物配送，减少不必要的运输费用和商品积压。协调生产和销售的关系，均衡地利用生产能力与物流能力。

2. 商品质量

生产企业要保证商品质量是合格的，同时要求渠道成员也向消费者或顾客保证商品质量，尤其是对顾客了解商品性能与特征的权利、顾客选择商品的权利、对不适用商品的退货与换货的权利，要给予足够的保障。关于有瑕疵商品的处理，应有明确的规定，既要让顾客满意，也要增强各方保证商品质量的意识。

（四）货款支付政策

货款支付政策指商品销售货款应在什么时间支付的规定。如果发生货款支付时间延迟即拖欠货款的情况，必须规定可容忍的延迟期限、延迟支付的比例。另外，还要规定延迟者应付出的代价，包括拖欠货款期间，拖欠者应给予债权人的补偿，到期限之后还不能支付货款时债权人有权采取的法律行动。

（五）铺货政策

生产企业为了建立分销渠道、开发市场，一般愿意向渠道成员事先提供一批货物而并不要求渠道成员马上支付货款，以便让这些渠道成员通过产品的销售产生再次购买、长期分销的兴趣。生产企业对渠道成员的这种支持行为就是铺货。铺货可以减少渠道成员的风险，也有利于快速建立和扩大产品的分销渠道。有关铺货的规定必须说明铺货适用的条件、最高铺货水平、铺货效果的考核标准、铺货货款的回收规则等。

（六）配送政策

商品销售过程形成了商品实体的运动，销售门店仓库里与货架上的商品需要经常补充。那些体积大、笨重的商品，或者技术复杂，需要专业人员上门安装调试后才能使用的商品等都要求送货上门，实现商品实体的转移。分销渠道政策应鼓励渠道成员承担各种情况下的商品实体转移职能，并就必要的设备与场地投资、租金、人员工资与附加费用、信息沟通及管理费用、配送程序、损失责任、垫付货款问题作出规定。

（七）奖励政策

对于渠道成员承担一定的渠道职能所产生的成本费用，生产企业应当考虑给予补偿。对于渠道成员在履行分销渠道职能过程中的积极表现以及对渠道有效运行所作出的重要贡献，还要给予奖励。奖励的方式包括物质奖励和精神奖励。物质奖励主要指支付奖金。奖励的方式也是多种多样的，可以就某项职能给予奖励，也可以综合考察若干相关职能的执行情况来奖励。物质奖励也可采用非现金的方式发放。精神奖励对渠道成员品牌建设、信誉提升具有重要作用。分销渠道政策对这些费用的补偿、佣金的支付以及奖励项目应有明确的规定，以便形成制度并严格执行，真正达到激励渠道成员积极合作、努力履行渠道职能的目的。

（八）保障机制

1. 信息沟通

在分销渠道中，成员之间应经常沟通的信息非常广泛，从日常交易、商品存量变化到竞争行动、顾客咨询和区域事件。分销渠道政策应鼓励渠道成员和生产企业建立经常性信息沟通机制，包括专门机构、信息范围与沟通程序，并对相关费用补偿问题制定相应的规范和考核制度。

2. 顾客满意度监测

分销渠道是否真正为顾客提供有价值的服务，是否全面有效地满足顾客的需求，都要通过顾客满意度调查评估机制来作出评判。分销渠道政策要对顾客满意度调查评估机制的建立和运行提供保障，尤其是对顾客投诉、公关危机事件的处理作出明确的规定，要鼓励渠道成员建立顾客满意度监测与预警管理系统，并对相应系统的管理费用补偿问题作出规定。

上述各个政策都关系到生产企业、渠道成员、消费者三方利益，分销渠道政策通过对这些内容进行分析和规范，提出具有可行性和吸引力的政策主张，从而推动分销渠道有效运转。

二、吸引渠道成员的具体措施

生产商提供的支持和帮助的内容越具体越好。主要包括：(1) 提供质量好、利润高的产品；(2) 提供广告及促销支持；(3) 建立公平交易、友好合作关系；(4) 提供管理援助。

(一) 提供品质好、利润高的产品

生产商要提供品质优良、销路好和利润丰厚的产品。如果生产商能做到这一点，为稳定其渠道成员而提供的其他相关服务就可以少很多。如果生产商的产品闻名遐迩，备受青睐，要比那些不知名的生产商条件有利得多。因此，对名不见经传的生产商来说，应从渠道成员的利益出发，使渠道成员充分认识到经销其产品的利益所在。但生产商往往过分宣传产品自身的优点，而不是侧重强调它的销路及经营利润。

营销视角

老干妈强势的渠道策略

老干妈对经销商极为强势。别的快消品都在尽力把货压在经销商手里，而老干妈的经销商必须先打款，才能拿到货，甚至打第二批货款的时候，才能拿到第一批货。老干妈现金流充裕，让其他厂家叹为观止。此外，老干妈不做广告，自然也不会给予经销商政策支持。老干妈的产品利润空间很小，一瓶甚至只赚几毛钱。

经销商为什么会接受这些条件？原因还在产品上。老干妈把产品做成了硬通货，只要能拿到货，就不愁卖，而且流通速度快，风险小，经销商的利润有保障。

资料来源：老干妈：一代商业传奇背后的奇特营销模式. http://www.sohu.com/a/212701771_117373.

(二) 提供广告及促销支持

渠道成员还期望生产商能提供广告和促销支持。在消费品市场上，大规模、全国性的广告最能吸引零售商。只要生产商能做到这一点，渠道成员产品的销售潜力会大幅度提高。在工业品市场上，强有力的广告宣传效果同样显著。无论是消费品市场还是工业品市场，诸如合作式的广告活动、宣传资料及展示会都是强有力的渠道支持，对想要加入的新渠道成员很有吸引力。

(三) 建立公平交易、友好合作关系

渠道关系不仅是一种经济关系，还是一种人际关系。尽管它以烦琐的、正统的

协议或法律契约形式出现，但这不能取代它的人际关系本质。尤其是生产商应向渠道成员传递这样一种信息：生产商想与渠道成员建立一种互信互利的良好关系。实践中，一些生产商甚至把渠道成员看作“大家庭”的一员。这表达了生产商的一种信念，即建立渠道靠的不仅仅是物质利益。

（四）提供管理援助

管理援助包括多个方面：提供培训、财务分析及预算、市场分析、库存控制流程、促销手段等。援助的程度根据相互关系状况而不同。协议中涉及的渠道成员应比传统、松散合作关系的成员享有更全面的管理援助。即便是后一种成员，某些形式的管理援助也是可能或必要的。渠道成员都想了解生产商是否作出某种承诺，这些承诺可能包括为帮助渠道成员推出某一产品而提供广告宣传、促销支持，以及帮助它们做好相关管理工作。

案　例

汽车厂商如何补贴经销商?

近年来，汽车行业有多起知名汽车厂商补贴经销商事件。此处仅列出两起，以讨论其共同之处。一起是 2015 年大众集团为其在华经销商提供 10 亿元人民币的援助，帮助经销商渡过中国汽车需求下降的难关。另一起是 2018 年 6 月，斯巴鲁总部决定，拿出 2 亿多元人民币补贴中国的经销商，一半用作 2017 年销售的补助，一半用在 2018 年度。

1. 经销商亏损

2015 年，大众成为销量下滑的“重灾区”。其上半年累计销量跌至 54 万辆，同比出现 13.3%的下滑。为消化库存，经销商只有降价走量。相信“没有最低，只有更低”的买主因此到处比价，这令经销商非常头痛。

中国斯巴鲁经销商代表委员会公开了“致中国斯巴鲁经销商全体同仁书”，痛陈斯巴鲁在中国市场的窘境——2017 年销量只有 3 万辆，绝大多数经销商出现了严重的亏损，无奈之下只能关闭亏损严重的门店。

2. 企业换帅

在媒体恳谈会之后，有关一汽-大众人事调整的消息相继传出。原一汽-大众品牌公关总监调往奥迪品牌客户关系管理岗位。同样，斯巴鲁对外公布一则重磅人事变动，斯巴鲁汽车（中国）有限公司总经理一职易人。

两家公司均希望，换帅之后，新任管理者能找到问题的根源，并有能力和魄力进行相应的调整，带来新局面。

3. 充实产品线

产品方面，大众公司的宝来、捷达等车型会根据中国市场的需求作出一些配置上的调整。一汽-大众未来将有多款新品包括 SUV、MPV 以及新能源产品推出，弥补它一直以来在高速增长的SUV和MPV市场上的产品短板。

斯巴鲁面向中国市场隆重推出新款SUBARU XV，并预展新一代FORESTER森林人。此外，斯巴鲁只将智能水平对置发动机应用于中国和日本销售的车型，以此体现对中国市场的重视。

资料来源：http://www.sohu.com/a/235998087_629444.

▶ **问题**：

1. 为什么要对经销商予以补贴？
2. 你认为汽车厂商的策略有效吗？还有哪些可能的渠道关系策略？

本章小结

1. 确定了营销渠道目标和渠道策略以后，企业就要开始招募和筛选中间商。企业招募中间商的途径有：发布招商广告，举办产品展示会、订货会，利用专业网站，同行、朋友介绍，利用媒体广告或工具书，咨询广告公司和去销售现场或专业性的批发市场调查。选择渠道成员的原则包括：中间商的市场范围、中间商的产品政策、预期合作程度、中间商的财务状况及管理水平、中间商的综合服务能力等。选择渠道成员的主要方法有：加权评分法、销售量分析法和销售费用分析法。

2. 渠道成员的识别是渠道结构的基本要素。渠道成员的确定是制造商与渠道成员达成共识的结果。这就需要双方进行沟通，了解彼此的需要，处理好相互间的利益关系，最终确定渠道成员。如果企业决定采用渠道成员，非零售渠道成员和零售渠道成员都可以使用。明确特定的渠道成员需要企业从可供选择的选项中就特定渠道成员的类型作出选择。

3. 渠道成员一旦确定，生产企业可制定吸引渠道成员的政策并采用优惠措施，目的是吸引优秀渠道成员加盟，向渠道成员表达厂商对它们的承诺和支持，确保它们成功运作。厂商吸引渠道成员的政策主要有：商品销售政策、价格政策、商品供应政策、货款支付政策、铺货政策、配送政策、奖励政策和保障机制。生产商吸引渠道成员的具体措施有：提供质量好、利润高的产品；提供广告及促销支持；建立公平交易、友好合作关系；提供管理援助。

思考题

1. 企业选择渠道成员有哪些原则？请举例说明。
2. 企业评价渠道成员的方法有哪些？
3. 企业如何确定渠道成员？
4. 厂商为确保渠道成员的稳定所采取的政策和措施有哪些？请举例说明。

PART THREE

3

|第3篇|

如何管理营销渠道

第7章
领导与激励营销渠道

学习目标

- 掌握渠道领导权迁移的过程。
- 理解渠道权力的来源与分配。
- 理解权力战略与权力基础的关系。
- 掌握渠道沟通环境与渠道沟通策略之间的关系。
- 掌握渠道激励的原则。

引　例

天下名山茶叶公司努力变革和掌控渠道

中国茶产业主流的流通模式为：茶农→茶企→经销商→零售商→消费者。经销商和零售商之间若增加环节，这个产业链条会更长，茶农的“地头价”和最终零售价差异也会更大。优质茶叶通常不会由茶农直接销售给消费者，消费者会为买不到真正的名优茶而沮丧。

天下名山茶业公司是一家致力于生产和销售精品茶业的公司。针对名优茶产销不畅这种情况，公司提出了“组建价值链联盟，专业化经营，为消费者提供种类丰富的优质茶产品和相关服务，倡导一种有滋有味的健康生活”的战略。公司不断与茶农沟通、交流并组织培训，让农户知道可以用更好的方式种好茶。

在处理与经销商的关系上，公司并不打算完全控制经销商，而是通过强化与核心产区茶农之间的关系和独家获得核心产区茶叶产品的优势，做到在整个渠道链条上不可或缺，成为渠道管理上的隐形管理者。

渠道由不同的组织构成，这些独立的组织都有自己的盈利目标。企业通过什么管理渠道关系？不仅要让渠道成员恪尽职守，还要让它们心悦诚服。商机驱使、利益诱惑、顾客变换、环境迷茫，在此情形下，企业若要实现以上目标更是难上加难。

营销渠道任务由渠道成员一同协作完成。所选渠道成员的质量和协作管理的质量直接关系到营销渠道目标的实现。为此，本书从战略和战术两个层面系统阐述。

第 6 章重点介绍了渠道成员的选择，将该问题放在战略层面以凸显其对渠道建设的重要影响。本章主要以塑造渠道领袖这一角色为起点，侧重于激励视角，系统介绍企业运用渠道权力、渠道沟通、渠道激励这三种方法来管理渠道成员。第 8 章主要介绍渠道成员面对冲突时的解决方案。本章和第 8 章属于渠道成员选择这一问题的战术层面。

第 1 节　渠道领袖

营销渠道由在功能上相互依赖的不同性质的企业或机构组成，它们之间最低限度的合作是营销渠道得以存在的前提。它们相互依赖又性质不同，为了使渠道运转有效、高效，必须有企业或机构出面协调。一方面，通过各种激励方式增进彼此的合作；另一方面，采用各种技巧解决在合作中出现的摩擦或冲突。有研究表明，有没有渠道领袖，渠道领袖表现得好不好，在很大程度上影响着渠道的兴衰。

一、渠道成员组成

营销渠道可能包括生产企业、一级分销商、二级分销商、零售终端等多个中间环节。各渠道成员的地位不尽相同，它们可能会分别扮演以下几种角色中的一种。

1. 渠道领袖

渠道领袖的职责通常包括：制定标准，寻找渠道成员；制定渠道运作规划；负责解释渠道运作规则；为渠道成员分配任务；监控渠道成员；优化渠道。微软、沃尔玛等实力很强的企业往往扮演着渠道领袖的角色。

2. 渠道追随者

渠道追随者是渠道的核心成员，具有以下特点：参与渠道决策的制定，是渠道政策的主要实施者；是渠道领袖的忠诚追随者和助手；是渠道资源的主要受益者；是现存渠道格局的坚决维护者。渠道追随者往往是一些与渠道领袖一同创业的“兄弟”，作为现存渠道游戏规则的主要受益者，它们往往不希望渠道格局发生剧烈变化。因此，它们往往又是渠道创新的最大障碍。

3. 力争上游者

力争上游者也是渠道的主要成员，但与渠道追随者相比，处于核心层之外。因此，立志成为核心渠道成员是它们追求的目标之一。在渠道运作中，力争上游者具有如下特点：能严格遵守渠道政策与规则；不易获得渠道的主要资源；与渠道领袖谈判能力较弱。力争上游者往往希望通过自己的努力和为渠道多做贡献来获得渠道领袖的青睐，因此，渠道决策层应将渠道优惠政策尽可能向它们倾斜。力争上游者经常会为渠道提供合理化建议，是渠道创新者。

4. 拾遗补缺者

拾遗补缺者分布于主流渠道之外，主要特点如下：数量众多，无权参与渠道决策，缺乏参与热情，经销小批量商品，承担边缘市场分销任务，谈判能力最弱，能够遵守渠道规则。

5. 投机者

投机者是非渠道固定成员，徘徊于渠道边缘，其特点包括：以获取短期利益为行动准则，有利便进，无利便退；对渠道缺乏忠诚度，是否遵守渠道规则视收益情况而定。对于此类成员，企业应提高警惕：它们有可能出卖渠道利益。

6. 挑战者

挑战者是现存渠道的最大威胁者，它们往往试图通过发展全新的渠道运作理念来代替现有模式。在顾客眼里，挑战者是受欢迎的，但既得利益集团会竭力阻碍挑战者的创新行为。挑战者的“破坏”行为如果成功，往往会激发一场变革，使整个渠道发生很大变化。

二、渠道领导与渠道领袖

（一）渠道领导与渠道领袖的关系

渠道领导指一个渠道成员为了控制营销渠道运行的各个方面而影响其他成员的营销政策和策略的活动。渠道领袖则是指在营销渠道中发挥领导作用的企业或组织。不过，渠道领导活动需要通过渠道领袖企业或组织中的渠道经理及渠道管理人员来完成。

在营销渠道中，渠道领导与渠道领袖不会自动出现。虽然在现实生活中，经常有一些渠道成员对其他渠道成员使用权力，影响后者做一些其原本不愿做的事情，但前者并不一定是渠道领袖，其行为也并不一定就是渠道领导行为。渠道领导和渠道领袖行为的要点在于：通过领导、沟通、先行（包括计划、决策和榜样）、感情培养和激励等领导行为，协调整个营销渠道的运行过程，增进渠道合作，提高渠道效率，获取渠道竞争优势，使每一个渠道参与者都能得到应有的利益。

营销渠道并不一定要有渠道领袖发挥作用才能运行。不过，在没有渠道领袖的营销渠道中，渠道参与者的联系往往是松散的，很难形成合力，因此也很难达到较高的渠道效率和获得持久的竞争优势。一旦发生矛盾，各方都不愿承担责任，在有较大的利益诱惑时，渠道很容易解体。

渠道领袖不仅仅以某种功能（如供货或销货）把其他企业简单地聚在一起。它要发挥领导作用，使渠道参与者之间产生凝聚力，为共同的繁荣而努力，创造出单个企业很难获得的竞争优势。如果一家企业由于渠道的凝聚力而获得了竞争优势，这一竞争优势别的企业难以模仿，因而是可持续的。正是在这种意义上，营销渠道被称为超级组织（super-organization）。换言之，只有那些有领袖且领袖发挥领导作用而产生凝聚力的渠道，才能称为超级组织。

（二）渠道领导权的迁移

布鲁斯·麦伦认为渠道领导权变化的规律是：在 20 世纪之前主导者是批发商，之后是制造商，20 世纪中后期变为零售商。沿着麦伦的思路，美国营销学者舒尔茨提出渠道领导权对角线转移理论。其基本内容是，随着时代的变化，渠道领导权由初期的生产商拥有过渡到发展时期的中间商拥有，最终过渡到成熟期的消费者拥有。整个演变过程呈现为沿对角线移动的轨迹，因而称为对角线转移理论。该理论比较真实地描述了渠道领导权转移的历史轨迹。

李特尔认为，大型制造商、大型批发商和大型零售商，由于强大的经济力量有能力主导渠道。此外，一些小型制造商和多层经销商（如批零兼营商）、对某种产品有垄断地位者或在渠道中占有利地位者，也可成为渠道的主导者。经济力量和位置优势是主导渠道的决定因素。从整个社会来看，谁应当主导渠道，有两个判断标准：选择和效率。选择意味着消费者有选择消费品的自由，当然首先要有多种可供选择的产品。效率意味着在广泛的选择自由下，生产和消费成本最低。当然，选择和效率这两个指标，在小范围内有可能互相矛盾。由于制造商在产品和服务开发方面有独特的优势，多层经销商在位置上有优势，它们在消费者的选择自由方面都有贡献。如果新产品提供的选择优势超过位置优势，在成本较低的情况下，制造商应主导渠道。

也有人说渠道中谁都不应该领导渠道，而应当在平等的基础上合作。但合作的渠道成员应是力量相当者；渠道合作成员只有依据各自的贡献进行利益分配，才能持续合作。

三、渠道领袖的领导工作

（一）渠道指导

渠道领袖在对渠道目标进行设计并选择了适当的成员组成超级组织以后，就要通过指导行为，把有关的政策和决策传递给其他成员。与组织内管理不同，渠道指导较少使用命令的方式，更多地使用洽谈、信息沟通、请求和说服等方式。当然，必要时，在条件允许的前提下（比如在渠道领袖权力很大时），命令可能是一种更有效的方法，因为命令直截了当。

（二）渠道沟通

渠道领袖只有通过向其他渠道成员传达感受、意见和决定才能对其他成员施加影响，才能实施领导行为。其他渠道成员也只有通过沟通才能使渠道领袖正确评估自己的领导活动，并使渠道领袖关注其他渠道成员的感受与存在的问题。因此，加强渠道沟通以及创建沟通氛围，是渠道领袖要做的第二项领导工作。

（三）渠道表率

渠道领袖要站在其他渠道成员之前，鼓舞、引导这个群体追随自己，齐心协力去实现渠道目标。鼓舞、引导群体，自己要先行。渠道先行包括三个方面的内容：第一，渠道设计与组织，即渠道领袖要设计渠道目标、渠道结构和选择渠道成员。第二，风险承担，渠道领袖一般要比其他渠道成员承担更大的风险和更多的责任。第三，做榜样，渠道领袖一般在利益分配上要有一种先人后己的风格，在危难之时，要能够镇定从容地指挥。

（四）渠道激励

渠道激励指渠道领袖激发其他渠道成员，调动其热情和积极性的行为。从心理学的角度，激励是通过外部的某种刺激激发人的内在动机，形成动力，从而增强或减弱人做某件事的意志和行为。激励的核心问题是动机能否被激发。通常，激励的程度越高，人们的动机就越强烈，工作也就越努力。

第 2 节　获得和运用渠道权力

渠道成员都在独立地追求各自的利益，渠道的总绩效可能会降低。通过渠道权力的作用，可以使各自利益不同的渠道成员进行合作。渠道管理者拥有一定的渠道权力是有效开展渠道管理、实现渠道良好运作的重要保障。

一、什么是渠道权力

渠道权力指渠道成员让其他成员为其做事的一种力量。渠道权力的正确运用，对有效管理和控制渠道的总体运作、提高效率、实现渠道目标，有重要意义。

（一）渠道权力的分类及整合

渠道权力主要有奖赏权、强制权、专家权、感召权、法定权等五大类。

1. 奖赏权

奖赏权（reward power）指渠道成员在另一成员完成特定工作任务后给予其某种有价值的回报的能力。奖赏权的基础是被奖赏方认为奖赏方所拥有的资源是有价值的，而且相信自己执行被要求完成的任务后就能获得此项资源。渠道成员提供的奖赏项目通常包括：提供能带来高利润的产品、促销津贴和其他补偿、功能性折扣计划、地区独家经销权等。

2. 强制权

强制权（coercive power）是指渠道成员在另一成员没有很好地完成合作任务时，威胁撤回某种资源或终止合作的权力。强制权的对象是那些有能力执行渠道功能而又没有很好完成的渠道成员。强制权可包括诸如减少利润、取消承诺的酬金、推迟交货等。实际上，强制权可视为付酬权的对立面。需要特别指出的是，使用威胁和制裁的手段通常被认为是不合适的，从长远来看，这种权力的影响力是最弱的。

强制权通常会造成渠道成员之间的不对等和不公平感，不会使交易双方心悦诚服，容易引发交易过程中各种各样的问题。强制权和正常的履行合同惩罚条款不同，强制带有威胁的意思，而正常履行合同惩罚条款则是对契约精神的遵从。在东方文化里，合同惩罚条款的履行也要适度谨慎。对于一些故意破坏规则的经销商，必要的惩罚很有必要，但渠道权力有很多种，企业采用权力组合方式同样能实现类似目标。

3. 专家权

专家权（expert power）指某一渠道成员由于具有某种其他成员所不具有的专业知识而产生的对其他成员的影响力。专业知识是因渠道分工、专业化和相对优势而产生的。如制造商会较为依赖零售商提供的有关市场和消费者需求的信息，这是由于零售商与购买产品的消费者接触密切。通过市场信息的收集、传递和运用，一个渠道成员可以为另一个渠道成员化解不确定性。例如，如果制造商具备较强的学习能力，拥有较多专业知识，零售商和批发商就会非常信赖制造商提出的专业建议。通用磨坊食品公司就尽心培训批发商掌握提高仓库储存能力的方法，还向销售其产品的超级市场介绍提高商场营业面积利润率的方法。

4. 感召权

感召权（referent power）指渠道成员由于在渠道中拥有较高的地位、较高的声望或其他资源而对其他渠道成员产生吸引力，从而获得其他渠道成员的尊重和认同。在营销渠道中，下游渠道成员愿意经销享有较高知名度的制造商品牌以提升自己的形象；而上游渠道成员则利用声望很高的下游公司的声誉。例如，一家公司有望获得A公司和B公司手机的代理权。这家公司发现代理A公司和B公司手机的投资回报率是相同的，而且两家在促销支持、人员培训等方面都相差无几。这家公司最终选择B公司的产品，是因为成为B公司的代理商是令人自豪的。这样，B公司就对这家公司享有较高的感召权。

5. 法定权

法定权（legitimate power）指渠道成员让对方感到有责任和义务按自己的要求去做而产生的影响力。一般情况下影响的接受方感到从道德、社会或法律角度出发，它都应该同影响者保持一致。法定权一般有两种：法律意义上的法定权和传统意义上的法定权。法律上的法定权又包括国家法律和渠道成员之间签署的合同，而传统意义上的法定权指规范或价值观，渠道成员可以通过选择文化和价值观与自己相容的渠道成员来获得法定权，也可以通过建立良好的合作关系来增进对共同的规范和价值观的认同。

以上这些权力尽管具有相对独立性，但在实践中通常结合起来使用，以产生协同效果。例如，法定权有助于专家权的提高，感召权可提高奖赏权的使用效果，强制权有时可有力保障法定权的运用。专家权、感召权、法定权在使用时通常结合奖赏权，以求通过奖励来促使渠道成员调整行为。另外，这五种权力之间也存在矛盾和冲突。例如，强制权会削弱感召权，也会影响专家权的作用。渠道管理者应该综合运用各种权力以提高权力效能。

（二）渠道权力的来源和分配

渠道权力是因拥有和控制其他渠道成员所追求的资源而产生的影响力。能产生渠道权力的资源包括各种资产、管理经验、特色、关系和地位等有形与无形资源。每个具有资源优势的渠道成员都拥有相应的权力。这些权力之所以产生，是因为其他渠道成员对这些资源具有依赖性，是其他渠道成员达到目标必须利用的。权力的大小取决于其他成员需要借助这些资源去实现其目标的重要程度。对这些资源的依赖程度越大，资源拥有者的权力就越大。

渠道成员中存在着彼此依赖的渠道关系。这种依赖关系是渠道形成的原因，也是渠道运作的条件。因此，渠道成员在渠道中各自都具有相应的角色权力。渠道成员拥有的资源的多少，决定了它们渠道权力的大小。渠道成员彼此依赖，使渠道权力能有效调节成员的行为，使之朝着协作的方向努力。渠道成员彼此的权力约束，使它们有可能彼此协作，提高渠道的运作效率。

由于渠道成员拥有的资源数量和质量存在差异，渠道权力在它们中的分配是不均衡的。有些渠道成员在渠道中的权力更大一些，有些渠道成员的权力要小一些。有些渠道成员可以使用多种权力手段，有些则权力单一，拥有最多最大权力的渠道成员就会成为渠道领袖。

（三）渠道权力的增长

渠道权力是渠道成员在渠道系统中地位和实力的具体反映。渠道成员拥有的手段多、权力大，说明其地位高、实力强。因此，渠道成员往往会通过对新的权力手段的获取和对原有权力手段的加强来发展权力。

渠道权力的发展有赖于可依赖资源的增加。渠道成员可以通过必要的投资来增加资源，实现渠道权力的发展。例如，有些渠道成员通过投资创新，获得了专家权或者使专家权得到了发展；有些渠道成员通过购并，同时取得了专家权、奖赏权和法定权。麦当劳一直不遗余力做品牌形象广告，使该品牌对特许经营商具有巨大的吸引力。这种品牌投资，使麦当劳获取了感召权。

渠道成员做好权力投资是至关重要的。通过有目标的投资，渠道成员可以改变自己在渠道中的权力地位。只有当这种投资比其他渠道成员的投资更正确和更有效时，渠道成员的权力地位才会有所改变。

二、如何使用渠道权力

渠道权力是一种潜在的影响力，存在于目标对象的感知中。可能存在这样的情况：权力主体没有实际使用权力，但是权力客体基于对权力主体拥有权力的认知而采取顺从或合作的行为。大量经验研究证实，单纯的权力占有并不能保证权力主体对权力客体的控制，而只是对权力客体行为产生有限的影响，权力客体的行为或决策的实际改变是权力主体有效地使用权力的结果。由此可见，渠道企业除了考虑如何获取权力之外，更为重要的是关注如何通过运用权力来改变目标企业的行为或决策。

在营销渠道管理中，沟通是一个黏合剂，将渠道参与者黏合在一起。通过沟通，渠道成员运用权力，对其他渠道成员的行为或决策施加影响，把自身潜在的影响力转变为对方行为的实际改变。有学者将权力运用看作影响或影响过程中的沟通，当一个渠道成员想真正改变另一个渠道成员的行为时，就需要采取某种交流方式。

一部分学者将渠道成员在影响过程中采用的交流方式称为“权力战略”，通过关注各种权力战略的使用探讨渠道沟通的效果。权力战略实质上是一种特殊的渠道沟通类型，因为它只关注渠道沟通的一个要素——沟通内容，而不包括沟通频率、沟通方向与沟通形式等其他要素。简言之，权力战略就是权力运用的各种方式，具体来说指一个渠道成员为了改变另一个渠道成员的行为或决策而有目的地与后者进行的沟通努力。

（一）权力战略

当权力运用被看作是影响或影响过程中的沟通时，制造商可以选择使用多种战略来影响其经销商。弗雷泽和萨默首先识别出营销渠道中常用的六种战略类型，得到广泛认可和接受。

1. 威胁战略

制造商在与经销商沟通的过程中明确告知或暗示，如果经销商不按照自己的意愿行事，将会受到惩罚，制造商就是在运用威胁战略。比如，当经销商未遵照制造商的要求行事时，制造商可能以减少服务种类甚至停止服务，或者以提高产品价格或延迟交货等手段强制经销商改变某种行为。威胁战略成功与否取决于威胁信息的可靠性和惩罚的严重程度，也就是经销商不遵从制造商意愿所受到的惩罚与遵从制造商意愿所产生的成本的比较。威胁战略是一种高成本的权力战略。首先，该战略实施的监督成本较高，并且如果实施失败，成本可能更高。其次，威胁战略最大的成本是对渠道关系的负面影响，比如导致渠道冲突或降低目标企业的满意度。再次，威胁战略会弱化或者破坏其他权力战略的有效性，如信息交换战略和建议战略是基于双方的相互信任，而威胁战略往往会对渠道成员彼此的信任产生负面影响。最后，威胁战略可能会减少经销商的利润。这种总体的负面影响会降低经销商对制造商的依赖程度，提高经销商脱离当前渠道关系的可能性。

营销视角

京东强迫商家促销，天猫要求商家站队

京东和天猫每年都要做大量的促销。但在2017年6月，包括伊芙丽、lily商务时装、鄂尔多斯等品牌在官方微博中表示，“6·18”期间由于京东后台锁定，商品库存页面无法操作，导致部分商品出现无法及时发货等问题。

品牌商家在微博中反馈的情况大致分为两类，一类表示京东强制锁死了品牌商家对店铺库存和页面修改的操作权限；另一类直指京东强制品牌商家参加专场促销活动。

有网络媒体爆料称，京东遭受品牌商家舆论围攻的背后其实另有隐情。据商家截图爆料，天猫管理方要求商家上公告、发微博、下会场，否则将要严厉惩罚商家，停掉商家在天猫的所有流量。很多商家迫于天猫的压力，发微博“指责”京东锁定后台。同时有不愿透露姓名的商家向媒体表示，往年天猫只会在“双11”的时候要求品牌商不许参加京东的活动，但在2017年的“6·18”，天猫同样对商家提出了“二选一”的要求。

资料来源：京东强迫商家促销 天猫要求商家站队?. http://money.163.com/17/0608/07/CMD3UDKM002580T4.htm.

2. 许诺战略

制造商承诺如果经销商按照其意愿行事，就会给经销商提供特定的奖励。许诺战略直接影响经销商的行为。在决定使用许诺战略之前，制造商需要仔细盘算自己能提供给经销商的奖励，因为如果经销商改变某种行为所引致的成本超过制造商给予的奖励，许诺战略就很难实施。一些社会心理学家认为许诺战略的实施会强化经销商对制造商的依赖和认可。但也有研究者指出，必须谨慎运用许诺战略，因为可能对渠道关系产生负面影响。渠道关系中，每个渠道成员都担任某种角色，被一系列任务和责任所定义，如果制造商实施奖励是为了诸如产品分配等特定任务，那么经销商可能会认为制造商没有能力履行角色所赋予的责任，或者认为制造商的奖励是在贿赂或侮辱自己。

3. 法律战略

法律战略指基于正式的法律契约，制造商要求经销商按照其意愿行事，这种意愿有清楚明晰的法律基础，双方认为是一个公平的协议。这种战略能长期持续地发挥作用，并且不需要额外的监督。但是，如果经销商认为合同或协议是不明确的，

就会有抵触情绪，这种情况下就需要额外的监督。当法律行为带有威胁的意味时，法律战略可能会产生负面作用，比如加剧渠道冲突，增加潜在的监督成本，还可能使经销商产生脱离关系的意愿。

4. 信息交换战略

制造商就整体商业和运作程序与经销商进行分享和讨论，让其在观念上认识到实现自身利润最大化的最优途径，从而达到改变经销商态度或行为的目的。制造商可采取保留部分信息或者使用某种巧妙的方式与经销商进行讨论。实际上，双方交换信息的过程就是制造商对经销商行为施加影响的过程，但制造商不要求或者暗示经销商需要采取特殊行为，经销商态度或行为的改变完全是主动的、积极的。

5. 建议战略

制造商提出需要经销商改变某种行为或决策的建议。通过让经销商避开不利局面或者获取有利形势，这种建议可以维持经销商现有的成果或者获得期待的更好的结果，如销售量或利润的增加。与信息交换战略不同的是，建议战略对目标企业有明确的行为指示。如果建议战略能有效执行，所需的时间与努力较少，但同样能达到改变经销商行为的目标。但是，当制造商使用建议战略时，它对经销商明确指示期望的行为，可能会影响经销商的自主决策权，容易引起经销商的质疑。

6. 请求战略

制造商简单地要求经销商按照自己的意愿执行某种任务，但没有暗示任何依从或不依从的正面或负面结果。这种情况下，经销商遵循制造商要求的激励来自对渠道互惠关系的认同。在这种互惠关系下，渠道成员会对对方的期望、感情及需要作出反应，经销商受激励的强度主要基于它从与制造商关系中获取的经济收益或者其他收益。请求战略在下列情况下非常有效：一是双方有共同的目标；二是经销商认为遵从的收益超过遵从的成本。请求战略的合理运用会增进彼此的关系，促进相互信任，并且这种战略对信息交换战略或建议战略具有促进作用。

（二）权力基础

权力战略源于权力基础。早期渠道权力研究很少探讨权力战略，而是关注权力基础的使用，这可能是因为权力基础暗含着或间接地表示权力战略的内容。可能正是出于这种认识，研究者才未将注意力集中于权力战略这一议题，即渠道成员如何通过实施权力战略达成预定目标。许多学者已认识到权力基础与权力战略之间存在联系，比如，希尔和斯特恩指出权力基础是权力战略的“原料”；约翰逊等学者也主张六种权力战略类型理论上来自六种传统的权力基础。权力基础也可以转变为渠道成员用于影响其他渠道成员的行为或决策的权力战略。一些学者更是明确地将每种权力战略类型与相应的权力基础联系起来。张闯（2006）认为威胁战略、许诺战略与法律战略分别对应着强制权、奖赏权和法定权的运用；而请求战略、建议战略和信息交换战略则体现为专家权的运用。约翰逊等学者同样认为每种权力战略都基于五种特定的权力来源，并说明了权力战略和相应的权力基础之间的关系，见图 7 - 1。

权力战略	权力基础
许诺战略	奖赏权
威胁战略	强制权
法律战略	法定权
请求战略	奖赏权、强制权
信息交换战略	专家权、奖赏权
建议战略	专家权、奖赏权

图 7 - 1　权力战略与权力基础的关系

科赫兰认为，没有投资于相应权力基础的渠道成员会发现它们使用影响力的努力经常是无效的。当一个渠道成员对其他渠道成员使用权力战略时，即意味着前者对后者使用了它所拥有的权力。因此，可以说权力战略研究就是探讨渠道成员如何以权力战略的形式更加有效地实施各种权力基础。

第 3 节　渠道沟通

营销渠道要正常运行，必须进行各种形式的沟通。沟通可以及时传递信息，排除交流障碍，增进相互了解和信任。更为重要的是，通过沟通可以把组织整合成一个整体，采取统一的行动。在由多个企业组成的营销渠道中，要协调各种关系，解决各种矛盾，就必须进行有效的沟通。

研究发现：(1) 信息共享准则与沟通属性密切相关。良好的信息共享准则增强了沟通的频率、双向沟通的程度以及沟通的正式性。(2) 沟通属性与沟通质量的关系错综复杂，其中沟通频率与沟通质量正相关，而双向沟通程度和沟通正式性与沟通质量的相关度似乎不大。(3) 沟通质量与沟通满意度之间呈正相关关系。良好的沟通质量提高了渠道成员对于沟通的满意度。

一、渠道沟通策略

渠道沟通策略指沟通属性（如频率、方向、形式、内容等）的不同组合方式。渠道沟通策略可以分为合作式渠道沟通策略和自主式渠道沟通策略。合作式渠道沟通策略倾向于与其他渠道成员进行高频率、双向、非正式和间接的沟通；自主式渠道沟通策略则倾向于与其他渠道成员进行低频率、单向、正式和直接的沟通。

（一）沟通属性

1. 沟通频率

沟通频率（communication frequency）指一定时期内组织间进行沟通的次数。尽管沟通是必要的，但是过多的沟通会加重组织成员的负担，从而影响组织的效率。因此，对沟通频率进行评估时，要把渠道成员间的实际沟通量与合作所需的沟通量放在一起对比，过高和过低的沟通频率都意味着沟通方面存在问题。

2. 沟通方向

沟通方向（communication direction）指沟通信息在组织中纵向或横向的流动。在营销渠道中，分为向上游沟通、向下游沟通和双向沟通。这是渠道沟通与组织内部沟通的一个重要差别。组织内部沟通一般分为向上沟通、向下沟通和双向沟通，“上”“下”表示组织内部的层级关系。然而，在营销渠道中，层级关系并不是很清晰，有时制造商权力较大，有时批发商或零售商权力较大，因此按照营销渠道的结构，将渠道成员向制造商方向进行的沟通称为向上游沟通，向零售商方向进行的沟通称为向下游沟通。这里的“上”“下”并不表示渠道权力的大小和地位高低，而是营销渠道中的相对位置。向上游沟通和向下游沟通都是单向沟通，当一方渠道成员向上游沟通，而相对一方的渠道成员同时向下游沟通时，就是双向沟通。

3. 沟通形式

沟通形式（communication modality）指信息传递的形式，如面对面沟通、文字沟通和电话沟通等。沟通分为正式沟通和非正式沟通。正式沟通一般指渠道成员通过书面或会议形式进行的沟通。非正式沟通则指渠道成员的员工之间所进行的较为个性化（如口头）的跨组织沟通方式。

4. 沟通内容

沟通内容（communication content）指沟通所传递信息的内涵。沟通内容主要分两种。一种是信息交换的内容，另一种是信息交换过程中施加影响的类型。格罗斯认为市场营销渠道中信息交换的内容主要包括储存、促销、产品特征、定价结构和市场情况。弗雷泽和萨默区分了直接影响和间接影响。直接影响是直接通过暗示或者要求信息接收者做信息传递者所希望的事情，以此来改变信息接收者的行为，具体包括要求、建议、承诺或者诉诸法律等。间接影响是通过改变信息接收者的信念或者态度，而不直接提出具体要求。在权力平衡的情况下，信息传递者会采取间接沟通方式。因为双方的权力是平衡的，通过信息交换，双方能够作出相应的决策。相反，当权力不平衡时，权力较强的一方就更容易采取直接沟通方式，非常明确地指出权力较弱的一方应该采取的行为。

（二）渠道沟通策略

莫尔和费舍尔对合作性渠道沟通策略给出了明确的定义，即针对分销商的、以加强合作为目的的密集性沟通策略。该策略通常包括以下四个重要组成部分：（1）包含各种沟通方式（如面对面交流、电话、电子邮件等）的高频率的相互交流。（2）更强调相互的、双边的沟通以及制造商与分销商之间持续的对话。（3）正式沟通。强调正式沟通并不是说非正式沟通不重要，而是正式沟通作为该策略的组成部分不可缺少。（4）使用影响策略来强调双方共同的目标。诸如通过讨论来改善分销商的经营状况，为分销商提高盈利能力提供建议等。

二、渠道沟通环境与渠道沟通策略

这里考虑三种渠道沟通环境：渠道结构类型、渠道氛围和渠道权力结构。表 7-1 显示出渠道沟通环境与渠道沟通策略之间的关系。

表 7-1　渠道沟通环境与渠道沟通策略之间的关系

渠道沟通环境	渠道沟通策略要素				渠道沟通策略
	频率	方向	形式	内容	合作式/自主式
结构					
关系型	高	双向	非正式	间接	合作式
市场型	低	单向	正式	直接	自主式
氛围					
支持	高	双向	非正式	间接	合作式
不支持	低	单向	正式	直接	自主式
权力					
对称	高	双向	非正式	间接	合作式
不对称	低	单向	正式	直接	自主式

渠道结构类型可以根据渠道成员之间交换的特点分为两种极端的形式：市场型渠道结构和关系型渠道结构。市场型渠道结构（market channel structure）指渠道成员之间的交换以实物为基础，是一种非连续性交易——有明确的开始与结束时间，且持续时间很短。关系型渠道结构（relational channel structure）指渠道成员之间的交换以无形的东西（如感情、承诺、信任等）为基础，可以追溯到先前交换双方的活动，反映一个持续的过程，且持续的时间较长。一般而言，在市场型渠道结构中，渠道成员倾向于采用自主式渠道沟通策略与其他成员沟通；而在关系型渠道结构中，渠道成员倾向于采用合作式渠道沟通策略与其他成员沟通。

渠道氛围指渠道成员对于渠道工作环境的总体认知，包括渠道的组织特点和成员之间的关系状态。人们看不到渠道氛围，它却无处不在。渠道氛围可分为：(1)互相支持与彼此信任的渠道氛围。(2)缺乏支持与信任的渠道氛围。这两种渠道氛围之间存在着大量的中间状态。在相互支持与彼此信任程度较高的渠道氛围中，渠道成员倾向于采用合作式渠道沟通策略与其他成员沟通；而在互相支持与彼此信任程度较低的渠道氛围中，渠道成员倾向于采用自主式渠道沟通策略与其他渠道成员沟通。

渠道权力结构通常分为对称的权力结构（symmetrical power structure）与非对称的权力结构（asymmetrical power structure）。在对称渠道成员关系中，对称的权力结构指双方拥有大致相同的渠道权力；非对称的权力结构则指一方拥有的权力结构明显大于另一方。在对称的权力结构中，渠道成员倾向于采用合作式渠道沟通策略与其他渠道成员沟通；在非对称的权力结构中渠道成员倾向于采用自主式渠道沟通策略与其他渠道成员沟通。

营销视角

企业为什么要举行经销商年会？

每到岁末年初，一年一度的经销商年会就成为企业的头等大事。在很多企业，经销商年会被放到战略的高度，成为品牌营销的头等大事，因为这是大多数企业唯一一次与全国经销商正式沟通的机会。每个企业都非常重视，抱着只许成功不许失败的心态精心准备。企业组织经销商年会有哪些目的呢？

经销商年会的举办首先是要对经销商一年来的支持与信任表示感谢，并进一步维护和巩固经销商与企业之间的良好关系。经销商和企业双方的合作也会有疑问、摩擦和抱怨。企业通过与经销商的全面接触，可以解除很多顾虑，统一战线，进一步加强合作。此外，企业可趁机将第二年的规划、战略、政策等系统化地展现给经销商，让经销商对企业下一年的安排也有清晰的认识。

第4节 渠道激励

在全球化制造与营销态势下，制造商为了集中自身的制造优势，通常要依赖外部渠道力量完成再生产过程的循环。营销渠道成员间的专业化分工已成为社会化大生产条件下的必然趋势。由于每个渠道成员都是市场中独立的经济实体，其行为目标是多元化的，渠道成员的行为不会自动地相互一致。制造商设计渠道激励措施的根本目标是在满足最终用户的服务需求的情况下，以合理的费用对经销商产生最大的激励。有效的渠道激励可以促使渠道成员求同存异，实现整个渠道输出的最大化。许多学者对制造商与中间商的关系及其影响因素、中间商的评价与控制方法、销售佣金的设计等进行了研究。这些研究是为了找到解决渠道冲突、激励渠道成员的途径。

一、渠道激励的期望理论

图7－2是根据激励的期望理论构建的渠道激励模型示意图。

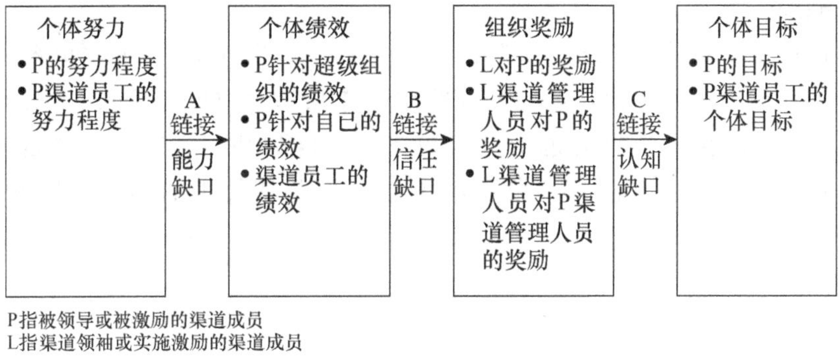

图7－2　渠道激励模型示意图

期望理论认为，个体的行为倾向取决于他对这种行为可能带来的结果的期望和这种结果的吸引力。这其中涉及三个变量或三种关系。

（1）期望——努力与绩效的关系。即我能达到要求的绩效水平吗？为了达到一定的绩效水平，我必须付出多大的努力？

（2）工具——绩效与奖励的关系。即达到要求的绩效水平，我能得到奖励吗？我会得到怎样的奖励？

（3）吸引力——奖励与个人目标满足的关系。即那个奖励是我想要的吗？它能够帮助我实现自己的目标吗？奖励的吸引力有多大？

将期望理论应用到渠道激励中，首先，渠道参与者P和渠道员工对工作产出或结果有一个认知。对他们而言，工作产出的效果可能是正的，如渠道领袖L和L的渠道管理人员对他们的各种奖励，他们自己通过工作所得到的利润和工资，以及从L处得到的安全感、与L的渠道管理人员建立起来的合作关系；工作产生的效果也可能是负的，如工作的艰辛、无聊、烦琐和压力，以及L管理人员的严密监控和威胁。这里问题的关键在于他们怎样看待工作结果。

其次，渠道参与者P及其渠道员工会对他们工作产出的吸引力进行评价。评价结果可能是正的，也可能是负的，还有可能是中性的。此评价是非常个性化的，取决于不同渠道参与者及其渠道员工的态度、个性和需要。当一种工作产出被一个渠道参与者认为有吸引力时，渠道参与者就希望这个结果能够出现；相反，渠道参与者就会想办法避免这一结果。这里讲的是C链接。

再次，当工作产出被认为有吸引力时，为得到这一产出，渠道参与者P及其渠道员工会考虑他们需要采取的行动。只有当他们清楚地知道他们需要做什么、需要怎样做，以及工作绩效怎样评价、评价标准是什么时，以渠道领袖为首的超级组织的奖励才会影响他们的行为与工作绩效。如果他们不相信渠道领袖会兑现奖励承诺，他们一般不会为提高工作绩效而努力工作。这时讲的是 B 链接。

最后，当上面的问题都得到了肯定的回答以后，渠道参与者 P 及其渠道员工就会考虑他们的能力，以及他们成功完成任务的可能性。这时，如果业绩指标定得太高，渠道参与者 P 及其员工根本无法达到，则激励措施很难产生激励效果。这时讲的是 A 链接。

三个链接又可以看作三个缺口，即能力缺口、信任缺口和认知缺口。只有这三个缺口被很好地弥合，渠道领袖的激励才是最有效的。为此，渠道领袖要根据自己的实际情况选择有能力的渠道成员，以弥补能力缺口；要言而有信，奖罚分明，以弥补信任缺口；要了解渠道成员及其员工的需要，以弥补认知缺口。

二、激励因素

激励因素指能够对被激励者的行为产生刺激作用，从而调动其积极性的因素。它代表被激励者最本质的需求，只有当设定的激励活动或目标能够满足某种激励因素时，才会使被激励者产生满意感，从而产生效用价值。当制造商能够与分销商建立起双赢、互利的合作关系时，才能激励分销商持续地为制造商提供高水平的服务，建立起比竞争对手更高效的供应链运作体系。

（一）获得利润

通过销售制造商的产品获得利润是中间商与制造商合作的根本目的之一，也是双方合作的基础。制造商通过向中间商提供优惠的价格，可以刺激中间商加大对产品的市场投入力度，在自身获得利润的同时，帮助制造商扩大市场份额。

（二）降低风险

中间商一般是风险厌恶者。竞争和不确定性是风险产生的主要原因。对于中间商来讲，不确定性可能来自外部市场环境中与其交互的各种因素，如制造商的新产品开发、产品供货、价格变动，竞争对手产品及营销策略的变化，以及顾客需求的快速变化等，这些因素都会给中间商带来一定的风险。而制造商与中间商建立伙伴关系，增加信息（如新产品开发信息、产品生产信息、供货信息等）交流，并且经常提供市场及顾客信息等，有助于中间商在制定经营策略及实际销售过程中减少不确定性带来的风险，这对于规模较小的中间商来讲是非常重要的。物流信息的及时传递和共享，可以提高物流系统的运作效率，缩短订货周期，保证快速及时到货，以及制造商共同承担降价风险等，这些均有利于减少中间商的库存风险，使大型分销商获得较高的满意度。此外，信息交互的增加，不仅有助于减少不确定性，而且有利于建立和巩固协作关系，增进信任，提高中间商的满意度。

（三）提高竞争力

在充分竞争的市场中，短期的利润获取并不能保证长期的持续发展。激烈的竞争使越来越多的中间商认识到，要想在快速变化的市场中立于不败之地，必须具备核心竞争力。处于成长阶段的中型规模的中间商，培养核心竞争力最易使其获得满足感。因此，制造商可以通过为中间商提供发展机会，对其员工进行技术培训，辅助其制定决策及投资等方式，帮助其进行业务拓展，提高核心竞争力，提高满意度，从而达到激励的目的。

综上，获得利润、降低风险、提高竞争力使中间商获得满意感，产生激励作用。这三种需求可以单独发生作用，也可以同时发生作用。表 7－2 列举了分销商希望从上游制造商获得的支持。

表 7－2　分销商希望从制造商获得的支持

制造商提供的支持	分销商希望的渠道政策	分销商不希望的渠道政策	分销商的基本需求
价格政策	优惠的、有吸引力的价格政策	制造商价格政策死板，利润空间小	获得利润
渠道信息	控制分销商数量，控制恶性竞争	分销渠道密集，竞争惨烈	获得利润
订货政策	最小订货批量小，能及时到货，降低库存风险	制造商压货，到货周期长，最小订货批量大	降低风险
库存风险分担	制造商不压货，制造商分担库存积压风险，提供价格保护政策	制造商不分担任何产品积压的风险	降低风险
信息沟通	制造商及时提供产品换代、价格调整、市场变化趋势、营销策略调整等信息	制造商不与分销商分享信息，相互不信任，导致分销商决策失误	降低风险
营销支持	品牌知名度高，制造商提供市场拓展的支持，提供商机信息	品牌知名度低，制造商市场宣传力度弱，对分销商缺少市场开拓的支持	提高竞争力
技术支持	制造商对分销商提供产品、技术、运作管理等培训	制造商技术支持弱，分销商难以及时掌握最好的技术，失去眼前及未来的商机	提高竞争力

三、渠道激励的原则

渠道激励作为调动渠道成员积极性的一种手段，需要遵循一定的原则。不当的激励可能引起渠道成员的不满、渠道领袖和渠道成员之间的矛盾、渠道成员与渠道成员之间的争斗，以及一家企业不同渠道之间的混乱。

（一）实事求是原则

渠道激励的起点是满足渠道成员的需要。但不同渠道成员的需要存在差异和动态性，因人而异，因时而异。因此，渠道领袖在进行激励时，要坚持实事求是的原则，深入了解各个渠道成员的实际需要。只有在调查研究的基础上，根据大多数渠道成员的需求层次和需求结构，有针对性地采取激励措施，才能收到实效。

（二）目标相容原则

在激励机制中，设置目标是一个关键环节。目标设置必须体现超级组织的目标要求，兼顾个体组织目标，力求使渠道中各个成员的目标相辅相成。当渠道目标与某些渠道成员的目标相左时，渠道领袖应设法弥补其损失。

（三）适时原则

激励的适时原则指在激励过程中应注意时机的把握。如果时机把握不当，该奖励时不奖励，会使渠道成员丧失工作的积极性，甚至产生不满和消极情绪。如果导向错误，如采取过分重视短期效应的激励措施，会使渠道成员产生错误的营销理念，只顾眼前，采用不道德的手段销货，损害企业形象，酿成恶果。因此，激励要及时，要注意长期效果。

（四）奖励与惩罚相结合的原则

奖励是一种正激励，处罚是一种负激励，两者都是必要的。只奖励不惩罚，渠道领袖没有威严；只惩罚不奖励，渠道成员没有积极性。渠道领袖在激励时要善于将奖励与惩罚结合，以奖励为主，以惩罚为辅，鼓舞士气。

（五）公平原则

人们通常用两种方法来判断自己所得报酬是否公平，即横向比较和纵向比较。横向比较是将自己与别人比较来判断自己所获报酬是否公平。纵向比较是把自己目前的状况与过去进行比较。一个人对所得到的报酬、奖励是否满意不是看其绝对值，而是通过纵横比较看其相对值。如果经过比较认为自己现在的所得偏低，渠道成员就会感到不公平、不合理，从而影响工作热情。因此，渠道领袖在激励渠道成员时一定要遵循公平的原则，只有这样，才能充分调动渠道成员的积极性。

营销视角

华为的渠道激励

华为每年都会慎重审视其激励政策并及时向渠道成员发布。有基于渠道合作伙伴季度、年度业绩而发布执行的常规激励，也有依据市场发展情况而随时推出的短期激励。无论常规激励还是短期激励，都紧扣业务发展目标，意在引导合作伙伴多产粮、产好粮。具体来说，根据合作伙伴类型和授权产品的不同，合作伙伴可以享受如下激励：(1) 总代进销差价；(2) 现金支付货款折扣；(3) 基于业绩的销售返点；(4) 特定产品销售返点；(5) 主力产品销售返点；(6) 季度返点。

此外，业务部门还会根据各自业务需求设计并推出相应的激励政策。这些政策从不同的维度对合作伙伴的具体业务活动作出方向性指引，从而打造一支灵活而富有战斗力的渠道合作伙伴队伍。

资料来源：超越华为的渠道激励. http://blog. sina. com. cn/s/blog_7df0a1920102wjjs. html.

案 例

知名鞋类品牌商和零售商的对决

知名厂商和零售商协同合作可以看作是渠道管理的佳话，通常会带来更高的绩效，但如果在合作过程中，一方不考虑对方的利益诉求，而只考虑自己的利益并单独采取行动，结果会怎样？美国知名品牌耐克和知名专业鞋类零售商 Foot Looker 的对决，以及我国知名家电零售商国美和知名空调厂商格力的对决，或许能给出一些启示。

1. 合作

耐克曾经比竞争对手给予 Foot Looker 更优惠的进价，提供最畅销的产品和新品，不断地做全国性广告。Foot Looker 将较好的零售位置给了耐克产品。为了维护经销商的利润，格力长期以来坚持以较高的价格销售产品。苏宁、国美等家电巨头也由此迎来了一个高速发展期，巨大的销量是任何一家空调厂商不能忽视的。

2. 争锋

Foot Looker 后来担心沃尔玛会抢走自己的生意，决定针对耐克品牌开展促销活动。促销力度很大，相当于买二赠一。但耐克一贯抵制此类活动，担心会引起整个渠道的价格战和渠道混乱。于是，耐克收回了 Foot Looker 的畅销产品经销权。

在空调销售旺季到来之前，成都国美电器为抓住商业机会，在未征得格力四川销售公司同意的情况下，擅自将格力两款产品的价格分别下调了 680 元和 1 000 元。格力则要求国美“即刻停止降价行为，并向格力致歉”。国美电器表达了歉意，但随后要求所有门店停止销售格力的所有空调。

3. 分道扬镳

随后，Foot Looker 对耐克绝不能容忍促销的高端产品做了促销，并认为只要自己增加耐克的订单和销量，耐克就同意降低出厂价并给 Foot Looker 更多的畅销品类。但是，耐克削减了对 Foot Looker 的供货，特别是新品和畅销款。

格力电器认为成都国美擅自降价破坏了格力空调在市场中长期稳定统一的价格

体系，决定停止向国美供货。格力以此为契机，创造出“格力专卖店”这一独特的渠道模式。通过多年经营，格力逐渐形成了以城市为中心、以地县为基础、以乡镇为依托的三级营销网络，提升了对供应链终端的掌控能力。

4. 社会评价

投资人认为耐克和格力的行为是对自己品牌价值的保护，耐克股价一路上涨，迅速找到了其他经销商，格力也构建了自己的渠道。

5. 再合作

最终，Foot Looker 改变了公司的促销策略，定位于销售高端产品和较少做促销的零售公司，并改善了和耐克的关系。国美和格力也再次合作。但在投资人眼里，Foot Looker 和国美等专业产品零售商并非不可以挑战，它们本质上更多地依赖供应商。

▶ 问题：

1. 你是否认同耐克和格力针对零售商促销产品时的不妥协的态度？

2. 你是否认同“Foot Looker 和国美本质上更多地依赖供应商”？能否举出不同的例子？

本章小结

1. 渠道权力有奖赏权、强制权、专家权、感召权、法定权五大类，在实践中五种权力通常结合使用，产生协同效果。渠道权力是一种潜在的影响力，存在于目标对象的感知中。当权力运用被看作是影响或影响过程中的沟通时，制造商可以选择使用六种战略来影响经销商，这六种战略是威胁战略、许诺战略、法律战略、信息交换战略、建议战略和请求战略。

2. 渠道领导指一个渠道成员为了控制营销渠道运行的各个方面而影响其他成员的营销政策和策略的活动。渠道领袖则是指在营销渠道中发挥领导作用的企业或组织。渠道中可以没有领袖，但存在领袖的渠道往往有较强的竞争力。

3. 渠道沟通是在渠道中组织间的沟通。有四种沟通属性：沟通频率、沟通方向、沟通形式和沟通内容。渠道沟通策略指沟通属性（如频率、方向、形式、内容等）的不同组合方式。渠道沟通策略可以分为合作式渠道沟通策略和自主式渠道沟通策略。渠道沟通策略要与渠道沟通环境相匹配。

4. 渠道领袖要发挥领导作用，就要对渠道成员进行激励。渠道激励要很好地弥合三个缺口：能力缺口、信任缺口和认知缺口。激励因素指能够对被激励者的行为产生刺激作用，从而调动其积极性的因素。激励包括三个方面：获得利润、降低风险和提高竞争力。渠道激励要坚持实事求是原则、目标相容原则、适时原则、奖励与惩罚相结合的原则和公平原则。

思考题

1. 渠道领袖有哪些职责？

2. 渠道权力包括哪些内容？权力战略包括哪些内容？它们之间有什么关系？

3. 沟通属性包括哪些内容？渠道沟通环境与渠道沟通战略之间的关系是怎样的？

4. 根据渠道激励的期望理论，渠道激励有几个缺口？各是什么？

5. 渠道激励的因素有哪些？举出两个激励的具体措施，并说明其中的激励因素。

6. 渠道激励的原则是什么？

第8章

管理渠道成员的合争

学习目标

- 了解解决渠道冲突的策略。
- 了解渠道战略联盟的主要形式。
- 了解渠道控制的影响因素和方式。
- 了解渠道的生命周期管理的三个阶段。

引 例

经销商如何看待平行进口汽车?

近年来，平行汽车这一概念持续火爆。很多车迷认为自己终于可以买一辆价格便宜的进口品牌汽车了。平行进口汽车指未经汽车厂商授权，国际贸易商从海外市场购买，并在中国市场销售的汽车。由于进口地不同，可分为“美规车”“中东版车”等，以区别于有厂商授权的传统渠道销售的“中规车”。上海自贸区平行进口汽车试点正式开闸，这意味着此前处于灰色地带的平行进口汽车可以阳光化销售。

平行汽车的经销商认为，由于绕过了多层经销商、4S店，省去了大量的中间环节费用，因此，平行进口汽车会比中规车便宜20%甚至更多。由于厂家战略、国内认证等原因，国内很多所谓的新款中规车其实一两年前已在海外上市。国际贸易商可以在海外直接将最新款车引进到国内，不必等待较长时间。平行进口汽车在所有方面都与海外版保持一致。

但经营4S店的传统经销商认为，平行汽车的经销商抢走了自己的部分市场份额。它们也指出了平行汽车的劣势。首先，虽然平行进口汽车可以享受经销商指定的修理厂质保，但是维修费用相对来说比较高。一般也是关键零部件进行保修，售后这一块没有国产车有保障。其次，平行汽车价格不统一。虽然平行进口汽车相对便宜，但是一个港口一个价，很多消费者并不能很好地判断是不是用最少的钱买到了最满意的配置车型。

本书的第6～8章重点探讨渠道成员决策和管理的相关问题。在第6章，我们讨论了渠道成员的选择，第 7 章讨论了渠道成员的角色管理问题。在第 8 章，我们主要讨论渠道冲突的解决。这是因为渠道设计完成后，渠道成员之间要通过构建相互关系来共同协调渠道面临的问题。渠道冲突的解决思路是从共建渠道联盟入手，系统地加以控制。面对一些不可避免的问题时，依据渠道生命周期管理理论，企业可以考虑退出渠道。

第 1 节　管理渠道冲突

“渠道冲突”（channel conflict）一词应作为中性词，它描述了这样一种状态，即一个渠道成员意识到另一个渠道成员正在阻挠或干扰自己实现目标或有效运作，或者一个渠道成员意识到另一个渠道成员正在从事某种会伤害、威胁自己利益或以损害自己利益为代价的活动。

渠道冲突直接体现为渠道成员的一种商业行为。首先，渠道冲突不可避免，没有冲突往往意味着没有合作；其次，渠道冲突有多方面的影响，可能影响渠道成员之间的合作水平、渠道满意度、渠道效率和渠道成员未来的合作意向，也可能使渠道关系得到加强与提升。企业管理渠道的一个重要目的就是要把渠道冲突控制在一定的水平上。

一、渠道冲突的类型

渠道冲突是由处在企业产品通路中的若干渠道伙伴在从事经营活动过程中形成的必然产物。因此，渠道冲突也随着渠道产生的主体、背景、原因甚至场所的不同而有多种表现形式，以下介绍两种主要的分类方式。

（一）按照渠道冲突产生的主体分类

水平渠道冲突（horizontal channel conflict）是指同一渠道模式中，同一层次中间商之间的冲突。在水平渠道中，各成员之间是一种横向的关系，这个层次中大家都是平等的，即在权力上处于同一水平，但利益上是独立的。由于各渠道成员在资本、技能、素质、认识等各方面的差异，很容易发生矛盾，一旦发生冲突，往往难以协调。相对于制造商来说，冲突多表现为内部中间商之间的矛盾，通常称为“商商矛盾”。比如说，某个省份的中间商对另一个省份的中间商不满，埋怨它们促销过于积极，价格过低，或者服务不到位，损害了整体形象等。可以看出，产生水平渠道冲突的本质原因在于，一是各分销渠道成员作为不同的利益主体，都在追求个体利益最大化；二是各渠道成员在目标上有差异，有的渠道成员追求长远发展，有的则只重视短期效益；三是制造商提供给渠道商的政策不一致，引发矛盾，如有的企业在某些特殊地域实行特殊政策，但是并没有对所有渠道成员进行说明，导致有的渠道成员不理解；四是制造商对渠道成员的管理力度不够，没有形成凝聚力，而是任由各渠道成员各自为政，这类冲突如不能及时解决，最终可能导致整个渠道失控，严重影响产品的品牌形象。

垂直渠道冲突（horizontal channel conflict）指在同一渠道中不同层次成员之间的冲突，也称为渠道上下游冲突。例如，在某些情况下，生产企业为了推广自己的产品，越过一级经销商直接向二级经销商供货，使上下游渠道间产生矛盾；某些批发商认为生产企业在价格方面控制太紧，制定的分销政策过于苛刻，提供的服务支持（如广告、培训等）又太少等，因此经销积极性不足，甚至转而经销竞争品牌的产品；零售商对批发商或生产企业可能也存在类似的不满。因此，生产企业必须从全局着手，妥善解决垂直渠道冲突，促进渠道成员间更好地合作。

不同渠道间的冲突指的是生产企业建立多渠道营销系统后，不同渠道服务于同一目标市场时所产生的冲突。随着顾客细分市场和可利用的渠道不断增加，越来越多的企业采用多渠道营销系统即运用渠道组合和整合方式。例如，惠普原来一直采用大力发展经销商的渠道模式，建立自己的专卖店后，两种渠道的冲突日益尖锐。

（二）按照渠道冲突的表现程度分类

潜在型冲突指渠道成员自己都未能意识到的冲突，属于低水平冲突。这类冲突往往只存在于潜意识中，不一定会产生行动。

可察觉的冲突指渠道成员表达出了明显的不满和敌意，产生争论。此时若及时沟通或协调，往往能够避免消极行为的产生。

公开的冲突指渠道成员开始采取行动，如阻挠对方实现其目标甚至破坏或报复对方。此时必须采取明确的手段来认真解决冲突，否则有可能损害渠道的利益或破坏渠道的稳定性。

从静态的渠道关系来看，冲突的程度是可以评估的。而从渠道的整体发展来看，冲突表现为一种过程，部分取决于成员间过去的关系，也会逐步从微小的差别演变为剧烈的冲突。因此，渠道管理者应从一开始就力争建立起良好的渠道关系，为日后减少冲突打下基础。

二、渠道冲突的起因

渠道冲突的表现形式多种多样，冲突产生的原因也不尽相同，具体如下：

（1）渠道成员间经营目标与购销利益不一致。这是渠道冲突产生的最根本原因，它也决定了渠道冲突无法彻底消除。例如，制造商希望占有更大的市场，获得更多的销售额及利润的增长，但部分中间商单纯追求销售额及短期利润；制造商希望中间商只销售自己的产品，但大部分中间商希望销售尽可能多的有销路、有利润的产品以扩大经营规模；制造商希望中间商将折扣让给买方，而中间商却想将折扣留给自己；制造商希望中间商为它的品牌做广告，中间商则要求制造商承担广告费用。从企业追求利益的出发点来看，这些矛盾无法避免。

(2) 渠道成员的任务和权利不明确。许多企业的渠道政策并不明确，规则也不够公平，如地区边界、销售信贷等方面的任务和权利模糊、混乱。

(3) 渠道成员中一方对另一方的依赖性过高。例如，在汽车行业中普遍采用的独家经销商政策，使得中间商的利益及发展前途均受制于制造商的产品设计和定价决策，而很少有自己的发展空间，这往往是产生冲突的隐患。

(4) 产品的购销差价常是产生渠道冲突的直接诱因。中间商的市场销售价格过高或过低，都会影响企业产品的形象与定位；制造商给中间商的折扣过低则使中间商无利可图，丧失销售热情；同一市场上各中间商的销售价格不同，也会直接影响中间商的产品销量和市场份额。

(5) 制造商和中间商为了减少库存成本，都希望把存货水平控制在最低。存货水平过低将导致中间商无法及时向用户提供产品而引起销售损失，甚至使用户转向竞争者。同时，中间商过低的存货水平相应提高了制造商的库存量，不仅会影响制造商的运营效益，还可能产生产品积压过时的风险。

(6) 产品直销与渠道分销之间始终存在较为尖锐的矛盾。制造商直销的对象通常是大客户，即购买量大或有特殊服务要求的客户。基于工业品市场需求的二八定律，通常这部分客户也是中间商极力争取的对象，这便使制造商和中间商之间面临直接竞争。

(7) 付款方式存在矛盾。为了减少资金占用和运营风险，制造商通常希望中间商先付款、后发货，而中间商则希望制造商能允许其采取代销、赊销等方式，即货卖出去后再付款，或获取一定的回款周期，这使二者产生了直接矛盾。

三、渠道冲突的危害

渠道冲突的主要危害有如下几点：

(1) 破坏渠道成员间的关系，损害双方的利益。许多渠道成员间的冲突都是由一些微小的局部摩擦或认知误差造成的。如果协调不力，可能使冲突一方针对另一方采取严重的报复行为，如此不仅会导致冲突双方由互相依存的合作伙伴变成势不两立的竞争对手，而且会使其出现明显的目标偏移，将提升渠道业绩和获取企业利益的营销目标抛于脑后，甚至可能作出不顾一切打击对方的非理智行为，最终损害双方甚至整个渠道的利益。

(2) 降低整个渠道的销售业绩。在充分竞争的市场环境中，产品销售的成功需要所有渠道成员的共同努力，任何一个环节的冲突都会导致销售业绩的下降。例如，联想曾经由于缺乏必要及时的沟通，使许多中间商认为自己的客户资源正在被厂商蚕食，利润空间也被挤压，从而产生了不信任和危机感，丧失了经销积极性。为了在客户的个性化服务和快速响应上有所改进，联想通过电话访问、登门拜访等方式直接了解大客户的需求。

（3）破坏整个渠道的规则体系。在渠道建设初期，制造商通常都会制定一整套渠道成员的行为规范，借以规定中间商的权利和义务，并以此为标准对中间商进行检查和评价。规则的主要内容包括价格政策、付款方式、中间商的区域范围以及双方应提供的特定服务内容等。而某些中间商为了获取更多的利润，常常跨越规定区域进行销售或擅自压低商品价格，如果不能及时发现并制止这种行为，必将使渠道其他成员由于担心利益受到损害而纷纷效仿，最终导致原有的价格体系、经销商区域划分规则完全崩溃。

（4）影响产品品牌在消费者心目中的地位。对消费者来说，判断一个产品品牌的价值，最直观的标准应该是具有可靠的质量、稳定的价格、放心的服务、良好的口碑，而渠道成员间的恶性冲突则常常将其毁于一旦。例如，渠道管理中常常存在窜货现象，即分公司为完成销售指标，取得业绩，将货销售给需求量大的同级分公司负责的市场区域，或将假冒伪劣产品与正品混合销售，掠夺市场份额。这种恶性经营行为，势必造成市场倾轧、价格混乱，严重损害消费者利益和产品品牌形象，必须严加防范和控制。

但有些时候渠道成员间的冲突是积极而有益的。这种冲突可能会促使渠道产生一种新的更有效率的沟通模式，或者使渠道成员间互相监督、互相促进，关系更为密切。另外，渠道冲突的激烈程度还可以成为判断冲突双方实力及商品热销程度的“检验表”，使其管理更加科学和规范。在这种冲突中，渠道成员都非常明白它们之间的互相依赖性，在将对方作为竞争对手的同时，也会指出对方的弱点并监督改进，共同提高业绩。

四、如何解决渠道冲突

（一）渠道权力、冲突与合作之间的关系

渠道中的权力、冲突与合作是密切相关的，它们共同植根于渠道成员之间的相互依赖关系。多年来，针对渠道行为中的这些问题，学者进行了大量的实证研究，验证了渠道中的权力、冲突与合作三者之间的关系，得出了许多对于企业实践有指导意义的结论（见图 8－1）。归纳起来主要包括以下几点：

（1）在依赖与权力之间存在正相关关系，即一个渠道成员越被另一个渠道成员依赖，这个渠道成员对于另一个渠道成员就有越大的权力。

（2）权力分为强制性权力和非强制性权力。通常而言，使用强制性权力可能导致渠道冲突，降低渠道成员间合作的意愿；而使用非强制性权力则可能减少渠道冲突，提高渠道成员间合作的意愿。例如，对餐饮特许经营渠道的研究发现，非强制性渠道权力与渠道满意度呈正相关关系，而强制性渠道权力与渠道满意度呈负相关关系。

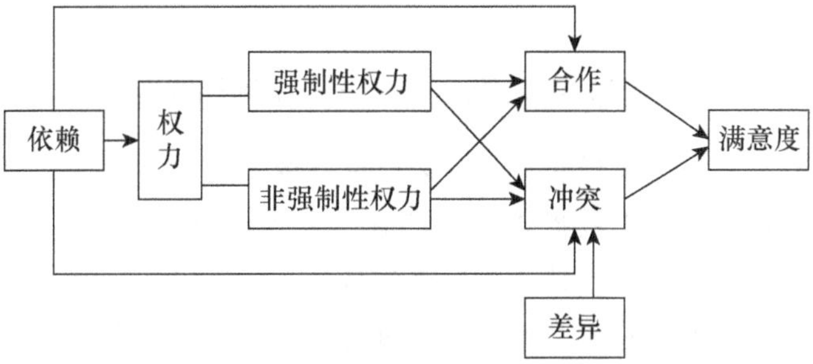

图 8-1　权力、合作与冲突关系图

资料来源：庄贵军．权力、冲突与合作：西方的渠道行为理论．北京商学院学报，2001（1）．

（3）冲突产生于渠道成员之间的差异。一般来说，在目标、预期、价值观和对各自所承担角色的认识等方面，渠道成员之间的差异越大，它们之间的冲突越频繁，也越严重。

（4）冲突与合作之间是负相关关系，即渠道成员之间的冲突越频繁、越严重，它们之间的合作意愿就越弱。

（5）合作会提高渠道成员的满意度，而冲突则会降低渠道成员的满意度。

（二）解决渠道冲突的策略

大部分渠道冲突都是具有危害性的，有些冲突可能威胁到渠道体系甚至整个企业的生存，必须进行管理和协调。基于权力、合作与冲突的关系视角，本书提出以下解决渠道冲突的策略：

（1）选择渠道成员时要进行严格的评估和审核。作为渠道体系的基本组成元素，每个渠道成员的行动都会对增进或阻碍其他成员达到目标产生很大的影响，企业必须严格按照原则和标准把好第一关。

（2）在管理上要设立完善的沟通及预警系统，及时了解和反馈渠道成员的动态信息，争取在冲突发生之前予以控制。如通过渠道成员之间的相互交往，可以随时了解产生相互抱怨、延迟付款、推迟完成订货计划等矛盾的线索；或通过对对方的观察，衡量它们的满意程度并收集有益的建议。

（3）在战略上要建立共同的愿景和发展目标。有了共同的发展目标，当渠道面临外部威胁时，渠道成员便能够迅速分清矛盾的主次，主动联合起来消除威胁。

（4）应鼓励冲突双方进行自我协商调解。谈判是解决冲突的有效方式，只要双方都有解决问题的诚意，就能达到理想的效果。也可由冲突双方进行渠道内部人员互换，促使双方进行换位思考，以更多地接触和理解对方，有助于冲突的解决。

（5）由第三方（如制造商、其他中间商或专门的仲裁机构）出面调解和仲裁。调解方具有较高的地位或威信，冲突双方都比较信服，调解的效果才会较为理想，仲裁结果也才可能得到执行。

营销视角

因产品问题被罚，经销商能否起诉厂商？

某经销商和厂商通过合同约定产品必须经过国家标准质量认证。此前厂商提供的产品经过认证，后来证书被撤销，但厂商并未告知经销商。行政机关接到举报，对经销商处以数万元罚款。经销商向厂商索赔，厂商不同意。

律师认为，经销商与厂商之间形成合同关系，厂商有义务提供符合国家标准质量认证的产品，如果厂商未按照合同约定提供产品，厂商的行为属于违约，经销商可依据合同向厂商主张违约责任，要求厂家赔偿损失。

律师又建议，厂商和经销商本是相互依赖、互利共赢的关系，合则两利，败则两伤。在本案例中，作为强势一方的厂商对经销商既要扶持也要包容，经销商选择了厂商是出于对厂商的信赖，厂商因一点小钱闹上法庭，既不体面，也寒了经销商的心，同时也有损品牌形象。厂商应主动承担责任。

（6）退出。解决冲突的最后一种方法就是使冲突成员退出营销渠道。当渠道冲突影响到整体渠道的效率而又无法解决时，冲突的一方或多方退出也不失为一种解决方法。但这种方式不宜多用。

从上述措施看，塑造渠道领袖的策略也适用于渠道冲突问题的解决。本章从渠道战略联盟的构建、渠道控制和渠道的生命周期管理（比如退出机制）三个角度来讨论该问题。

第 2 节　渠道战略联盟

在市场竞争日益激烈的背景下，中间商的成长发展离不开生产企业的支持。只有与具有一定品牌知名度或较有实力的制造商进行战略合作，才能实现快速发展的经营目标；而制造商也必然要借助中间商的力量，使销售活动覆盖所有目标客户，以最大限度地提高市场知名度与美誉度。加强渠道内部各成员间的协调与合作、共创价值便成为大家共同努力的方向。

一、渠道战略联盟的运行机理

渠道战略联盟指渠道系统中上下游企业之间为降低渠道运营成本，增加渠道共享收益而结成的战略性合作联盟。渠道战略联盟强调的是制造商与渠道成员间持续的和相互的支持关系，目的是建立更加主动的团队、网络或者渠道伙伴的联盟。在这种渠道战略联盟中，传统的“我们—他们”观念已经被“我们”所取代。

如图8－2所示，在渠道联盟关系中，相互信任是伙伴关系建立的基础和关键推动要素，相互承诺与关系投入使渠道联盟关系的建立有了实质性进展，成员间具有共同目标与规范是渠道联盟关系维系和发展的有力保障，共享收益则是渠道联盟双赢的结果。

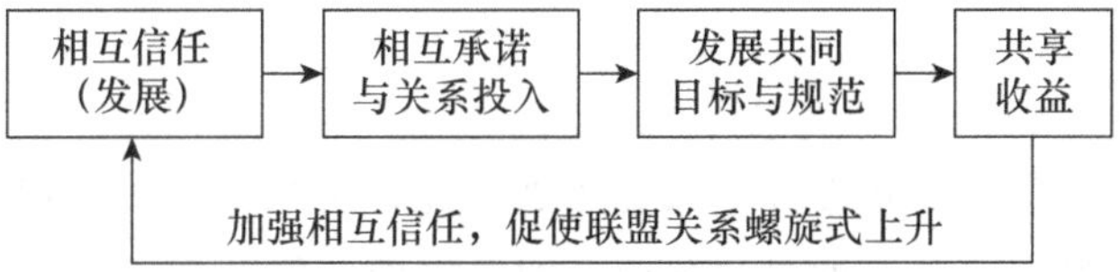

图8－2 渠道联盟的运行机制

资料来源：张闯，夏春玉．渠道权力：依赖、结构与策略．经济管理，2005（2）．

在这一运行机制中，我们还应该认识到以下问题：

（1）利益的满足既是渠道联盟的动因，也是渠道联盟的结果。作为一个渠道成员，从渠道联盟关系中得到的经济性和非经济性的利益越多，双方的信任度就会越高，这将促使双方更积极地对联盟关系进行投入，共享更多的利益，加快联盟关系的螺旋式上升过程。

（2）渠道联盟建立的过程中，关系双方对联盟的投入应当是对等的。这不仅是表达对渠道伙伴信任的最直接方式，而且可避免不均衡投入造成的权力倾斜。

（3）双方在联盟中所树立的共同目标，避免了合作中的机会主义行为。在共担风险、共享收益的渠道联盟中，争取渠道控制权的动机也会大大减弱。

营销视角

支付宝、Apple Pay在国外如何与银行合作

在国内，用户在选购手机时，商家通常会介绍该手机有NFC功能，很多人对此不了解，认为是比较高大上的功能，但从支付来看，NFC涉及支付渠道的利益分配和合作问题。

苹果Apple Pay本质上是通道工具，而不是支付账户，只是将银行卡绑定，即其NFC支付等同于用户把银行卡放在手机上用指纹当密码付款，不会分流银行的用户，它跟银行是合作关系而非竞争关系，是帮着银行抢第三方支付应用的市场，所以Apple Pay更符合许多西方国家的金融监管政策，NFC支付在与银行以及零售商的合作推进上更为顺利。

对于支付宝和微信支付来说，在海外，除了信任这一层面需要破冰之外，还要处理与银行的竞争关系。它们面临的难题在于如何取得海外市场的信任，如何说服教育当地市场，让其认可第三方应用支付的便捷性与安全性不弱于NFC支付。

资料来源：https://36kr.com/p/1722729365505.

二、渠道战略联盟的作用

渠道战略联盟比传统的渠道关系效率更高。具体来说，其作用主要表现在以下几点：

1. 节省渠道成本，降低渠道风险

渠道成本主要由渠道建设成本和渠道维护成本两部分构成。相对于企业自建的营销渠道，伙伴型渠道关系通过与分销公司的密切合作节省了大量的渠道建设和运营成本。更重要的是，它改变了传统渠道系统内成员的零和博弈关系。通过厂商之间的战略性合作，企业和中间商变成建立在共同发展基础上的利益共同体，有效地降低了渠道运作的风险。

2. 改善渠道中物流、资金流和信息流的运行效率

渠道的高效率很大程度上取决于渠道中物流、资金流和信息流的运行效率。而渠道战略联盟以其特有的信息共享机制使企业的物流、资金流和信息流得到明显改善，从而保持了渠道系统的灵活性，提高了企业对市场变化的反应能力。

3. 更加有效地控制渠道

在传统的渠道关系中，由于渠道成员实力不均衡，往往周旋于控制、被控制和反控制几种角色之间，形成一种利益的矛盾体，极大地影响了渠道运行的效率。渠道战略联盟就是将利益矛盾体转化为利益统一体，通过有效的沟通协调，实现对渠道整体的良好控制。

4. 减少渠道冲突

营销渠道通常由许多谋求各自利益的公司组成，因为这些利益是相互竞争的，所以渠道成员常常无法合作，甚至各自目标完全相反，由此产生的渠道冲突往往导致渠道效率下降。渠道战略联盟则使渠道系统内成员的根本利益趋于一致，实现了渠道权力的均衡分布，可以减少甚至消除渠道冲突；反过来，渠道冲突的减少，又为渠道的高效运行提供了有力的保障。

三、渠道战略联盟的主要形式

渠道战略联盟有多种形式，常见的有会员制、销售代理制、特许经营、联营公司等。其中，销售代理制、特许经营在中国比较常见。在日本，联营公司比较常见。联营公司使得战略联盟更加稳固，会员制使得战略联盟最松散。

（一）会员制

会员制渠道战略联盟指渠道成员通过协议方式成立一个类似于俱乐部的组织。

组织内部成员间有较高的信任感，大家互相协调，互相帮助，共同遵守游戏规则，共同发展。这是渠道联盟的初级形式，对成员的约束力较小。

为了便于控制，会员制渠道战略联盟的核心企业可以根据自己的地位和其他渠道成员的接受程度，向会员收取一定的保证金或签订具有较强约束力的保证协议书。这种保证金或保证协议书是核心企业要求参与企业作出的行为承诺或书面承诺。这种承诺会强化渠道联盟中的相互信任和相互依赖，有利于渠道合作活动的展开。

（二）销售代理制

渠道战略联盟的销售代理制，一方面要求销售代理商签订销售代理协议，另一方面要求制造商签订制造承包协议。因此，这种代理制从制造商的角度看是销售代理制，从销售代理商的角度看则是制造承包制，它的成员关系比会员制更紧密，不同于一般意义上的销售代理制。

（三）特许经营

在前面的章节中，我们对特许经营做了较多的介绍。特许经营也是战略联盟的一种主流手段。渠道战略联盟中的特许经营强调对业务的持续支持，而不是专门做特许经营模式的输出，自己赚取加盟费，让别人承担大部分成本和风险。

（四）联营公司

联营公司指合作双方为充分发挥各自的优势，通过法律程序而建立的联合经营体。作为一种联系非常紧密的渠道战略联盟方式，联营公司要求各方在利益上有更大的一致性，风险共担，利益共享。其合作形式主要包括合资经营和相互持股两种。

综上，建立和发展渠道战略联盟，必须符合渠道伙伴关系的运行机理。同时必须明确，建立渠道战略联盟是要付出成本的，因此不是每一条渠道都应当建立联盟，建立联盟的条件与公司的战略、产业和市场有关。一个合适的渠道战略联盟必须同时具备四个条件：一是一方有特殊的需求；二是另一方有满足这些需求的能力；三是双方都面临退出关系的壁垒；四是双方都能从联盟中获得利益。其中，前两个条件创造了特别的价值增值基础，渠道成员满足特殊需求的能力是双方可以交易的基础，这会将大多数其他伙伴排除在外；第三个条件确保联盟能够维持较长时间，真正成为战略性联盟；最后一个条件既是渠道联盟建立的前提条件，也体现了公平分配的原则。如果这些条件能够同时满足，渠道战略联盟就有了生命力和真正的价值。

第 3 节　渠道控制

在面对渠道冲突时，除了正面的渠道战略联盟等手段外，厂商务必加强对渠道的控制。渠道控制是一个渠道成员对另一个渠道成员的行为与决策变量成功施加影响的过程。渠道控制的本质是对渠道成员（组织）的行为进行控制，同时也是一种跨组织控制、相互控制（或交叉控制）和结果导向的行为过程。

一、渠道权力与渠道控制

在第 7 章，我们探讨了渠道权力，渠道领袖通过渠道权力来对渠道进行管理。本节探讨渠道控制。渠道权力与渠道控制既存在相关性，又有区别。渠道权力是一个渠道成员影响另一个渠道成员决策变量的能力；渠道控制则指一个渠道成员对另一个渠道成员的行为和决策变量的实际影响。

权力是一种潜在影响力，控制则是权力应用的实际结果。比如，当 A 使用某种方法影响了 B，使 B 采取了 A 所希望的行为，A 就在一定程度上控制着 B；当 A 对整个渠道中的成员都有相当大的影响力时，A 就在一定程度上控制着整个渠道。渠道控制与渠道权力及其运用密切相关。渠道权力是渠道影响力，渠道权力的运用是影响力的使用，而渠道控制则是影响力的成功使用。当然，渠道控制也可以通过其他方式实现，如合作、参与、关系及关系的发展等。

二、渠道控制的分类

（一）按照渠道控制的程度分类

1. 绝对控制

绝对控制指生产商不仅能够选择负责其产品销售的中间商的数量、类型及地理区域分布，而且能够影响这些中间商的销售政策和价格政策。绝对控制往往要求制造商具有雄厚的实力和强势的产品品牌，如日本丰田汽车公司专门把东京市场划分为若干区域，每一区域都由一名业务经理专门负责，业务经理对本区域内的每个中间商都了如指掌，能及时根据市场变化及中间商的表现进行政策调整，确保渠道成员的努力程度，保证企业获得良好的经济效益。绝对控制的优点是可以防止中间商的恶性价格竞争，保证公司渠道政策的顺利实施，有效控制渠道成本，有利于维护统一的品牌形象。缺点是容易形成完全集权，不利于形成渠道成员的对等关系。

2. 低度控制

并非所有的制造商都能对渠道进行绝对控制，实力较弱的企业也可以通过对中间商提供具体支持协助来影响渠道成员，这种控制称为低度控制，也称为影响控制。大多数企业的控制都属于这种类型，具体采用的方式有：

（1）向中间商派驻商务代表。较大的制造商一般都会派驻代表监督中间商，同时帮助中间商进行产品的销售活动。

（2）与中间商进行多方位的合作。如联手开展广告宣传、促销、公关活动，共同进行产品研发与改进，以及共同进行市场调查，开展售后服务等。

(3) 对中间商进行培训、激励。如向中间商进行有关销售管理、存货控制以及有关产品的专业知识培训，奖励业绩突出的中间商或向中间商提供价格、交易条件方面的优惠等。

在这种控制过程中，制造商的议价能力相对较弱，对渠道的掌控能力不强，但是这种方式会促使渠道成员间的合作变得更为平等和紧密，有助于信息的双向交流，民主性较强。

（二）按照渠道控制的具体内容分类

1. 利润控制

中间商的利润取决于产品的销量和购销差价，并且与这两项正相关。企业既要保证留给中间商颇具吸引力的利润空间，又要确保渠道成员间利益的相互平衡，避免个别中间商因收入过多、实力增长过快而掌握渠道的控制权。

2. 目标控制

渠道成员间保持战略目标的一致性是渠道长期稳定发展的前提条件，同时，渠道管理者应在经营管理过程中，协助中间商对其营销目标的执行情况进行评估，及时调整实施策略，确保企业目标的顺利完成。

除此之外，企业还应随时控制中间商的具体经营活动，从而确保中间商的努力和投入程度，如对中间商进行库存控制、促销方案控制，以及执行情况的监控等。

三、渠道控制的影响因素

影响企业进行渠道控制的因素有很多，主要有交易资产的投入数量和专有程度、渠道控制的欲望与能力、不确定性，以及渠道成员因素、顾客需求因素等。

1. 交易资产的投入数量和专有程度

由于企业在交易资产上的投入不能毫无成本地转移，一家企业在交易资产上的投入越大、专有程度越高，为防止交易伙伴的投机行为伤害自己，它就越需要使用垂直一体化的方式构建自己的营销渠道，使渠道控制内部化（如对直销渠道的控制实际上就是组织内部控制），提高自己对渠道的控制程度。反之，它会较少地控制渠道，将许多渠道功能交由合作伙伴完成。在后一种情况下，企业对渠道的控制机制和控制程度有很大变化。

2. 渠道控制的欲望与能力

这一因素受诸如企业产品的特点、企业的渠道目标和渠道策略，以及企业实力等其他因素的影响。因为控制是有成本的，所以一家企业并不是任何情况下都愿意控制渠道。当渠道控制的成本大于收益时，企业就失去了控制渠道的动力。另外，渠道控制还有能力问题，一家企业不是想控制渠道就能控制得了的。当然，控制能力也不是控制欲望的必要条件，一家企业可能有控制能力，但可能并不想实施控制。渠道控制的欲望与能力，会以某种方式在某种程度上影响一家企业渠道控制的结构、方法和水平。比如，渠道控制欲望较强、能力较强的企业，倾向于选择垂直一体化的控制结构，采用较为直接和明确的方式，进行高水平的渠道控制；渠道控制欲望较弱、能力较弱的企业，倾向于选择市场化的控制结构，通过建立关系与合作来实施较低水平的渠道控制。渠道控制欲望与能力的各种组合，使渠道控制产生很多变化。

3. 不确定性

不确定性指决策环境的预测难度（外部不确定性）和渠道成员绩效的评价难度（内部不确定性）。不确定性对渠道控制的影响很不确定——随着不确定性程度的提高，一方面企业需要通过垂直一体化的方式加强对营销渠道的控制；另一方面也需要通过市场化行为来化解不确定性所带来的风险。

4. 渠道成员因素

渠道的功能是通过渠道流程或渠道中不同成员执行各自的职能来共同完成的。渠道的基本业务流程由实物流、所有权流、促销流、融资流、洽谈流、风险流、支付流和信息流等构成。这些流程将组成渠道的各类组织机构贯穿起来，形成一条通道。这些渠道的职能和流程，客观上是可以由不同的成员来承担的，特定的机构往往只负责其中一项或多项流程。由于每个机构的资源条件不同，因而在完成某些流程时有优势、成本低，而在完成另一些流程时情况则相反。这导致渠道成员机构在运作中，往往都集中精力去执行自己最有优势的职能（流程），而把自己没有优势的职能向效率更高的成员转移，以使自己能获得较高的效益。这种变化虽然客观上能提高渠道的效率和整个渠道的竞争力，但原本由特定成员执行的职能一旦转移到其他机构，由其他机构成员承担后，渠道流程和职能的实施情况必然发生相应变化，企业对渠道的控制力也就可能随之减弱。此外，渠道成员个体的经营管理能力客观上存在差异。

5. 顾客需求因素

顾客需求是指顾客愿意接受分销渠道向他们提供什么样的服务。分销渠道一般可提供四项基本服务：一是空间上的便利性，即产品、产品信息、销售点、技术帮助等距离顾客居住地的远近程度；二是批量规模，即允许顾客每次购买的数量单位；三是交货时间，即顾客从订货到收到商品所需的时间；四是品种的多样化，即产品多样化的类型和程度。这四项服务是通过分销渠道执行一定的职能和流程来实现的。分销渠道提供多少服务，取决于其掌握的资源的多寡、企业的能力以及顾客对服务的需求。顾客需要分销渠道提供的服务越多，参与渠道运作的成员可能越多，企业（生产商）对渠道的控制力就可能越弱。

影响企业分销渠道控制的因素还有技术、文化、自然、社会、政治环境等。如地理环境、市场范围、制造中心的位置、人口密度等，对企业分销渠道的控制力也有重要影响。当产地较为集中而消费人口比较分散、分销渠道较长、有较多中间商时，企业对渠道的控制力就会变弱。法律法规也直接或间接地影响企业对渠道的控制力，比如，当政府要通过许可制度来限制某些机构进入某个渠道时，企业的渠道控制力会因此受到影响。

四、渠道控制的方式

渠道控制能力的大小及有效性的高低显然与控制模式密切相关。由于与渠道控制有效性相关的企业规模、产品类别、市场化程度、管理水平、品牌价值以及经销商素质等千差万别，渠道控制的方式也呈现出多样化。

1. 利用品牌控制渠道客户

产品进入同质化时代，竞争十分激烈。品牌是区别产品的核心特征，品牌可以说是最重要的资产。从渠道管理的角度来看，产品品牌通过对消费者的影响实现对整个渠道的影响。渠道客户的中间商、终端商等也要树立自己的品牌。但是渠道客户的品牌只能在渠道中起作用，对消费者的作用较小。渠道客户的品牌往往是附加在所代理的主要产品的品牌上，没有厂家的支持，渠道客户的品牌价值就会大打折扣。对于渠道客户来讲，一个优秀品牌的产品意味着利润、销量、形象，更意味着销售效率的提高。一般而言，畅销产品需要的市场推广的力度比较小，所以渠道客户的销售成本比较低，还会带动其他产品的销售。同时因为销售速度比较快，提高了渠道客户的资金周转速度，所以企业只要在消费者层面建立良好的品牌形象，就可以对渠道施加影响。利用品牌降低渠道客户的销售成本，提高销售效率，可增加渠道控制的有效性。

2. 利用长期战略和愿景控制渠道客户

每一家企业都有自己的战略和愿景，都要在行业中确立自己的优势与地位。对于生产商来讲一定要有自己的长远规划，因为渠道客户都会考虑自己企业的发展情况，市场机会是有限的，对甲公司产品的经营，很可能意味着放弃乙公司同类产品的经营。基于渠道客户的考虑，企业一方面要用自己在市场中的地位与实绩来证明自己的优秀；另一方面要不断把自己的长远规划和愿景向渠道客户阐述，使它们对未来有一定的憧憬。一旦渠道客户认可了公司的理念、企业的发展战略，认可了公司的主要领导者，即使政策不完善，产品偶尔出现问题，渠道客户也不会动摇。

3. 利用利益控制渠道客户

每一个渠道客户都需要获取一定的利益作为保障，尤其是短期利益，因此生产商必须留给渠道客户一定的利益空间，保持合适的“度”。生产商要认识到，如果渠道客户不合作，渠道客户会损失合作的利润，生产商的整体利润也会下降。一般而言，如果企业给渠道客户带来的利润很少，渠道客户与企业终止合作之后还能生存，这样的合作关系对渠道客户来讲是无所谓的，也就表明企业没有控制住渠道客户。所以给渠道客户的利润要多于渠道客户的纯利，只有这样，才会让渠道客户在和企业“分手”时感到损失很大，企业才能够控制住渠道客户。企业的具体办法有：增加产品的品牌优势；增加自己的产品销量，降低渠道客户其他产品的销量；降低渠道客户其他产品的单位利润，增加自己的返利和折扣，使渠道客户的单位利润增加；等等。

4. 利用厂家服务控制渠道客户

企业有专业的财务人员、营销人员、管理人员和市场推广人员，渠道客户则不然。很多渠道客户在发展到一定阶段后，非常想接受管理、营销、人力资源方面的专业指导，有一些借助专业咨询公司来提高管理水平，但往往不能满足自己的要求，没有达到自己的预期。渠道客户的这种动机为企业提供了契机。企业可以通过对渠道客户的培训与咨询来达到管理与控制渠道客户的目的。企业提供给渠道客户的服务包括帮助渠道客户销售、提高销售效率、降低销售成本、增加销售利润。也就是说，销售代表提供给渠道客户一个解决方案，能解决渠道客户目前的盈利问题，也能解决其长远的盈利问题。企业与渠道客户在这种情况下合作会很愉快，最终实现共赢。

5. 利用终端控制渠道客户

由于零售业与消费者直接接触，因此消费品行业最常用的一个办法就是直接控制终端，直接控制渠道客户的下家。每家企业的做法可能不一样，但无论哪种做法，控制零售店是最根本的目的。要让零售店首先认同产品、认同品牌、认同厂家，而不是首先认同渠道客户，这样厂家就有把握在渠道客户出现问题的时候，把零售店切换到新的渠道而不影响销量。具体办法包括：培训终端员工，举行促销活动，建立零售店的会员体系，建立零售店甚至大型最终购买者的基本档案，制作零售店网点分布图，建立零售店、主要零售店员、竞争对手、渠道客户以及厂家基本情况档案。这些档案需要经常更新，以保证基本资料的准确性和完整性。企业只有建立强大的基础市场数据库，才能在这个数据库的基础上，开展针对终端的拜访和举行直达终端的各项活动，增强与渠道客户谈判的能力，更有效地控制渠道。

营销视角

百丽通过并购和开门店控制渠道终端

百丽集团自主经营10个著名鞋类品牌：百丽、天美意、他她、思加图、真美诗、美丽宝、Millie's、森达、百思图及JipiJapa，代理经营8个著名品牌：Bata、BCBG、Elle、Clarks、Geox、Mephisto、Merrell及Caterpillar。也就是说，在一般一线城市的百货店中鞋类有1/3是百丽集团的产品。

百丽不断加强对渠道终端的控制力度。首先，百丽不断地并购渠道终端企业。百丽覆盖全国 300 个城市，时尚鞋服两大业务门店共计近 10 000 家。其次，百丽通过加强与顾客的联系，进而强化对渠道终端的管控。百丽通过小程序、私域流量运营为消费者提供全场景、全渠道、有温度的服务，打造“所想即所见，所见即所得”的购物新体验。

在新冠肺炎疫情期间，百丽正常发放店员工资，并足额发放了 2019 财年年终奖，极大地避免了一线员工的流失。另外，百丽通过数字化工具、直播等创新探索，创造多元化场景与年轻消费者沟通，让线上渠道变得更加灵活和富有想象空间。百丽全员通过“百灵十”在线办公，2020 年 2—6 月由员工发起的视频会议有 2 万多场，10 万多人次参与，培训 1 000 多场，7 万多人次参与，这些极大地提高了管理效率。

资料来源：一文解析百丽的渠道路径及未来形态 . https://www. iyiou. com/p/57190. html.

第 4 节　渠道的生命周期管理

对于解决渠道冲突的策略，企业可从渠道生命周期的视角作出评估。一般地，渠道的生命周期越长，渠道成员的关系越稳定。长期导向的渠道关系将使渠道双方获得持续的竞争优势和较多的长期利益，而渠道生命周期的短期化则意味着交易费用上升和渠道效率降低。许多成功的企业，如宝洁与沃尔玛，都在努力构建以关系规范为核心的、稳定的渠道关系。但是，这并不意味着渠道关系是永久性的，当面对一些显著的变革时，此起彼伏的渠道冲突显然是一个信号，即企业需重新审视渠道存在的必要性，甚至可以考虑终止渠道关系或退出。

如表 8－1 所示，渠道关系的生命周期分为渠道关系的构建期、渠道关系的维持与发展期、渠道关系的终止期三个阶段。

表 8－1　渠道关系的生命周期

阶段	描述	关键特征
渠道关系的构建期	建立完整的、系统的、标准化的甄选标准，寻找可能的合作伙伴；以建立长期的交易关系为出发点，确定具有相同的价值认知和关系利益预期的合作伙伴，开始进行尝试性合作；强化共同的合作意愿并进行积极的相互沟通，互依性逐步提高	共同的合作意愿与长期利益预期的建立以及价值理念的认同是构建渠道关系的基本要素
渠道关系的维持与发展期	向渠道中间商提供能为广大用户所接受的产品和服务；在合作中加强并密切沟通关系；给渠道中间商以合理的利润空间并采取有效的激励措施；双方进行专用资产投资，构建渠道双方信任与承诺的形成机制；在以法律机制治理渠道关系的同时，引入伦理治理机制	以沟通和协商为基础，以专用资产、契约合同为机制，谋求一个稳定的、长期导向的相互对称的关系型营销渠道

续表

阶段	描述	关键特征
渠道关系的终止期	环境或双方的变化使合作失去了基础；难以化解的冲突使双方交恶，引发渠道关系解体；一方撤回投资激起另一方的报复；维系双方关系的关键人物离开	在渠道关系的终止过程中，最关键的是失去了共同的利益基础

首先，在渠道关系的构建期，渠道冲突等问题通常会让位于共同的合作意愿与长期利益预期的建立以及价值理念的认同。渠道结构的构建是此阶段的重点内容。此时，虽然渠道冲突等问题比较多，但在追求渠道的效率、覆盖、配送等共同目标下，相关问题会较快得到解决。

其次，在渠道关系维持与发展期，以沟通和协商为基础，通过专用资产、契约合同构建起以信任与承诺为核心的关系规范是关键。企业将把巩固经销商，稳定网络，提高经销商忠诚度，增加对经销商的服务作为此阶段的目标，尽可能地实现全产品的渠道销售和差异化的渠道服务。渠道结构相对稳定，渠道的活力相对降低，一些在关系构建初期的做法可能会固化下来形成渠道惯例。渠道冲突的解决主要依靠沟通、协商等策略。

最后，在渠道关系的终止期，最根本的原因是失去了共同的利益基础。环境或双方的变化使合作失去了基础；难以化解的冲突使双方交恶，引发渠道关系解体；一方撤回投资激起另一方的报复；维系双方关系的关键人物离开。这些信号均要求企业对渠道现状作出重大决策，此时，退出并不一定是坏的决策。

案　例

家居卖场：从“斗”天猫到与猫“共舞”

2021 年 9 月底，“居然之家 2021‘双 11’全球狂欢季 KO 大会”在北京居然大厦召开。居然之家表示：家居行业线上线下融合、数字化转型进行得如火如荼，与阿里巴巴、天猫的合作，使得居然之家走在了行业的前列。但是，在 2013 年 9 月底，以红星美凯龙、居然之家为代表的家居卖场曾对 2013 年天猫“双 11”家居建材类销量排名前十的品牌进行清场。

1. 缘何相斗

家居卖场的利润主要源自场地租金和销售扣点。场地租金是家居生产商和品牌商进入家居卖场的前提，该笔收入是一些家居商业地产运营商的主要利润源。对于那些侧重店铺运营的家居卖场，它们更看重销售扣点，即卖场的营业抽成。家居生产商和品牌商销售额越高，返给卖场的抽成越多。

前一种模式，侧重向家居生产商和品牌商提供场地，后一种模式侧重提供较高的顾客体验价值，居然之家等家居卖场正属于此类。但后一种模式存在运营漏洞，即家居生产商和品牌商拿到订单后未交由卖场，而是通过较低的零售价格吸引顾客通过其他渠道支付，避开了卖场，产生了业内人士所说的“飞单”。

天猫推出的支付宝POS机为家居生产商和品牌商的“飞单”提供了便利，客户完成线下体验后利用支付宝POS机直接完成支付，不经由居然之家等家居卖场统一收银。天猫将本属于卖场的资金引流至自己的账户上，将卖场变成了自家的线下品牌体验店。

2. 夹缝中的中小生产商和品牌商渠道选择考量

品牌商要考虑各个渠道带来的营业收入。影响收入的主要因素包括消费者体验、物流、品牌效应等。简单地说，消费者难以只凭借图片和文字描述在天猫商城完成购物活动。建材家居业侧重消费者的高频率接触和高价值体验，这显然是天猫无法满足的。天猫在物流和安装方面存在劣势。从天猫“双11”的销售情况也可看出，其销售的产品以服装鞋包、家纺、化妆品等对物流要求较低的产品为主。建材家居业对物流的要求远高于这些日常用品，一是产品属于大件重件，容易残缺或者损坏，对物流运输条件要求较高；二是物流成本由很多要素构成，涉及制造、运输、储存、保管、加工、包装、装卸、配送、安装等环节，需要各方的协调和合作。对于主要依靠第三方物流的天猫和强调安装的家居业，全国性物流和安装以及一些区域性配送和安装均难以实现。

居然之家等家居卖场虽然入驻成本较高，但其门店多，销售的规模优势和品牌优势明显。居然之家在全国已有70多家门店。每一家门店均涵盖了家装、建材、家具、家饰四大品类，300多个知名家具建材品牌，5万余种商品，真正让顾客享受到“一站式购齐”服务。其规模优势能带动入店的生产商和品牌商的销售范围从城市走向区域，从区域走向全国。同时，居然之家作为一个年销售额近百亿元的家居建材连锁零售巨头，在全国有上百个家具建材战略联盟品牌，“装房子，买家具，我只来居然之家”的广告语早已深入人心，其品牌效应高于天猫。

居然之家等家居卖场之所以能号令中小生产商和品牌商，正是源于其对中小生产商和品牌商的巨大诱惑力。特别是在一二线城市，卖场作为主流渠道，其地位尤为重要。伴随着行业的产能过剩，大部分中小生产商和品牌商无法自行化解因大环境变化、管理成本变化带来的生存压力。这种由诱惑力演变而成的控制力只会增强，不会减弱。居然之家等家居卖场之所以敢对抗天猫，正是基于此，也基于在家居销售这个细分市场，天猫和大型家居卖场实力的巨大差距。

3. 与猫“共舞”

2018年，天猫以54.53亿元投资居然之家，持股15%，双方达成新零售战略合作，表示将运用各自优势。合作后，居然之家进行了一场大刀阔斧的数字化改造。

改造后，消费者走进居然之家门店，迎面便是一块具备展示、搜索、交互功能的大型智慧导购屏。消费者可按风格、生活方式等目录搜索产品。在详情页上，产品品牌所在店铺位置一目了然，消费者既可以按图索骥，也可用手机扫描二维码，直接收藏店铺。在楼层的体验区内，还有一个憨态可掬的导购机器人，如果消费者上前问一句“我想买沙发”，机器人马上就推送具体的店铺位置。所有导购员手中多了一台 iPad，下单、收银用 iPad 就可完成，还可以配合它来给顾客介绍产品，图片视频结合更加直观。

在天猫的帮助下，居然之家掌握了过往难以统计的数据，消费者的一举一动都能被“看”到，包括实时客流、会员画像、人均停留时长、产品热度、品牌交易情况等。这些数据将成为利益相关者调整产品品类，制定营销决策的依据。

问题：

1. 你是否认同天猫和居然之家等企业相斗的合理性，为什么？
2. 你预期未来二者之间的合作关系会如何发展？

本章小结

1. 渠道战略联盟强调的是制造商与渠道成员间持续的和相互的支持关系，目的是建立更加主动的团队、网络或者渠道伙伴的联盟。在这种渠道战略联盟中，传统的“我们—他们”观念已经被“我们”所取代。

2. 渠道控制是一个渠道成员对另一个渠道成员的行为与决策变量成功施加影响的过程。渠道控制的本质是对渠道成员（组织）的行为进行控制，同时也是一种跨组织控制、相互控制（或交叉控制）和结果导向的行为过程。

3. 长期导向的渠道关系将使渠道双方获得持续的竞争优势和较多的长期利益，而渠道生命周期的短期化则意味着交易费用上升和渠道效率降低。许多成功的企业，如宝洁与沃尔玛，都在努力构建以关系规范为核心的、稳定的渠道关系。

思考题

1. 如何解决渠道冲突？
2. 如何加强渠道内部各成员间的协调与合作？
3. 渠道控制的方式主要有哪些？
4. 如何认识渠道的生命周期管理？

第9章
管理渠道物流

学习目标

- 掌握物流的功能。
- 理解物流管理过程是一个寻求整体效果最优的系统工程。
- 了解主要的物流决策。
- 了解配送管理的内容。

引　例

新冠肺炎疫情期间中国快递服务质量大幅提升

国家邮政局发布的《2020年2月中国快递发展指数报告》称，中国快递服务质量指数比上年同期实现大幅增长，增幅达到80.1%。

在新冠肺炎疫情期间，快递业对救灾运输、支撑电商和居民基本生活必需品的保障作用得以充分彰显。京东物流联手多家企业打通高效救援供应链，通过蔬菜专线、生鲜绿色通道、平价菜直配等寄递新模式，有效缓解农产品滞销与城市农产品供给不足的双重难题。

有三个因素促进了快递服务质量指数的提升。一是快递从业人员不辞辛苦，赢得了消费者的普遍支持与尊重；二是京东物流、邮政、顺丰等企业在新冠肺炎疫情期间一直保持正常运营，在特殊情况下实现了整体服务不断网，时效有保证。三是无人配送在业内大力推广，综合运用定点投递、预约投送、代收驿站、智能快件箱等新型收投方式，最大限度减少人员接触，保障用户与从业人员的人身安全。

资料来源：https://baijiahao.baidu.com/s?id=1660762316396925725&wfr=spider&for=pc.

营销渠道承载所有权流、物流、信息流、促销流等功能。每条流均对营销渠道功能的实现有重要作用。其中，高效的物流对国家经济的发展有推动和稳定的作用。东南亚金融危机之后，有关专家通过分析和总结东南亚各国的情况发现，以物流产业为重要支柱的新加坡有较强的抵御经济危机的能力。在新冠肺炎疫情期间，我国国内大到成千上万吨的应急物资运输，小到百姓餐桌上的一饭一果一蔬，快递业都发挥了积极的抗疫情、保民生的作用。

企业无论使用哪种类型的分销渠道，都必须负责向中间商或最终消费者供应实体产品，即完成商品的实体分配。实体分配也就是通常所说的“物流”，是指商品从供应方到需求方的物理空间移动，包括存货、运输等环节。通过物流活动，企业为顾客提供了时间和空间效用。

现代物流管理在企业营销管理中占据着越来越重要的地位，一方面，现代企业的规模越来越大，其产品市场扩展至全国乃至全世界，大大提高了物流管理的难度和成本；另一方面，随着企业间竞争的激化，顾客对服务的要求越来越苛刻，而物流提供的送货服务正是其中一个非常重要的环节。换言之，顾客现在不仅对商品品种、质量、数量、价格有很高的要求，而且对送货时间、送货地点也有精确的要求。

第1节　渠道功能流诸要素

在第1章，我们简要地说明了营销渠道承载的功能。下面以超市的洗发水为例说明渠道的具体功能。洗发水产品的营销渠道主要包括如下功能：（1）经销商收集营销环境中有关洗发水的潜在顾客、现有顾客、竞争者、其他参与者和力量的信息；（2）经销商会定期发布和传播优惠信息以刺激购买；（3）经销商会购买公司产品，从而影响所有权或占有权的转移；（4）经销商会持续向制造商下订单；（5）经销商承担各级营销渠道的库存费用；（6）经销商会承担与开展渠道工作相关联的风险；（7）经销商会将洗发水配送至超市柜台，或者直接运营超市的相关货柜。

从上面的介绍可以看出，如果将这些流程都叠加在一个图中，简单的营销渠道也会变得极为复杂。我们可适当归纳和简化。菲利普·科特勒认为营销渠道执行了下述一系列功能：信息收集、促销、谈判、订货、融资、风险承担、占有实体、付款和所有权转移。其中，一部分职能（所有权转移、促销）构成了从企业到顾客的前向流程（forward flow）；另一部分职能（订货和付款）构成了从顾客到企业的后向流程（backward flow）；还有一些其他职能（信息收集、谈判、融资、风险承担）在两个方向均有发生。下面基于科特勒的五项基本功能框架（如本书第1章图1-6和图1-7所示）简要介绍渠道基本功能。

第一，所有权交易流。渠道所有权的转移基本上是按照“供应商→制造商→销售商→消费者”这一路径进行传递。其中，有些权力依据不同的身份会有所不同，例如代理权并不过多地涉及商品的所有权，经销商则涉及更多份额的所有权持有。

第二，产品实体转移流。消费者和企业发生基本关系的载体便是产品，本章将对渠道物流的本质和功能构成做系统介绍。

第三，信息流。渠道的正常运转需要信息不断地流转。信息与物流等要素的密切配合直接关系到这些功能的执行。信息流的内容包括信息系统的构建，信息如何基于一定的机制顺畅流动。本书将在第 10 章对此进行系统介绍。

第四，促销流。促销是产品销售的重要推力。经销商在促销功能的执行过程中承担重要角色，甚至可以说，促销是基层经销商唯一的运作空间，因为对于它们而言，其他渠道策略和空间均已设计完毕，自己可改变的空间有限，而促销的努力程度直接关系到企业的销售额和自身的收益。经销商的促销策略包括和广告商洽谈、赠品分发等。

第五，支付流。随着产品或服务在渠道商之间的传递，应收或应付账款等支付问题便自然产生，这些问题直接关系到渠道是否顺畅。以往，经常有应收账款大量产生导致经销商破产的事件，后来成了网站借助缩短应收账款周期吸引经销商入住的切入点。

第 2 节　物流与营销渠道

营销渠道中的大多数成员会涉及物流活动，物流虽然开始于供应商与生产商，但有效的物流需要整个营销渠道的参与。

一、什么是物流

“物流”（physical distribution）一词最早出现在美国。目前，国内对物流最基本的定义是：物流是指物质实体从供应者向需要者的物理转移，它由一系列创造时间和空间效用的经济活动组成，包括运输（配送）、保管、装卸、包装、流通加工及物流信息处理等多项基本活动，是这些活动的统一。

物流概念中的“物”，广义地讲，指的是一切有经济意义的物质实体，即指商品生产、流通、消费的物质对象。既包括有形的物，又包括无形的物；既包括生产过程中的物质，如原材料、零部件、半成品及成品，又包括流通过程中的商品，还包括消费过程中的废弃物品。物流概念中的“流”，指的是物质实体的定向移动，既包括空间位移，又包括时间延续。

物流包括许多具体活动，方式多种多样，不管用什么样的方式进行什么样的物流活动，都需要具备以下三个最基本的要素，即流体、载体和流向。

（一）流体

流体指物流中的物。因为物流的目的是实现物从供应者向需求者的流动，因此，总有一部分物要不断地存在于过程中，这也是流的前提，是流的一种形式。当然，所有的物终究都要经过运输等形式实现空间上的移动。因此，总的来说，物处于不断流动的状态。

（二）载体

载体指流体借以流动的设施和设备。载体分为两类：一类是基础设施，如公路、铁路、水路、港口、车站、机场等；另一类是直接承载并运送流体的设备，如车辆、船舶、飞机、装卸搬运设备等。物流载体的状况，尤其是物流基础设施的状况直接决定物流的质量、效率和效益。

（三）流向

流向指物体从起点到终点的流动方向。物流的流向有两种：一是自然流向，指根据产销关系决定的商品的流向，这表明一种客观需要，即商品要从生产者流向消费者；二是市场流向，指由市场供求规律决定的商品流向。二者有时是统一的，有时并不完全一致。

物流的流体、载体和流向三要素之间有极强的内在联系，如流体的自然属性决定了载体的类型和规模，流体的社会属性决定了流向，载体对流向有制约作用，载体的状况对流体的自然属性和社会属性均会产生影响。因此，进行物流活动要注意处理好三要素之间的关系，否则就会使物流成本提高、服务质量降低、效益低下、效率下降。

二、物流与利润

长期以来，人们都习惯把创造利润的焦点放在生产领域，因此产生了“第一利润源泉”和“第二利润源泉”之说。

第一利润源泉：节约物质资源。物质资源的消耗是实实在在的，也是最容易发觉并予以关注的。道理很简单，同样的产品，在原有的生产条件下，需要100元的物质消耗才能生产出来，如果有人用90元就生产出来了，自然可以获得更多的利润。

第二利润源泉：降低劳动消耗。在减少了物质消耗之后，在生产中进一步挖掘利润的最有效的方式便是提高劳动生产率，减少劳动耗费。在现有的社会生产水平及相同的劳动强度和条件下，当其他生产者平均10小时生产一件产品时，如果有人平均5小时生产同样一件产品，那么他就能在扣除成本之后获得更多的利润。

第三利润源泉便是物流。随着生产领域利润源泉的日益枯竭，人们开始在流通领域寻找新的利润增长点。正是在这一领域内深埋着一个“利润源泉”——物流，越来越多的人开始认识到这一点，以至于经济理论界将物流称为“企业脚下的金矿”“第三利润源泉”，物流也因此成为当前最重要的竞争领域。在未来的市场竞争中，通过提高物流效率和物流管理水平创造的优势将起到举足轻重的作用。

三、物流的功能

物流的功能可以分为主要功能和辅助功能。如果将物流体系比作一座大桥，那么，构成其筋与梁的就是储存、运输与配送这三个功能。

（一）储存

在社会生产与消费大量分离的时代，总会存在生产与消费或供给与需求的时间差，或在等待转运中，或现时用不上、用不了，要留待以后用的东西。如何在这期间妥善地保持物质实体的有用性，是物流中储存功能要解决的问题。

储存功能是物流体系中唯一的静态环节，相当于物流体系的一个节点。在这里，物质实体在化解其供求时间上的矛盾的同时，也创造了新的时间上的效用（如时间上的差异等）。因此，储存功能相对于整个物流体系来说，既有缓冲与调节的作用，也有价值创造与增效的作用。

（二）运输

运输是国民经济的命脉。任何跨越空间的物质实体的流动都可以称为运输。在物流体系的所有动态功能中，运输功能是核心。

运输功能实现的是物质实体由供应地点向需求地点的移动。运输功能的发挥解决了需要的东西不在身边这一问题，可创造地点效用。从社会经济的角度看，运输功能的发挥缩短了物质交流的距离，扩大了社会经济活动的范围，实现了在此范围内价值的平均化、合理化。

（三）配送

配送是物流体系中由运输派生出来的功能。配送是短距离、多点的频繁送货，特别强调品种组合和时效性。

在由储存、运输和配送构建的物流体系主体框架中，还存在着诸多辅助性的功能，它们也是物流中不可或缺的部分。具体包括如下功能：

（1）包装。人们通常以为，包装是指产品等物质实体的“衣服”，只是对其中的物质实体起着美化作用。其实，物流体系中的包装功能是生产过程向流通或消费领域的延伸。包装同时发挥着对物质实体的保护作用和美化商品、便利消费的促销作用。

（2）装卸搬运。如果说储存功能是静态的，运输与配送功能是平面的，那么，装卸搬运功能则是动态的、立体的。装卸搬运的过程中，既有同一地域（一般是库、场区）内的前后、左右的搬与运，也有上上下下的装与卸。

（3）流通加工。流通加工实际上是发生在流通领域的生产过程，主要作用是直接为流通，特别是为销售服务。加工方式也是多种多样的，如零部件的组合、形体上的分割或附加各种标识。

（4）信息处理。伴随物流活动的各个环节，必然会产生大量的信息需要及时收集和处理，这一点对提高物流的效率和服务质量至关重要。

四、物流和营销渠道的关系

物流是渠道中唯一向渠道成员提供时间效用和地点效用的环节。物流和渠道的战略重点均是从顾客服务转向顾客满意。物流战略要以长期为导向。物流管理过程是一个寻求整体效果最优的系统工程。

（一）物流活动的产出——服务

物流的功能和其在商品流通中的地位决定了物流的基本任务之一是为商品购销活动服务。因此，物流的基本产出即为物流服务，理想的物流服务需满足适当的质量、适当的数量、适当的时间、适当的地点、好的印象和适当的价格等要求。

企业可以通过发展与渠道成员之间紧密的人际关系获得竞争优势，这样企业也更能在适当的时间传递适当的产品，进而提高顾客服务水平和获得优质的物流绩效。

（二）物流活动的投入——成本

在物流过程中，为了提供有关的服务，开展各项业务活动，必然要占用和耗费一定的活劳动和物化劳动，这些活劳动和物化劳动的货币表现即为物流成本，也称为物流费用。物流成本包括物流各项活动的成本，如商品包装、运输、储存、装卸搬运、流通加工、配送、信息处理等方面的成本与费用，这些成本与费用之和构成了物流的总成本。

适当的成本是市场的要求，它决定了顾客最终在多大程度上愿意购买产品。然而，成本不是在渠道中均匀分配的，这也成为渠道冲突产生的一个根源。

（三）寻找产出与投入的平衡点

降低物流成本和提高服务水平是物流管理所肩负的两大使命，正确处理和协调两者之间的关系是物流管理的核心。在制定各项物流决策时，企业通常考虑的重点是如何降低成本，因为随着产品数量的增长和市场地理范围的扩大，物流成本呈加速提高的趋势。

然而，降低成本不是目的，促进销售才是目的。许多用户在选择供应商时，很重要的一项标准就是供应商能否提供完善的服务。例如，能按时供货、交货速度快，并提供紧急发货等。这些服务有时看上去增加了企业运营成本，但由于企业服务周到，能吸引更多的用户，实际上促进了销售。

由于物流决策包括成本和利润两个指标，所以对备选方案的评价应以能够获得多少利润为基础。如某企业试图开展快速送货业务，必将增加费用，但同时扩大了销售量，那么，只要扣除成本后仍有利可图，就值得一试。所以，企业应对不同的物流备选方案进行权衡，采用利润最高的方案。

（四）物流管理的营销目标——促进销售

物流是竞争性营销的有力工具。企业通过改进物流系统，提供更好的服务或降低成本，可以吸引更多的顾客，获取竞争优势，甚至形成公司的核心竞争力；反之，企业提供的物流服务差，则可能失去顾客。所以，在物流决策中，不能只局限于投入产出的权衡，更要从获取竞争优势、促进整体销售的角度考虑。

设计物流系统，首先要研究顾客需要什么和竞争者提供什么。不同顾客对不同服务要求的标准不一。例如，对复印设备购买者来说，维修服务的时间特别重要。公司在确定自己的服务标准时，需参照竞争者的做法，一般要求提供至少与竞争者水平相当的服务，但目标应该是利润最大化，而不是销售额最大化。公司必须考虑在提供较高水平的服务时所产生的费用：有些公司提供的服务很少，相应的产品售价也很低；有些公司提供的服务比竞争者多，但价格也定得很高，以便抵补它们的成本。另外，公司还须确定物流各环节的目标费用，以指导各环节的决策。在制定了一系列物流目标后，公司就可以着手设计一个物流系统，并以最小的成本达到这些目标，从而得到企业的最佳物流策略组合。

营销视角

1 元快递要提价，是否服务水平也会提升？

在人们普遍认为一份快递的单价在 10 元左右时，浙江义乌的快递费却是“一元包邮”。1 元快递显然不能摊平成本，快递的成本包括面单、派费、人工、基础设施等。但义乌作为价格洼地对周边乃至全国形成虹吸效应——快递在此发货，一方面拉高了快递公司业务量；另一方面，对于快递公司的全国网络来说，义乌的亏损分摊到全国网点，依旧是一门赚钱的生意。

很多消费者已习惯了购买快递费近似于无的义乌商品。看在快递费低的份上，消费者事实上容忍了很多以低价进入市场的快递公司提供的相对糟糕的服务。但随着多家快递公司在政府的要求下规范定价和考虑自身成本，快递单票价格拉升至最高约 1.5 元。消费者是否还能容忍配送慢的快递，不送货上门的快递，包装破损的快递？

资料来源：涨价烧至双十一 义乌快递告别“一元包邮”. https://baijiahao.baidu.com/s?id=1714721086560641017&wfr=spider&for=pc.

第3节 物流管理的主要决策

一、物流管理的流程和决策思路

（一）物流管理的流程

本部分主要以物流中比较重要的配送中心为例来说明物流管理流程。一般来说，物流的配送中心执行如下作业流程：进货→验收→入库→存放→标示包装→分类→出货检查→装货→送货。归纳起来，配送中心的作业管理主要有进货入库作业管理、在库保管作业管理、加工作业管理、理货作业管理和配货作业管理。

1. 进货入库作业管理

进货入库作业主要包括进货、验收和入库三个流程。配送中心应做好如下准备：及时掌握客户计划中或在途中的进货量、可用的库房仓位、装卸人力等情况，并及时与有关部门、人员进行沟通。验收活动包括核对采购订单与供货商发货单是否相符，开包检查商品有无损坏，查验所购商品的品质与数量等。经检查准确无误后方可在厂商发货单上签字并将商品入库，同时及时登记有关入库信息转达采购部，经采购部确认后开具收货单，使已入库的商品及时进入可配送状态。

2. 在库保管作业管理

商品在库保管的主要目的是加强商品养护，确保商品质量安全，同时还要加强储位合理化管理和储存商品的数量管理。商品储位可根据商品属性、周转率、理货单位等因素确定。储存商品的数量管理则需要依靠健全的商品账务制度和盘点制度。商品储位合理与否、商品数量管理精确与否将直接影响商品配送作业的效率。

3. 加工作业管理

加工作业管理主要指对即将配送的商品或半成品按销售要求进行再加工，包括：（1）分割加工，如对大尺寸产品按不同用途进行切割；（2）分装加工，如将散装或大包装的商品按零售要求进行重新包装；（3）分选加工，如对农副产品按质量、规格进行分选，并分别包装；（4）促销包装，如促销赠品搭配；（5）贴标加工，如粘贴价格标签，打制条形码。加工作业完成后，商品即进入可配送状态。

4. 理货作业管理

理货作业是配货作业中最主要的前置工作。即配送中心接到配送指示后，及时组织理货作业人员，按照出货优先顺序、储位区域、配送车辆趟次、门店、先进先出等把配货商品整理出来，经复核人员确认无误后，放置到暂存区，准备装货上车。

5. 配货作业管理

配送作业过程包括计划、实施、评价三个阶段。

（1）制订配送计划。配送计划是根据配送的要求，事先做好全局筹划并对有关职能部门的任务进行安排和布置，包括制订配送中心计划、规划配送区域、规定配送服务水平等。制订具体的配送计划时应考虑以下几个要素：客户的远近及订货要求，如品种、规格、数量及送货时间、地点等；配送的性质和特点以及由此决定的运输方式、车辆种类；现有库存的保证能力；现时的交通条件等，以决定配送时间，选定配送车辆，规定装车货物的比例和最佳配送路线及配送频率。

（2）实施配送计划。配送计划制订后，需要进一步组织落实，完成配送任务。首先应做好准备工作。配送计划确定后，将到货时间、品种、规格、数量以及车辆型号通知各门店做好接车准备；同时，向各职能部门，如仓储、分货包装、运输及财务等部门下达配送任务，各部门做好配送准备，然后组织配送。理货部门按要求将各门店所需的各种货物进行分货及配货，使用适当的包装并详细标明门店名称、地址、送达时间以及货物明细，按计划将各门店货物组合、装车，运输部门按指定的路线运送至各门店。如果门店有退货、调货的要求，则应将退换商品随车带回，并完成有关单证手续。

（3）配送作业的评价。主要包括对配送费用管理、配送效率管理、司机劳务管理等的评价。

（二）物流管理的决策思路

每一个可能的物流分配系统都包含了下式所表示的费用：

$$C=T+FW+VW+S$$

式中：C——物流的总成本；

T——物流中的运输成本；

FW——物流中的固定仓储成本；

VW——物流中的变动仓储成本（主要是存货成本）；

S——由于缺货导致交货延误而失去订单或影响商誉引起的成本。

从这一总成本公式中可以看出物流决策主要解决两方面的问题，即配送决策和库存管理与控制。或者进一步引申，物流的相关决策目标主要为，在提升顾客满意度的前提下努力提升效率和降低成本。下面详细介绍物流系统设计中的这两个主要决策。

二、配送决策

（一）运输决策

市场营销人员需要对公司的运输决策加以关注，因为运输方式、运输路线的选择都将影响物流成本从而影响商品定价，能否准时送货以及商品抵达时的损耗情况等又将影响顾客的满意度。

1. 运输方式决策

在将商品运往仓库、中间商和顾客的过程中，公司可从五种运输方式，即铁路、公路、水路、航空和管道运输中进行选择。随着我国交通状况的大幅改善，运输能力有了极大提高（如表 9－1 所示），企业在选择物流方式时有了更多选择。

表 9－1　2020 年各种运输方式完成货物运输量及其增长速度

指标	单位	绝对数	比上年增长（%）
货物运输总量	亿吨	463.4	－0.5
铁路	亿吨	44.6	3.2
公路	亿吨	342.6	－0.3
水运	亿吨	76.2	－3.3
航空	万吨	676.6	－10.2
货物运输周转量	亿吨公里	196 618.3	－1.0
铁路	亿吨公里	30 371.8	1.0
公路	亿吨公里	60 171.8	0.9
水运	亿吨公里	105 834.4	－2.5
航空	亿吨公里	240.2	－8.7

资料来源：https://baijiahao.baidu.com/s?id=1692939013459925576&wfr=spider&for=pc.

物流决策人员在为某一特定产品选择运输方式时，需要综合考虑运输速度、频次、安全性、容量、有效性和费用等，并根据公司经营的侧重点综合考虑。如果货主追求快速运输，那么航空和公路就成为主要选择；如果目标是成本最低，那么水路和铁路就成为主要选择。

在选择运输方式时，货主还可以在私人运输、契约运输和公共运输中作出决策。如果货主自己拥有卡车和飞机，就是私人运输；契约运输是指提供运输服务的组织按照契约向其他组织提供服务，如 UPS 等大型公司专门承担这类运输服务；公共运输是按时刻表在预先规定的地点之间提供服务，对所有货主都按标准的价格收费，如海运中的班轮运输。

营销视角

跨境电商的物流选择

新冠肺炎疫情以来，由于跨境电商需求的快速增长，相应的跨境物流也开始火热起来。美国主要的电商销售平台是亚马逊。国内企业要想在亚马逊销售，在进入国外亚马逊的平台仓库之前，物流运输由中国的跨境物流公司负责。新冠肺炎疫情以来，整个行业的运价持续上涨。海运运价比疫情之前上涨了 8～10 倍。现在海运费用占亚马逊卖家成本的很大一部分。对卖家，以前的物流成本可能占 20%，现在达到 30%～40%。因此卖家在选择物流公司时，价格是最关键的因素之一。但是卖家同时也会追求时效性，这就看卖家如何去平衡成本。

到美国只能通过拥堵的海运或者昂贵的空运，而中欧运输则多了陆上的选择。现在做欧洲业务的电商客户可能会更多选择铁路和卡航。所谓卡航，实际上就是卡车运输，物流公司认为其具有“航空运输一般的时效性和稳定性”。卡航比火车贵一点，但时效有保障，运货到德国 25 天左右，但铁路会受到发班时间的限制。铁路比海运要快，比空运慢；价格跟海运差不多，比空运低。

资料来源：https://baijiahao.baidu.com/s?id=1711838026434511184&wfr=spider&for=pc.

2. 运输路线决策

决定运输路线与选择运输方式是两项同时进行的运输决策。选择运输路线的一般原则是：货物运达用户的时间最短；尽可能缩短运输总里程，避免迂回或相向运输；选定的运输路线应首先确保较大的用户得到较好的服务。

选择合理的运输路线对产品流通范围广、用户分散的企业尤其重要。此外，在区域内，短途、多用户的频繁配送业务的运输路线规划也是一项重要决策。对运输路线的选择可使用运筹学等数学方法确定最佳方案。但数学方法不是绝对的，并不排除企业与顾客协商，以寻求更为合理的方案。企业可在上述原则的基础上采取以下各项措施：

（1）有计划地定时定路线运输或送货。运用线性规划等技术可计算出最佳巡回路线。对接受这一方案的用户可给予优惠。

（2）在消费地设置自有的送货中心，或委托该地专业储运公司、大型批发企业代办运输业务，厂商将货物直接运给它们，再由它们配送给分散的用户。

（3）中小企业组织起来建立运输联合体，集中运输职能，集中小额订单，争取合并装载，沿途分头卸货。

（4）调整企业的营销渠道，重新划分销售区域，改变仓库地址，以求运输路线合理化。

（5）区分不同地点、不同运输方式、不同订货批量，制定差别收费标准，利用物流成本意识，引导本企业营销部门的销售和顾客的采购，实现最佳运输组合。

（二）运输成本决策

配送管理的关键是在顾客服务水平与配送成本之间寻求平衡：在一定的配送成本下尽量提高顾客服务水平，或在一定的顾客服务水平下使配送成本最小。降低配送成本主要有基于技术层面的控制和基于管理策略层面的控制两个思路。

1. 基于技术层面的控制

基于技术层面的配送成本控制主要包括以下几个方面：

(1) 加强配送的计划性。加强配送计划性的意义在于避免临时配送、紧急配送或计划外的随时配送带来的配送成本增加。这就需要制定健全的分支机构配送申报制度或完善连锁门店的POS、EOS（企业操作系统）系统，以便配送中心及时掌握各门店的存货情况，并及早制订配货计划。对鲜活商品，需要实行定时定量申请、定时定量配送制；对普通商品，则应根据各门店的实际情况确定合适的存货量，然后依此确定合理的订货周期，由配送中心综合考虑协调，建立定期申请、定期配送制度。对于配备了POS、EOS系统的连锁门店，在订货处理上相对主动，各门店应根据自身的实际情况确定订货点，即需订货时的存货水平。一般来说，订货点存货量等于门店从订货到收货期间的销售量加安全存货量再加上货架上的基础存货量，当存货水平降到这一水平时，就要考虑向配送中心订货了。

(2) 确定合理的配送路线。配送路线直接影响配送的速度和成本。确定配送路线的方法主要有综合评价法、线性规划法、网络图法和节约里程法等，目的无非是实现最大限度的里程节约、合理的车辆配载和配送时效。

(3) 实现合理的车辆配载。不同品种的商品在包装形态、储运性能、物理密度上差别较大，因此，在车辆配载时应注重实重商品与轻泡商品的组合搭配，既要充分利用车辆的载重能力，又要充分利用车辆的有效体积。通常，在已知两种商品密度和体积的情况下，通过解二元一次方程，可以得出两种商品的经济配载数量，但在实际操作中往往过于复杂。可考虑两种简化的方法：一是大类组合法，即将要配载的商品按体积和密度分成若干类别，从中选出密度最大和最小的两种，利用二元一次方程手工计算配装数量；二是利用计算机，将商品的密度、体积及车辆的技术指标储存起来，当配装时输入将要配装的全部商品的编号，由计算机输出配装方案。

2. 基于管理策略层面的控制

基于管理策略层面的控制方法主要有以下几类：

(1) 混合策略。混合策略指配送业务一部分由企业自己完成，另一部分外包给第三方物流公司完成。这种策略的基本思想是，尽管采用纯策略（即配送活动或者全部由企业自己完成，或者完全外包给第三方物流公司完成）易形成一定的规模经济，并使管理简化，但由于产品品种多、规格不一、销量不等或其他情况，采用纯策略的配送方式超出一定程度后反而不能形成规模经济。而采用混合策略，合理安排企业自己完成的配送和外包给第三方物流公司完成的配送，能使配送成本最低。例如，美国一家干货生产企业为满足遍及全美的 1 000 家连锁店的配送需求，建造了 6 座仓库，并拥有自己的车队。随着业务的发展，企业决定扩大配送系统，计划在芝加哥投资 700 万美元再建一座新仓库，并配以新型的物流处理系统。董事会讨论该计划时发现，这样做不仅成本较高，而且仍然满足不了需求。于是，企业把目光投向租赁公共仓库。结果发现，如果企业在附近租用公共仓库，增加一些必要的设备，再加上原有的仓储设施，企业所需的仓储空间就足够了，且总投资只需 20 万美元的设备购置费、10 万美元的外包运费，再加上租金，远未到 700 万美元。

（2）差异化策略。差异化策略的指导思想是：产品特征不同，顾客服务水平也不同。当企业拥有多条产品线时，不能对所有产品都按同一标准的顾客服务水平来配送，而应按产品的特点、销售水平确定不同的库存、不同的运输方式以及不同的储存地点。忽视产品的差异性会增加不必要的配送成本。例如，一家生产化学品添加剂的公司，为降低成本，按各种产品的销售量比重进行分类：A 类产品的销售量占总销售量的 70%以上，B 类产品占 20%左右，C 类产品则为 10%左右。对 A 类产品，公司在各销售网点都备有库存，B类产品只在地区分销中心备有库存而在各销售网点不备库存，C 类产品连地区分销中心都不设库存，仅在工厂的仓库才有存货。经过一段时间的运行，证明这种方法是成功的，企业的配送总成本下降了 20%。

（3）合并策略。合并策略包含两个层次，一是配送方法上的合并；二是共同配送。配送方法上的合并指企业在安排车辆完成配送任务时，充分利用车辆的容积和载重量，做到满载满装。由于产品品种繁多，不仅包装形态、储运性能不一，在容重方面也往往相去甚远。一辆车如果只装容重大的货物，往往是达到了载重量，但容积空余很多；只装容重小的货物则相反，看起来车装得很满，实际上并未达到车辆载重量。这两种情况都造成了浪费。实行合理的轻重配装、容积大小不同的货物搭配装车，既可以达到满载，又能充分利用车辆的有效容积，取得最优效果。共同配送是一种产权层次上的共享，也称集中协作配送。它是几家企业联合起来集少量为大量，共同利用同一配送设施的配送方式，其标准运作形式是在中心机构的统一指挥和调度下，各配送主体以经营活动或资产为纽带联合行动，在较大的地域内协调运作，共同对一个或几个客户提供系列化的配送服务。

（4）延迟策略。在传统的配送计划中，大多数库存是根据对未来市场需求的预测设置的，存在一定的预测风险，当预测量与实际需求量不符时，就会出现库存过多或过少的情况，从而增加配送成本。延迟策略的基本思想就是对产品的外观、形状及其生产、组装、配送应尽可能推迟到接到顾客订单后再确定。一旦接到订单就要快速反应，因此采用延迟策略的一个基本前提是信息传递速度非常快。一般来说，实施延迟策略的企业应具备以下几个基本条件：1）产品特征：模块化程度高、产品价值密度大、有特定的外形、产品特征易于表述、定制后可改变产品的容积或重量；2）生产技术特征：模块化产品设计、设备智能化程度高、定制工艺与基本工艺差别不大；3）市场特征：产品生命周期短、销售波动性大、价格竞争激烈、市场变化大、产品的提前期短。实施延迟策略常采用两种方式：生产延迟（或形成延迟）和物流延迟（或时间延迟）。具体操作中，常常在诸如贴标签（形成延迟）、包装（形成延迟）、装配（形成延迟）和发送（时间延迟）等领域实施。如美国一家生产金枪鱼罐头的企业就通过采用延迟策略改变配送方式，降低了库存水平。这家企业为提高市场占有率曾针对不同的市场设计了几种标签，产品生产出来后运到各地的分销仓库储存起来。由于顾客偏好不一，几种品牌的同一产品经常出现某种品牌畅销而缺货，另一种品牌却滞销压仓的现象。为解决这个问题，该企业改变以往的做法，在产品出厂时都不贴标签就运到各分销中心储存，当接到各销售网点的具体订货要求后，才按各网点指定的品牌标志贴上相应的标签，这样就有效地解决了缺货或压仓的问题，降低了库存。

（5）标准化策略。标准化策略就是尽量减少因品种多样而导致附加配送成本的问题，并尽可能多地采用标准零部件、模块化产品。如服装制造商按统一规格生产服装，直到顾客购买时才按顾客的身材调整尺寸大小。采用标准化策略要求厂家从产品设计开始就要站在消费者的立场去考虑怎样节省配送成本，而不要等到产品定型生产出来后才考虑。

三、库存管理与控制

企业在经营中，一般不可能将产品全部从生产车间直接运给客户，而是需要在商品待售期间将其储存起来。储存功能的产生，在于生产和消费所需的时间周期很少一致，这一点在农产品的生产和消费过程中表现得尤为明显。大部分农产品的生产都是季节性的，而对农产品的需求在一年中却是持续不断的。储存功能帮助企业解决了商品生产和消费在预期数量和时间上的背离问题。库存管理与控制包含两方面的内容。

（一）库存决策

库存决策包括决定仓库的地点、数量、类型（即是自建、购买还是租赁仓库）、设备条件以及费用的协调处理等。

仓库的地点选择是一个很难处理的决策问题，因为有许多变动因素影响库址的选择，而选择的标准只有一个，即是否有利于增加企业的利润。因此，企业必须考虑向顾客发货的运费和顾客所要求的服务等。

运输费用由全部运输量乘以运输里程和单位运价确定。运量越大，路线越长，单位运价越高，运输费用越高。

顾客对服务的要求中最关键的因素是从发货人接到订单，到订货人收到商品的时间，这个时间的长短主要取决于运输方式和运输距离。例如，顾客要求两日内收到货物，而卡车每日行驶400公里，那么，商品的运输里程就必须在800公里以内，才能按指定时间把货运到。换言之，仓库的地址到顾客所在地的距离应在800

公里以内。

存货控制是物流管理的另一要点。企业营销部门极力争取获得对存货控制的决策权，它们对提高顾客服务水平和满意度水平负有责任。可把存货决策看作一种创造需求的工具，因为顾客在选择供应商时考虑的主要因素之一就是供应商是否备有充足的存货，能否使其订单很快得到妥善的处理。因此，企业的市场营销人员总是希望能答应顾客立即处理订单的要求，并以最快的速度完成送货。

但维持大量存货对公司来说在经济上是不合算的。当对顾客订单的回应水平趋近 100%时，存货成本将快速增加。管理者应该了解，因此而增加的销售量和利润是否足以抵偿较高存货所带来的成本，并在考虑成本与服务的平衡的基础上制定存货决策。

（二）存货控制决策

存货控制的两个最基本的决策是何时进货和进多少货，即订货点和订货量的决策。

存货量总是在当期内随着对存货的提取而降低。管理者需要决定当库存下降到什么水平时就必须发出新的订单，以避免完全缺货。这个库存水平就称为订货（或重新订货）点。订货点为 20，是指当库存的商品下降到 20 个单位时就必须发出订单，以保持应有的存货水平。

订货点取决于订货前置时间、使用率、服务水平以及其他因素。订货前置时间是指自订货单发出到接到货物所需要的平均时间；使用率是指在某一段时间内顾客的平均购买量；服务水平是指企业希望依靠存货完成顾客订单的百分比。显然，要求的订货前置时间越长、使用率和顾客服务水平越高，订货点相应也高；反之则低。假定顾客使用率（服务水平）或订货前置时间中任何一项或两项同时变动较大，则企业需要有较高的订货点，以避免缺货。也就是说顾客使用率和订货前置时间变动越大，订货点应越高，只有这样，才能达到一定的服务水平。一般把高于订货点的存货叫安全存货，而企业安全存货的大小取决于顾客服务水平与成本两项因素。

由此可见，订货点决策是寻找一个最低的存货水平（在保持一定顾客服务水平的前提下），当达到这一水平时，就必须发出新订单。在使用率高、订货前置时间长以及订货前置时间变动的条件下，要求的服务水平越高，则所需的订货点也越高。换言之，订货点取决于在缺货的风险和存货多导致的成本之间的平衡。

为对缺货的风险进行具体的评估，下面介绍缺货成本。缺货成本指由于存货供应中断而造成的损失，包括产品库存缺货造成的拖欠发货损失和丧失销售机会的损失，以及需要主观估计的商誉损失等。

订货量决策即进多少货。显然，每次订货量越大，购买频率就越低（即购买次数越少）。每次订货要支付订货费和送货费，存货量大会增加保管费和商品资金占压。因此，公司需在订货成本和存货成本之间权衡取舍。下面是三种基本的存货控制方法：

1. 定期订货方法

其计算公式为：

$$\text{订货数量}=\text{每日平均需要量}\times\left(\text{订货前置时间}+\text{间隔天数}\right)+\text{安全储存量}-\text{订货日实际库存}-\text{订货余额}$$

式中，间隔天数为本次订货与上次订货间隔的时间；订货余额为上次订货至本次订货前仍未到货的部分。

2. 定量订货方法

与定期订货方法不同，这种方法需要事先确定一个订货数量（订货量），当存货数量降至订货数量时，立即组织订货，订货时间不固定。其计算公式为：

$$\text{订货量}=\text{每日平均需要量}\times\text{订货前置时间}+\text{安全库存}$$

3. 经济批量订货方法

即寻找一个最佳订货量，使企业在与之相应的订购时间按此数量订购时，能达到订货与存货的总成本最低。有了经济订货数量后，企业可以很容易地找出最适宜的进货时间。经济批量订货也可用数学方法求得，其计算公式为：

$$Q'=\sqrt{2DS/(IC)}$$

式中：Q'——经济批量；

D——每年需要量（按单位计算）；

S——每次订货处理成本；

I——每年的存货维持成本占订货总成本的百分比；

C——订货总成本（按金额计算）。

考虑到需求、数量折扣、可变订货成本和存货占用成本等方面的变化，必须经常修订经济批量订货公式。

下面是有关几项成本的基本概念。

（1）经销商的订货成本。订货成本也就是订货处理成本，对于经销商和制造商来讲是不同的。经销商的订货成本是指每次从发出订单到收货、验货所发生的成本，如物品费用（订单表格等项支出）及差旅费、办公费等支出。订货成本中有一部分与订货次数无关，如常设采购机构的基本开支等，称为订货的固定成本，另一部分与订货次数有关，如差旅费、邮资等，称为订货的变动成本。不同企业对订货处理成本的估计有差异，是因为实际经营成本与所采用会计方法不同。

（2）制造商的订货成本。制造商的订货成本包括该产品的设备装置成本和营运成本。如果设备装置成本比较低，制造商就可以经常性地根据订单生产该产品，其单位生产成本会是一个常数且与营运成本几乎相等。如果设备装置成本较高，制造商则需要安排一个较长的生产周期，以降低每单位产品的平均成本。企业愿意采取大批量单一产品生产的方式，同时维持较高的成品库存。

（3）存货维持成本。订货处理成本必须与存货维持成本相比较。订货次数越少，平均库存量越大，存货维持成本越高。存货的维持成本大致可以分为以下四种：1）存货空间费用。保存商品需要控制温度、湿度、光线等，可以租赁设备，也可以自己提供，但无论是何种选择，都是存货越多，费用越高。2）资金占用成本。实际上，存货也是企业的一种投资，因此，当企业将资金用于存货时也就丧失了投资于其他方面获得收益的机会。存货占用的资金量越多，全部存货的资金成本也就越高。3）税金与保险费。企业的存货通常都需要购买保险，并支付税金。企业的存货越多，相应的税金与保险费金额也就越高。这部分存货维持成本也是企业在制定订货量决策时必须考虑的。4）折旧与报废损失。存货都有损坏、降价、报废等风险，尽管这项成本不易计算，但很显然，企业的存货量越多，此项成本也越高。

理解上述成本的概念及其在制定存货决策中的作用后，我们就可以依据商品类别制定相应的订货决策。可运用 ABC 控制法对企业商品结构进行分析。在一个存货量很大的企业中，有的品种价格昂贵，有的非常便宜；有的数量庞大，有的寥寥无几。如果主次不分，面面俱到，对每一种存货都进行周密的规划、严格的控制，就会抓不住重点，不能对存货进行有效的控制。所以，必须对企业的库存商品进行结构上的分类，对不同类别的商品采取不同的存货控制办法。

商品结构分析是指对企业库存中的各种商品进行销售量、储存量、销售毛利和储存费用等的相关分析。根据销售量的大小、商品单位价值的高低、重要程度、储存风险的大小、采购难易等情况，把企业库存商品分为 A、B、C 三类。一般来说，A 类商品是指存货种类虽少但占用资金多的商品，它的品种数量往往不到库存商品种类的 10%，其价值却占总储存价值的 70%以上。B 类商品的品种数量比重和价值比重大致相当，都是约占总量的 20%。C 类商品品种繁多，但价值低。各类商品因缺货或延误交货对企业声誉的影响程度也依次排定。

对 A 类商品，应采取重点管理、慎重采购、注意补货、控制库存的原则，定期订货、定量订货和经济批量订货三种方法都可运用。而经济批量订货方法也适用于 B 类和 C 类产品，只是依产品重要性不同，对经济批量控制的严格程度不同。

第 4 节　现代物流与供应链管理

随着物流理论与实践的发展，传统的物流渠道的概念也在演变。供应链和供应链管理的新概念更能适应生产、流通与消费之间日益紧密的联系，因此也产生了现代物流如何适应供应链管理发展的问题。

一、供应链的演进

供应链的发展大致经历了企业内部供应链、产业供应链或动态联盟供应链、全球网络供应链的过程。企业内部供应链在1960—1975年处于典型的“推式”时代，从原材料推到成品，直至客户。1975—1990年，企业开始集成内部资源，运营规则也从“推式”转变为以客户需求为源动力的“拉式”。进入20世纪90年代，工业化的普及使生产效率和产品质量不再是竞争的绝对优势，供应链管理逐渐受到重视。供应链管理是一种跨企业的协作，目的是追求和分享市场机会，它覆盖了从供应商的供应商到客户的客户的全过程，包括外购、制造分销、库存管理、运输、仓储、客户服务等。伴随全球一体化进程，出现了产业供应链，因为在全球化竞争环境下，任何一家企业都不可能在所有业务上成为最杰出者，必须联合行业中其他上下游企业，建立一条经济利益相连、业务关系紧密的行业供应链，实现优势互补，充分利用一切可利用的资源来适应社会化大生产的竞争环境，共同提高竞争实力。

这种广义上的供应链管理将各个企业独立的信息化孤岛连接在一起，建立一种跨企业的协作，以此来追求和分享市场机会。它通过互联网、电子商务把过去分离的业务过程集成起来，覆盖了从供应商到客户的全过程，包括原材料供应、外协加工和组装、生产制造、销售分销与运输、批发、零售、仓储和客户服务等，实现了从生产领域到流通领域一步到位的全业务过程。互联网、交互式Web应用以及电子商务的出现，将改变现有供应链的结构，传统意义的经销商将消失，其功能将被全球网络电子商务所取代，传统的多层供应链将转变为基于互联网的开放式的全球网络供应链。

二、现代物流

现代物流提出了物流系统化、综合物流管理的概念，并付诸实践。具体而言，物流系统化就是使物流向两头延伸，融入新的内涵，使社会物流与企业物流有机地结合在一起，从采购物流开始，经过生产物流，再进入销售物流。与此同时，要经过包装、运输、仓储、装卸、加工配送到达用户（消费者）手中。最后，还有回收物流。可以说，现代物流包含了产品从“生”到“死”的整个物理性的流通全过程。

同时，现代物流又是货物流、信息流、资金流和人才流的统一：商品运输由单一的传统运输方式变成多种运输方式的最佳组合，提高了运输效率，缩短了中间储存的时间，加速了商品流动，大大降低了运输成本，加快了商品使用价值的实现。以互联网络为平台的信息流极大地加快了物流信息的传递速度，为客户赢得了宝贵的时间。以快节奏的商流和先进的信息技术为基础的现代物流能够有效地减少流动资金的占用，加速资金周转，充分发挥资本的增值作用。

三、现代物流适应供应链管理新发展的做法

供应链管理正在不断发展，物流必须适应其发展。

第一，必须明确物流只是供应链的一部分，应主动适应供应链管理的发展。物

流原来的定义是为满足消费者需求而对原材料、中间库存、最终产品及相关信息从起始地到消费地的有效流动与存储进行计划、实施与控制的过程。美国物流管理协会修正了物流的定义，明确了物流只是供应链的一个组成部分，物流是指为满足顾客需求，对来源点到使用点的货物、服务及相关信息的有效率、有效益的流动和储存进行计划、执行与控制的供应链过程的一部分。供应链管理是指对供应链中的物流、商流、业务流、价值流、资金流和信息流进行的计划、组织、协调及控制。它是在社会化生产分工越来越细、产品生产日趋全球化的过程中提出的一种管理理念。它的目标是提高整个供应链运行的速度、效益及附加值，为整个供应链上的所有贸易伙伴带来经济效益。

第二，要应用现代物流技术融合信息流，使供应链管理更加科学。在信息时代，每天在全球范围内发生数以百万计的交易，每一笔交易的背后都伴随着物流和信息流。供应链上的贸易伙伴都需要这些信息，以便对产品进行发送、跟踪、分拣、接收、储存、提货以及包装等。在全球信息化高度发展的今天，物流与信息流的相互配合越来越重要。

物流技术是指与物流要素活动有关的所有专业技术的总称，包括各种操作方法、管理技能，如流通加工技术、物品包装技术、物品标识技术、物品实时跟踪技术等。当计算机网络技术应用普及后，物流技术中又综合了许多新技术，如条码技术、EDI（电子数据交换）、GPS（全球卫星定位系统）、GIS（地理信息系统）、RFID（射频识别技术）等。这些技术的应用促进了物流与信息流的有效结合。

第三，高质量服务和总体低成本的最佳平衡仍是现代物流和供应链管理的原则之一。企业创造价值的方式是降低原材料和生产过程的成本。成本下降了，产品降价就有了空间，这也是许多企业通过价格战来占领市场的原因。但是，降低成本是有限度的，如果价格战使产品售价低于成本，企业将无法承受。所以，企业逐渐开始用服务，特别是个性化服务去占领市场，而提供高质量的服务离不开现代物流和供应链管理的支持。

第四，第三方物流的发展使现代物流和供应链管理更完善。第三方物流指由物流的供方、需方之外的第三方去提供物流服务的运作方式。生产企业或销售企业采用这种物流形式可以集中精力做好其核心业务，可以利用专业物流企业的规模效应达到降低成本的目的，同时专业物流企业可以随着专业化的进步不断简化、优化物流过程，为消费者提供更好的服务与更高的价值。生产企业应该根据自身情况，按照科学严谨的程序选择第三方物流。

四、渠道参与者与供应链管理

（一）零售企业的供应链管理

对零售企业来说，供应链管理系统主要包括如下功能：

1. 帮助企业总部实现对下属店铺业务经营数据的全面整合

供应链管理系统可帮助零售企业全面整合下属店铺及分支机构的信息管理系统（MIS）或企业资源计划（ERP）系统。应用互联网技术，该系统可有效地解决在传统情况下分店数据汇总传输不准、易出错、难管理的问题，有效实现下属店铺的经营数据、业务单据、销售信息及时准确地上报和汇总到总部。通过业务系统的整合，零售企业总部或相关职能部门能通过供应链管理系统方便地查询、审核、统计整个企业的相关业务经营信息和处理流程，以及提升零售企业对分店的统一管理和监控能力。

营销视角

麦德龙超市的ERP系统

麦德龙超市的ERP系统利用由全球最大的企业管理软件供应商SAP公司提供的R/3系统对财务集中统一管理。这种管理模式使得企业财务管理高度透明化，财务成本维持在一个较低的水平上。麦德龙的ERP系统包含了财务会计与管理会计、物料管理、销售管理、客户服务、仓库管理等应用系统。它对麦德龙超市的日常运营产生了重要作用，具体如下：

（1）采购管理。该模块可确定合理的订货量、优秀的供应商和保持最佳的安全储备，能够随时提供订购、验收的信息，跟踪和催促外购或委外加工的物料，保证货物及时到达。在麦德龙，电脑控制系统掌握了商品进销存的全都动态，将存货控制在最合理的范围。当商品数量低于安全库存时，电脑就能自动产生订单，向供货单位发出订货通知，从而保证商品持续供应和低成本经营。

（2）商品管理。麦德龙的商品采购管理实行中央采购制，即连锁总部统一采购，各地连锁店无独立的采购决策权。总部统一采购后根据各连锁店的销售情况分别制订配送计划，进行统一配送。统一大批量采购既加强了总部对采购的控制，又降低了进货成本。麦德龙通过商品信息系统掌握商品进销存的全部资料，从商品的选择、订货、再订货、收货、销售到收银，每一个环节都通过电脑完成。信息系统根据历史资料，自动预测销售，制订采购计划，产生订单，将存货控制在最合理的范围。

资料来源：麦德龙超市ERP系统对企业运营的支持作用.http://3y.uu456.com/bp-f64ec0abfs24ccbff1218461-1.html.

---

2. 帮助零售企业与上游供应商建立协同关系

通过将上游供应商加入供应链管理系统，零售企业可实现在线的新品查看、电子订货、预约结款、网上对账等功能。通过与库存和销售数据的结合分析，系统还能帮助零售企业实现订单数量、品种、库存和配送的辅助性自动提示。此外，供应链管理系统还支持零售企业与供应商结成战略伙伴关系。通过与供应商共享商品销售、库存、结算、促销等信息，零售企业可以与供应商开展联合促销、消费者分析、库存管理、快速响应客户等活动，同时减少商品的断档缺货和存货积压情况，从而增加营业收入。

供应链管理系统还可帮助零售企业建立供应商关系管理系统，帮助企业从供货速度、商品质量、信用额度等方面，评估和选择本企业的首选或战略供应商。

3. 帮助零售企业与下游机构客户建立在线交易系统

将下游的大型客户、团购客户加入供应链管理系统，可使零售企业的下游客户具备在线下单、新品查看、流程审核、货款结算、商品促销等功能。零售企业还可针对不同的下游客户、不同的采购规模，设置相应的信用额度、配送承诺、应收应付、折扣返佣、促销活动等，从而有力地推动团购客户的销售和服务工作。

（二）分销企业的供应链管理

对商品分销企业来说，供应链管理系统的主要功能有以下方面：

1. 加强分销企业对整个分销网络内部供应链的全面管理

在分销企业总部与各级分公司、办事处、营销网点之间实现先进的供应链管理，包括对销售、订货、调拨、配送、验收、退货、库存等全流程的管理，业务单据全面数字化。通过互联网技术，该系统支持跨地区、多层次的分销渠道管理，并帮助分销企业总部、地区分部及时获悉下属机构的业务经营状况。

2. 加强分销企业与下游零售企业的供应链协作关系

将下游零售企业加入供应链管理系统，分销企业能够与下游零售企业实现便捷、准确、高效的业务信息沟通，并实现往来业务单据的数字化，减少差错争议，缩短结算周期。同时，供应链管理系统还可帮助分销企业在商品配送、货款结算、应收应付、折扣返佣、促销活动等方面，与零售企业建立严格的业务流程管理、审核监控方式，从而使分销企业提高对关键业务活动的监控和管理能力，有效杜绝经营失控。供应链管理系统可帮助分销企业全面、准确地掌握整个分销网络的各个末端，以及其对应客户的销售、库存、回款信息，从而帮助分销企业更为有效地开展全局库存调度、客户信用考核。供应链管理系统可帮助分销企业与零售商建立紧密的战略合作关系，实施电子订单系统与供应商库存管理，开展更为有效的联合促销，提高本企业产品的销售业绩，更迅速地响应客户的需求，减少商品的断档现象，提高促销的针对性和有效性。供应链管理系统还可帮助分销企业建立客户关系管理系统，对于拥有众多客户和各级代理商的分销企业来说，供应链管理系统通过精确地记录经营业务数据，帮助分销企业从订货数量、结算情况、商品周转率、利润指标等方面评估客户和代理商，更好地服务于重点客户、关键代理商。

（三）第三方物流

人们对产品、对交货服务质量的要求越来越高。信息技术的发展和普及改变了生产、交易及生活方式，使流通体制发生了重大的变化。电子商务、连锁经营等流通方式的逐步发展对物流产业的发展提出了更高的要求。所有这些都使生产企业和销售企业越来越将物流能力视为自己的核心竞争力，一方面力求在企业内部建立科学的物流体系以满足小批量多品种的购买需求，另一方面在采购环节和销售环节力求提高物流质量。物流管理技术越来越专门化，一些企业便将目光转向了雇用第三方物流公司。

通过第三方物流，企业至少可以获得如下三方面的好处：生产企业或销售企业可以集中精力做好其核心业务；可以利用专业物流企业的规模效应达到降低成本的目的；专业物流企业可以随着专业化的提高不断简化、优化物流过程，为消费者提供更好的服务和更高的价值。当然，第三方物流的所有权并不在企业手中，利用第三方物流未必会像自建物流那样自如。

一般按照物流企业的业务范围和所承担的功能，将物流企业分为功能性物流企业和综合性物流企业。功能性物流企业也称为单一物流企业，即仅承担和完成一项或几项物流功能，按照其主要承担的物流功能可进一步分为运输企业、仓储企业、流通加工企业等。而综合性物流企业能承担多项甚至所有的物流功能，一般规模较大，资金雄厚，并有良好的服务信誉。

营销视角

移动互联货运平台

移动互联货运基本可以简述为“移动互联网＋物流”，是移动互联网、大数据、云计算、人工智能等信息技术与物流的深度融合。根据面对的用户群体不同，可分为干线物流、同城物流等类型。干线物流主要指利用公路干线进行的长距离、大数量的城际运输。同城物流提供一个城市内的物流配送。同城物流中，货拉拉 App 的用户数量保持领先，58 速运、云鸟司机等 App 的用户规模较为稳定。在干线物流中，运满满和货车帮的用户数量保持领先。

资料来源：运满满、货拉拉、货车帮、云鸟、58 速运等“互联网＋物流”平台，谁更牛?. https://www.sohu.com/a/158447316_168370.

按照物流企业是自行完成和承担物流业务，还是委托他人，可将物流企业分为物流自理企业和物流代理企业。物流自理企业就是人们常说的物流企业，它可进一步按照业务范围进行划分。物流代理企业可以按照物流业务代理的范围，分成综合性物流代理企业和功能性物流代理企业，后者如运输代理企业（即货代公司）、仓储代理企业（仓代公司）和流通加工代理企业等。

1. 第三方物流公司的选择

企业在作出外协物流服务的决策之后，就面临如何选择第三方物流公司的问题。首先，应根据企业业务发展的前景，估计现有物流力量在服务广度与深度方面存在的差距，然后确定对外协物流服务能力的核心要求。其次，尽可能多地收集物流服务供应者的信息，比较分析后初步确定备选公司的名单。最后，要求备选的物流公司根据要求提出虚拟运作方案，然后由评估小组来评定。评估时应特别看重备选公司是否具备以下素质：创造性、独特性与提供增值服务的能力；与内外部相关人员合作的能力；市场意识与客户至上的精神；将先进技术应用于解决实际问题的能力。

鉴于第三方物流外协合同期限一般较长，企业应该把签约的第三方物流公司当作本企业的一个组成部分，犹如本企业功能的延伸，建立起战略联盟关系。这种战略联盟应该是一种双赢关系，即双方应休戚与共，共同提升经营业绩。

2. 第三方物流战略设计与实施要点

首先，战略总体设计构思要突出第三方物流的战略优势。对制造商来说，第三方物流是外部资源，利用第三方物流可以将用户的固定费用变为可变费用，可以得到并利用物流专家的经验与物流技术革新成果、物流管理职业化的服务，也能为用户提供各类满意的增值服务。其次，第三方物流经营要贯彻准时（just in time，JIT）和有效的客户响应（efficient consumer response，ECR）原则。ECR 是指物流经营者对用户需求变化能迅速、有效地响应，以满足用户需要。再次，第三方物流战略的支持重点在 JIT 和 ECR，主要包括移动通信、电子数据交换，货物、车辆跟踪与物流链管理专家的指导。最后，要充分发挥市场机制的作用，科学地设计第三方物流运行的组织体系。

就我国实际情况而言，“大而全”“小而全”的企业太多，这些企业与其他企业合作的意识淡薄，非核心业务负重过大导致企业核心能力不突出，也不利于参与国际竞争。这类企业改造的基本思路是将现有运输部门的业务或资产独立出去，采用社会公开招标等形式，利用外部资源完成基于供应链管理的第三方物流流程再造。

总体上，第三方物流在我国有了长足发展，企业物流和公众物流服务仍然是社会物流的主要形式。在全球经济一体化影响下，我国正在成为第三方物流发展最迅速的国家之一。企业应充分利用这一点加快发展。

案 例

自建物流还是采用第三方物流？

自建物流指自营型的企业（集团）通过独立组建物流中心，实现对内部各部门、场、店的物品供应。自建物流还是采用第三方物流，一直是企业在分销产品时要重点考虑的问题，它直接影响企业核心能力的构建。

一、亚马逊

1. 亚马逊面对指责

美国前总统特朗普在接受媒体采访时称，亚马逊和其他公司把邮件和包裹都交给美国邮政局而邮政局运送一个包裹平均损失 3～4 美元。但有媒体称，亚马逊是美国邮政局在2019财年“最大的客户”，创造了大约39亿美元的收入和16亿美元的利润。

美国邮政局认为如果涨价，那么市场份额可能会“流失”给竞争对手和亚马逊日益发展的物流网络。“亚马逊一直在积极通过自己的物流网络来承担送货任务，2019财年发送了超过20亿个包裹，这对美国邮政局的市场份额造成了最主要的影响。”

2. 亚马逊自建物流体系

随着货品交付时间越来越短，亚马逊希望越来越多的货品实现“次日达”。亚马逊正在进一步加大自建物流的力度。亚马逊与美国太阳城航空公司签署了一项为期六年的合约，这家廉价客运航空公司加盟亚马逊航空快递业务，增加10架大型货机。亚马逊还与阿特拉斯航空、南方航空等建立了合作关系。

在过去的两年中，亚马逊自营物流的配送能力大幅提高。从全球来看，亚马逊50%的货品都是由自营物流负责运输的。

二、京东

1. 京东自建物流不划算不被看好

京东的自建物流模式曾不被看好，这样的重资产模式被认为不利于公司的发展。京东的员工已经达到18万人，大部分是快递员工，因为要在全国各地自建物流体系，所以对快递员工的需求量很大，京东对于快递员工的薪资支出也是一笔巨额资金。由于成本难以估计，京东物流赚钱将不容易。

2. 京东物流上市

2021年5月，京东物流在香港上市，两周内股价最高冲到每股48.15港元，市值为2 597亿港元。在我国已上市的物流公司中，京东物流以略微优势超越中通，市值第二高。

在新冠肺炎疫情期间，由于线上采购量激增，订单量考验着快递公司的配送效率和服务质量。主打快速和服务的京东，在这场看不见的战争中脱颖而出，获得资本市场的青睐。

▶ 问题：

1. 简述亚马逊自建物流的优劣势。
2. 简述京东自建物流的优劣势。
3. 随着时间的推移，对于零售企业而言，你认为自建物流是将来的发展趋势吗？

本章小结

1. 营销渠道承载所有权流、物流、信息流、促销流等功能。每条流均对营销渠道功能的实现有重要作用。

2. 物流指物质实体从供应者向需要者的物理转移，它由一系列创造时间和空间效用的经济活动组成。它具备三个最基本的要素：流体、载体和流向。物流被称为企业的“第三利润源泉”，具备储存、运输与配送这三个主要功能及诸多辅助性功能。

3. 物流管理过程是一个系统工程，降低物流成本和提高服务水平是物流管理肩负的两大使命，正确处理和协调两者之间的关系是物流管理的核心。

4. 物流决策主要包括配送决策和库存管理与控制两项内容。配送决策主要包括需要执行一系列的作业管理流程；而企业的库存决策包括决定仓库的地点、数量、类型（即是自建、购买还是租赁仓库）、设备条件以及费用的协调处理等，存货控制的两个最基本的决策是订货点和订货量的决策。

5. 供应链管理是指对供应链中的物流、商流、业务流、价值流、资金流和信息流进行的计划、组织、协调及控制，它经历了三个发展过程，对零售企业和分销企业都有着十分重要的作用。现代物流提出了物流系统化、综合物流管理的概念，它必须不断适应供应链管理的新发展。第三方物流指由物流的供方、需方之外的第三方去完成物流服务的运作方式，它的发展使现代物流和供应链管理更加完善。

思考题

1. 为什么说物流不等于营销渠道？

2. 为什么说物流是“第三利润源泉”？企业的物流管理就是要尽可能地降低成本，这种说法对吗？请说明理由。

3. 生产企业除了自建物流外，还可以采取什么方法来解决企业的物流问题？

4. 配送决策主要包括哪些内容？降低配送成本有哪些思路？

5. 供应链管理是物流管理的延伸，你赞成这种说法吗？利用所学的有关供应链的知识证明你的结论。

第10章
管理渠道信息系统

学习目标

- 了解管理信息系统的基本概念和作用。
- 理解渠道信息系统的构成。
- 掌握我国渠道信息系统实施的困境与原则。

引 例

SAP公司火热招募渠道商

SAP是企业信息系统应用软件市场的领先者。该公司的使命是致力于帮助各行各业、各种规模的企业实现卓越运营。借助机器学习、物联网和领先的分析技术，SAP帮助许多客户转型为智慧企业。SAP的端到端应用和服务套件可以帮助客户实现运营盈利，不断自我调整，并创造差异化优势。

SAP是如何销售其产品的呢？它采用了常见的渠道模式。以SAP的代理商制度为例，SAP在中国市场招募了很多代理商或者说是渠道商，通过拓展合作伙伴计划支持SAP渠道合作成员。根据SAP拓展合作伙伴计划，渠道商能获得访问SAP系统的适当授权，能获得资源，以支持业务发展。渠道商的员工有权参加SAP提供的培训计划，以确保渠道商具备抓住SAP商机的能力。

代理商为了拓展业务，也在不断招募下线，并为其提供独特的服务。以公司的一家代理商为例，它为其下线额外提供的服务包括：方法论、业务销售分析，销售、售前认证培训，开发顾问认证培训，开展区域性市场活动，推出标准业务经营工具包，提供售后服务支持和优惠价格。

在企业的生产经营活动中贯穿着三个运动过程：物流、信息流、资金流。物流是企业的基本流，它的运动过程产生各种信息。企业管理者针对这些信息作出决策，通过决策信息控制物流运动，规划调节物流数量、方向、速度、目标，使之按一定目的和规划运动。信息流是管理的基础和体现，管理信息是企业的神经中枢和生命线。

本章重点从厂家的角度探讨信息技术与渠道管理之间的关系。这个角度基本包含了由生产商、经销商/代理商以及消费者所组成的整个链条。

第 1 节　管理信息系统与营销渠道

路易斯·斯特恩等认为，渠道信息系统不仅包括信息本身，还包含有效地保存、收集和解释信息的机制。他们将渠道信息系统分成两个关键组成部分：一是构成信息系统的技术支撑的硬件和网络；二是信息本身的数据库。本书倾向于采用广义的信息系统概念——本章的信息系统并不是仅指通常所称的管理信息系统，而是兼顾 POS 系统、企业资源计划、供应链管理、客户关系管理和电子商务等概念中利用信息技术进行渠道管理的部分内涵，也即利用信息技术对渠道进行管理的系统。

一、管理信息系统

管理信息系统是一个由人、计算机等组成的能进行信息的收集、传递、存储、加工、维护和使用的系统。管理信息系统能实测企业的各种运行情况，利用过去的数据预测未来，从企业全局出发辅助企业进行决策。它还可利用信息控制企业的行为，帮助企业实现其目标。

管理信息系统与数据处理系统和事务处理系统的一个重要不同点是，管理信息系统能提供分析、计划和辅助决策的功能。这意味着管理信息系统中包含着各种模型和方法，用户可以使用这些模型和方法帮助企业进行决策。信息资源可用于辅助决策和改进企业组织的效能，也可用作竞争手段。管理信息系统应用相关的经济数学模型，如运筹学、数理统计等对管理的过程信息进行监控和处理，并提供辅助决策支持。

管理信息系统的核心在于通过数据信息化和流程信息化，使决策信息化，以提高决策的准确性和效率，提升企业的经营管理水平。管理信息系统由四部分组成：信息源、信息处理器、信息使用者和信息管理者，它们之间的联系如图 10－1 所示。信息源是信息的产生地；信息处理器执行信息的传输、加工、存储等任务；信息使用者利用信息进行决策；信息管理者负责信息系统的设计、实现和维护。

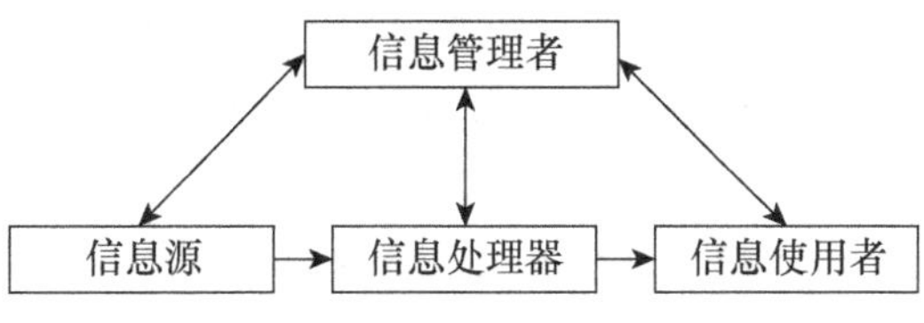

图 10－1　管理信息系统的组成部分

管理信息系统一般被看作一个从底层的业务处理到运行控制、管理控制、最高层的战略计划的金字塔形的结构。最基层由任务巨大、处理繁杂的事务信息和状态信息构成。层次越往上，事务处理的范围越小，针对的问题也就越特殊和非结构化。

二、渠道信息系统的主要思想支撑

渠道信息系统从属于管理信息系统。在管理信息系统的发展历程中，有三个基本的思想逐步对其产生重要影响。这三个思想为：企业资源计划、供应链管理和客户关系管理。企业资源计划侧重于资源运用效率的提升，供应链管理侧重于物流链条的协同，客户关系管理侧重于顾客服务。以上三点正是渠道战略所看重的，这些思想在渠道决策和管理中也得到了充分体现。

（一）企业资源计划

企业资源计划（ERP）通过对人力、资金、材料、设备、方法、信息和时间等资源实行综合优化，使企业在激烈的竞争中取得最好的效益。ERP 是在传统的制造资源计划基础上发展起来的。作为企业管理软件的高级应用，企业资源计划经历了从简单、局部应用到高级、全面解决管理问题的一段比较长时期的发展历程。管理的侧重点也从原先的侧重于物流（原料、产品）扩展到侧重物流与资金流相结合，进而扩展到与信息流结合在一起。范围也从企业内部延伸到与企业经营管理活动相关的所有方面。

企业资源计划和传统的管理信息系统联系是最为密切的，它们之间的共同点也是最多的。但 ERP 是“现代管理思想＋信息技术手段”，而管理信息系统作为服务于企业管理的一套计算机信息系统，并没有从根本上动摇企业的管理体制，其深度和广度已经不能和 ERP 相提并论。尤其是 ERP 中的分销管理模块能对客户信息和销售订单进行管理，能对销售进行统计与分析。

延伸阅读

ERP 系统不易成功

ERP 系统失败的例子很多，国内用 SAP 软件的大公司以及用用友、金蝶、其他 ERP 软件的公司都有很多失败的案例。

从 ERP 系统开发公司的角度看，在项目启动之初，软件公司会根据目标企业的实际情况设计一个理想的模型来固化企业的流程，并且能满足客户当下的各类需求。ERP 系统上线就意味着项目结束。

但从目标企业看，不适应只有在未来才能体会到，因为这个流程固化下来之后，很难再做改变。之后，企业越来越觉得这套系统死板，不能满足新的需求。企业会说，这套系统有问题。花了那么多钱，项目还是失败了。

因此，如果以软件上线作为终点，ERP 项目成功的概率会降低。对于不断发展的企业来说，上线后的服务、持续合作以及柔性的软件平台，是 ERP 成功实施的一个重要因素。

资料来源：为什么 ERP 失败案例那么多?. https://baijiahao.baidu.com/s?id=1660761232999243172&wfr=spider&for=pc.

（二）供应链管理

供应链管理（SCM）是当前企业管理的重要内容，也是我国企业管理的发展方向。它起源于企业资源计划，是基于企业内部范围的管理。它将企业内部经营所有的业务单元如订单、采购、库存、计划、生产、质量、运输、市场、销售、服务等以及相应的财务活动、人事管理均纳入一条供应链内进行统筹管理。过去企业重视的是物流和企业内部资源的管理，即如何更快、更好地生产出产品并把产品推向市场，这是一种“推式”的供应链管理，管理的出发点是从原材料推到产成品、市场，一直推至客户端。随着市场竞争的加剧，生产出的产品必须转化成利润，企业才能生存和发展。为了赢得客户和市场，企业管理开始以客户及客户满意度为中心，企业的供应链运营规则由“推式”转变为以客户需求为原动力的“拉式”。这种供应链管理将企业各个业务环节的信息孤岛连接在一起，使各种业务和信息——这必然也包括渠道管理——能够实现集成和共享。

ERP 虽然也制订销售计划，但 SCM 提供了更为全面的功能，可以帮助管理分销中心并保证产品的订购和可盈利性。分销计划不仅能帮助企业分析原始信息，而且能帮助企业确定如何优化分销成本或者根据生产能力和成本提高客户服务水平。

（三）客户关系管理

客户关系管理（CRM）融合了当今最新的信息技术，包括互联网技术、多媒体技术、数据仓库和数据挖掘、专家系统和人工智能、呼叫中心等。作为一个解决方案的客户关系管理，凝聚了市场营销的管理思想。市场营销、销售管理、客户关系、服务和支持构成了 CRM 的基石。CRM 是围绕客户关系的整个业务和信息系统的集成，它是管理思想、业务、信息技术的高度整合。CRM 已经超越了管理信息系统的范畴，不能把 CRM 笼统地称为管理信息系统。

CRM 系统的核心是客户数据的管理。我们可以把客户数据库看作一个数据中心，企业可以利用它记录在整个市场与销售的过程中和客户发生的各种活动，跟踪各类活动的状态，建立各类数据的统计模型用于后期的分析和决策支持。为达到上述目的，一套 CRM 系统大都具备市场管理、销售管理、销售支持与服务和竞争对象记录及分析等功能。

综上，我们在这里采用的是广义的信息系统的概念。企业可能根据各自的具体情况，选择不同的软件——企业可能单纯针对渠道管理实施一套软件，也可能采用包含了销售管理功能模块的管理软件如 ERP 或 CRM。

三、管理信息系统对于渠道管理的作用

管理信息系统对于渠道管理的作用可以系统归纳为以下六个方面：

（1）杜绝信息不公开，及时作出决策，帮助企业提高管理透明度。企业经营者首先要准确及时地收集和监控与销售、库存、费用等相关的数据，从大量的信息中挖掘对企业最有价值的数据，并加以科学有效的分析和预测，全面掌握企业的营销运营状况、资金周转状况、市场资源状况、销售人员总体状况，及时制定各项销售政策以适应市场的变化。

我国很多企业利用计算机信息系统，使企业的管理更加精细化、透明化。在实施分销管理信息化后，将地处各方、与最终消费者最贴近的分销网络集中管理起来，减少了信息失真、延迟带来的损失。

（2）掌控分支机构，帮助企业提高运营效率，降低运营成本。企业在发展过程中，常常面临对分公司、分销商、连锁店和专卖店的管理失控问题。大部分企业试图采用人海战术（从总部派驻大量人员到各地）来解决此类问题，并没有取得成效。在没有管理信息平台的情况下，各分支机构的库存、应收账款、费用、销售数据无法及时准确地统计上报，企业决策层无法及时掌握有价值的客户订货和售点销货情况，更无法实时了解各地的销售机构的销售与库存状况。信息技术的发展为解决这一问题提供了条件。通过渠道信息系统，可以保证分支机构随时把数据上传到总部，管理者可以随时查看。

许多企业依靠庞大的销售网络和简单的业务流程来管理销售渠道和环节，其分销成本甚至超过了生产成本和产品开发成本，成为企业总体运营成本的第一大构成要素。通过信息化，企业可以利用现代管理流程和先进的管理工具，达到控制分销成本的目的。

（3）加强客户关系管理，提升客户满意度。客户关系管理就是通过对企业的各种业务行为进行全面管理，以赢得新客户，巩固和保留现有客户，并增加客户的利润贡献度。企业与客户之间的关系主要体现为渠道和售后服务过程中所发生的业务关系，如合同签订、订单处理、货物发送和货款回收。传统的客户关系处理方式一般是以销售人员自行管理和维护为主，经常发生因销售人员跳槽而造成客户流失的现象，对企业发展造成不利影响。分销管理系统中的客户管理功能，使客户通过一个窗口得到企业及时贴心的服务，能够有效地提高客户满意度和忠诚度，也有利于提高交易的成功率。分销管理系统和客户关系管理系统的融合也使企业对外部资源的管理逐渐完善。

（4）帮助企业规避经营风险，对市场进行灵活应对。伊利集团在采用分销管理系统前，经营风险很大，因为牛奶保质期为 2～3 天，而结算周期至少需要 5 天。分销管理系统上线以后，企业能够实时掌控市场的变化状况，并对经营策略进行调整，这样就大大提高了企业应对市场变化的灵敏度，提高了企业的抗风险能力。

（5）打通销售链。在不断发展的过程中，企业内外部经营一体化的需求日益显

著，与企业日常运作息息相关的各种角色（如企业内部员工、分支机构、上游的供应商、下游的分销商、合作伙伴乃至客户等）的信息化程度对企业的发展产生了重要影响。通过渠道信息系统构建的运营管理平台协同工作，可以缩短工作流程的运行时间，提高工作效率，密切与上下游的关系，从而打通销售链条。

（6）带来业务模式创新的机会。很多产业发生着剧烈的变化，而那些能够及时应变、锐意创新、利用 IT 手段改变和创造市场竞争规则的企业则可以实现超越式的发展。像现在比较流行的第三方物流、协同商务等，都是信息技术支持下的崭新业务模式。

斯特恩等总结了信息技术对渠道流绩效的影响，见表 10－1。

表 10－1　信息技术对渠道流绩效的影响

渠道流	因采用信息技术而引起的改变
物理占有流	即时交付减少了通过渠道的物理占有流 存货不再保存在零售商店 交叉配送使零售商的库存最小化 一些零售商在运输途中提货
所有权流	零售商的所有权流下降 分销商、制造商通过与零售商共享系统也减少了所有权流
促销流	在终端卖点的收银处及时产生赠券 采用互联的人口统计与购买数据库，可以更精细地针对目标顾客进行促销
谈判流	自动化减少了文书工作量，采购部门可以花更多的时间进行交易谈判 零售商和制造商通过数据判断价格和条款——这和绩效高度相关
财务流	因为减少了物理占有流和所有权流，所以降低了财务需求
风险流	利用数据进行预测，降低了存货风险 运用快速响应技术，产生了延迟* 的可能，减少了特定的存货
订单流	订单的自动生成意味着减少了人员的参与
付款流	电子付款系统自动付款，使文书工作量最小化 采用电子资金付款方式

＊延迟是指在一个生产过程中，通过重新设计产品和流程，延长共有的生产阶段以延缓产生产品差异的时间点，如此便能解决产品多样化引发的诸多问题。延迟的价值之一是能对实际需求作出快速反应，因为对于最终产品的生产决策能够在最晚的时间点，根据对顾客的充分了解而作出，因此就能使决策的质量达到最优。例如，惠普的激光打印机原本是采取整机出厂再运到各地仓库的生产方式，后来将部分零部件标准化，将半成品存放在欧洲等地的仓库，在当地实行客户定制化的流程。这种策略使得惠普在提高客户服务水平的同时，也减少了存货。

第 2 节　渠道信息系统的构成

从厂家的角度谈渠道管理，重在对客户信息和物流配送信息进行管理——没有高效的物流配送系统的支持，渠道就会成为无水之渠。本节主要分析渠道信息系统的构成及所包含的主要功能。

渠道信息系统的应用旨在提高营销总部、分支机构/分销商、销售终端等渠道环节的管理水平和配送能力，加强对渠道中的信息的动态控制和分析。其功能构架分别如图 10－2 所示。

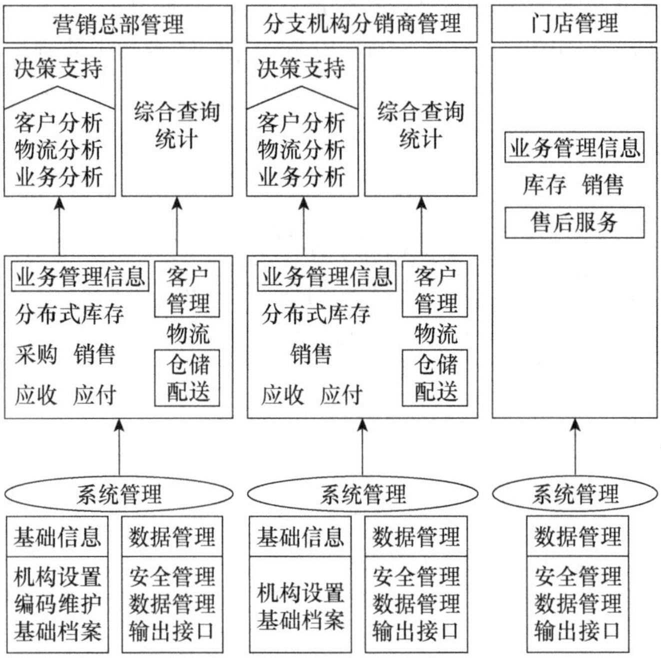

图 10－2 渠道信息系统的功能构架

资料来源：利玛物流与分销管理系统。

一、营销总部管理系统

营销总部管理系统的设计应考虑不同的分销业务模式。典型的分销业务模式有七种类型，见图 10－3。

模式 1，典型的商业分销模式，即总部下设多家分公司，分公司下设多个办事处等，每个上级机构对应多个下级机构，每个下级机构对应一个上级机构。总部使用总部业务账套，分公司使用分公司业务账套，分公司下属的办事处作为分公司的销售部门，与分公司使用同一个业务账套。客户则通过网上订货系统与分公司或办事处进行业务处理。

模式 2，一般为两级分销模式，但各个分公司可独立核算，有自己的账套数据。在此模式下，总部使用总部业务账套，分公司使用分公司账套，客户则通过网上订货系统与分公司进行业务处理。分公司与总部之间的商品移动可以视同销售，也可以视同调拨处理。总部可以跨系统查询分公司的业务信息（如销售、库存、采购等）。

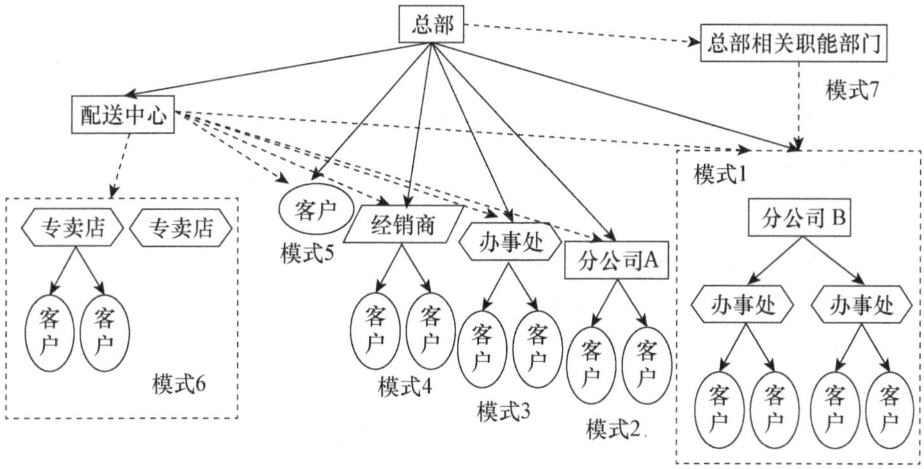

图 10-3　分销业务模式图

资料来源：金蝶分销管理系统。

模式 3，一般为两级分销模式，类似于模式 2，不同的是各个办事处不独立核算，没有自己的账套数据，与总部共用一套数据。在此模式下，总部使用总部账套，办事处作为总部的一个业务部门，与总部使用同一个业务账套。办事处与总部之间的商品移动视同调拨处理。

模式 4，一般为两级分销模式，类似于模式 2，不同的是经销商不但要求独立核算，有自己的账套数据，而且独立性较强，如可以销售集团外非本公司的产品，故要求对基础资料等有相对独立的修改、增加权限。

模式 5，为一级分销模式，即我们通常理解的直销，直接面向客户销售产品。

模式 6，为连锁专卖分销模式，如连锁店、专卖店、超市、商场等。在此模式下，总部、配送中心使用总部账套，门店既可以使用自己的业务账套又可以统一使用总部账套，其中门店又可分为前台、后台两个操作端，前台通过 POS 系统进行业务处理，当然也可以不配置后台，门店直接与总部账套连接，这完全取决于自身的管理需要。

模式 7，类似于模式 1，区别在于下级机构允许对应多个上级机构。这时的上下级之间的数据归总可以根据需要进行灵活设置。

营销总部管理系统处理分销运作体系跨域的往来业务，并对各分支机构的业务运作状况进行监控和分析，从而统筹其分销体系的物流、资金流以及信息流以达到整体管控的目的。它是连接进销存各系统的桥梁和纽带，负责总部与分支机构信息的交换处理，对从前台到后台、从总部到分支机构，从订货、补货计划制订到商品内部调拨分配，从移动下单到商品出库、货款收回、财务记账等提供解决方案。其包括的功能模块如下：

● 销售管理。实现客户档案、销售合同、销售报价等销售基础数据的设置，完成销售业务，包括销售单、发货、补货、退货、样品试用管理，并提供销售台账查询。

- 促销管理。实现一系列销售的市场行为，包括促销计划维护、促销费用维护、折扣管理。
- 库存管理。完成库房日常库存作业并管理各分支机构和分销商的库存，包括入库、出库、盘点、库房初始化、库存台账、分布式库存管理。
- 采购管理。支持规范的日常采购业务，包括供应商档案、采购报价、采购申请、采购合同、采购计划、采购单、返厂。
- 配送管理。合理安排、管理企业配送资源，明确各配送过程的指标。包括车辆动态管理、货物配载管理、派车计划、行车日志管理、配送事故管理、货物交接管理。
- 客户资信管理。合理评估、维护客户资信并在业务中严格加以控制，主要包括账期维护、信用等级维护、信用指标维护、欠款查询、坏账处理。
- 应收处理。完成企业销售业务的应收款管理，包括期初数据录入、现金单、收/付款单、应收票据、核销处理、销售记账、账龄分析、应收款预警。
- 应付处理。完成企业采购业务的应付款管理，包括期初数据录入、收/付款单、应付票据、核销处理、采购记账、账龄分析。
- 售后服务。提供服务记录、跟踪，包括消费者投诉、客户服务维护、重点客户管理。
- 系统管理。包括系统登录，系统用户管理，系统用户组管理，操作日志维护和查询，数据备份与恢复，界面操作权限管理，数据访问权限管理，信息/单据授权访问管理，数据上传、下发和同步管理等。
- 基本资料维护。如单据编码维护、商品类别编码维护、商品编码维护、单位维护、部门人员编码维护、税种维护、系统开关设置、库房资料（库房、货区货位）维护等。
- 综合查询统计。提供通用的查询和汇总信息，满足客户任意的需求组合。
- 决策支持。提供企业领导层决策的准确分析数据，包括供应商供货品质分析、客户信誉分析、客户销售量月对比分析、地区销售量月对比分析、客户销售额月对比分析、地区销售额月对比分析、地区销售量销售额分析、客户销售排名、商品销售排名、业务员销售排名、部门销售排名、地区销售排名、客户欠款分析、缺货月对比分析、报废品月对比分析、商品类别销售排名等。

营销总部管理系统既适合下设多级营销机构（利用分支机构、代理商等实现商品销售的渠道分销企业，如企业集团、销售公司等），也适合百货商场、超市、连锁店、专卖店等中小型连锁配送企业。

二、分支机构/分销商管理系统

分支机构/分销商管理系统的特点是：实现集团分销数据的即时传输；实现购

销双方业务单据的自动转换；上报数据管理——设定需要各业务处理系统上报的数据范围与内容；下发数据管理——设定需要集团统一设定、修改，然后下发给各业务处理系统的数据范围与内容，并在设定的时间内将这些数据自动下发到相应的业务处理系统内。因此，这一模块包括的基本功能和营销总部管理系统的功能有所区别，各有侧重。例如，销售管理模块的功能变为：实现客户档案、销售合同、销售报价等销售基础数据的设置，完成销售业务，包括销售单、发货、补货、退货、样品试用管理，并提供销售台账查询。

三、终端管理系统

终端管理系统主要应用于零售柜台、连锁店、专卖店、网店、移动终端等。它为零售收银柜台提供方便快捷的录单、收银以及商品盘点等功能，并和整体商业后台、总账账务系统实现无缝衔接，能自动将零售单转换为后台的销售单据，参与核算和统计分析。这一模块包括的基本功能也与其他模块稍有区别，各有侧重。例如，销售管理模块的功能变为：进行客户档案等基础数据的设置，完成销售业务，包括对销售单、要货、退货和返厂的管理，并提供销售台账查询。

营销视角

有赞零售软件平台和 SAP 合作

有赞是一家主要从事零售科技 SaaS（software-as-a-service，软件即服务，即通过网络提供软件服务）的企业，它帮助商家进行网上开店、社交营销，提高留存率和复购率，拓展全渠道新零售业务。

随着合作的实体商户越来越多，有赞开始在门店 O2O（online to offline）上下功夫。有赞和 SAP 达成战略合作，共推一项名为“龙腾计划”的门店 O2O 项目，布局线下实体门店全渠道 O2O 的商业市场。基于“龙腾计划”，SAP 旗下云平台服务产品 SAP Anywhere 与有赞旗下的有赞微商城打通，实现全渠道商品、价格、库存、订单、会员统一管理，或可实现单门店或多门店的同城配送、到店自提、门店引流、卡券核销、门店收银等业务场景的落地。

通过与有赞合作，SAP 的客户能轻松拥有自己的移动商城，SAP 也致力于拓展全渠道市场，为商家提供高质量服务。有赞认为，与 SAP 的战略合作，不仅能扩大有赞在门店 O2O 领域的影响力，同时也能够更好地发展有赞各项电商服务业务。有赞已在酒店预订、票务购销、多门店 O2O、同城配送、门店收银、接口开放等多个业务场景，发布新产品或行业解决方案。

资料来源：“拉拢”软件巨头 SAP 有赞要把门店 O2O 做大 . https://www.sohu.com/a/115578596_115469.

第3节　渠道信息系统的实施

一、渠道信息化的需求分析

渠道管理信息化是为了解决经营问题、提高运作效率，是手段而不是目的。所以，在实施渠道信息化之前，必须明确哪些问题是需要而且可以借助信息化来解决的。渠道管理中常见的问题有以下几个方面：

（1）市场信息不准确、不及时、不全面。具体包括客户（进、销、存）信息，产品（产、供、销）信息，行业发展（市场需求变化、产品和技术创新）信息等。

（2）计划实施难协调、难控制、难测评。具体包括生产（产量、品质、工期）与销售冲突，推广（品牌、公关、文宣）与销售冲突，后勤（财务、结算、储运）与销售冲突等。

（3）激励机制欠规范、欠公正、效率低。具体包括对市场的激励（降价、促销、服务），对客户的激励（折扣、返利、奖品），对员工的激励（工资、奖金、职务）等。

（4）管理不规范。如对客户的信用管理存在人情现象、货物售出后不入账等。

（5）应收账款管理不严。

（6）分支机构运营费用控制不到位。

信息化不是灵丹妙药，不可能解决所有的问题。因此，渠道信息化需求分析的目的在于根据企业的发展阶段、市场状况、渠道模式、产品特点等确定问题的性质和轻重缓急，有针对性地制订解决方案。比如，是选择自主开发还是选择外部机构辅助实施？系统如何选择？如何根据企业的渠道特点进行二次开发？如何进行具体的实施操作？

营销视角

海底捞信息系统再升级

海底捞是一家以提供优质服务著称的餐饮企业，但也遇到连锁餐饮企业在IT层面普遍面临的一系列痛点。海底捞的问题表现在软件系统五花八门、烟囱式建设。在多年的发展中，海底捞共找了20余家供应商，搭建了九大系统，包括统一订餐系统、排号系统、餐饮运营系统、ERP系统等。每个系统之间的接口有数百个之多，以至于出现问题无法追溯其根源，制约了海底捞的进一步发展。而且软件重功能、轻运营，数据不实时、不集中、不系统，跟不上移动互联网时代的发展需要。

面对这些问题，海底捞依托自身系统实用性需求与餐饮行业未来建设的需求，决定重构IT系统。海底捞与用友共同发起成立产业互联网SaaS生态链平台——红火台。围绕海底捞的应用需求，红火台以用友餐饮云服务平台为基础，以海底捞主数据为中心，搭建统一订餐、立体经营、ERP掌控支持三大平台，围绕三大平台部署各项运营及管理系统，提高了整体运营效率。

近年来，为了打造智慧餐厅，海底捞系统升级的重点是点餐收银系统。这个系统实现了如下功能：(1) 千人千味，满足顾客个性化需求；(2)“吃完就走”+自动开票，大大提升了开发票和付款的效率；(3) 积分抵扣和优惠券兑换，强化会员制。

资料来源：海底捞开启“黑科技”计划，“变态”服务再次升级. https://www.sohu.com/a/271178009_816315.

二、渠道管理流程设计和重组

渠道管理信息化的过程也应该是先进管理理念引进和采用的过程，这就要求渠道信息化与业务流程重组相结合。如果在实施过程中不重视业务流程重组，一旦涉及流程方面的整合优化，就会遇到很大的阻力，最终使系统走样，无法实现预期目标。

流程重组不仅可以把原有渠道信息系统中一些好的流程保存和继承下来，还可以借鉴国内外先进的管理理念和行业的最佳实践经验，通过信息系统固化下来，实现新流程的可操作性与可控制性。

现代营销理念要求以顾客需求为中心，为贯彻这一原则，渠道管理应以客户为中心，渠道成员之间的关系由交易型向伙伴型转变，从单纯追求自身利益最大化向追求整体利益最大化转变，体现双赢或多赢思维。因此，渠道管理流程重组的基本原则是“前方助销服务，后方物流服务”，即前方的管理团队不是传统意义上的销售代表，而是提供专业服务，是帮助分销商做生意而不是自己做；后方的物流服务对于分销商而言是“一站式”的全程服务。

（一）建立动态客户档案

客户档案是渠道管理信息化最基本的数据库，是助销服务个性化的依据。传统的客户档案是从便于厂家查询经销商基本情况的角度设计的，主要存在以下不足：

(1) 只能静态地反映客户的初始资源和能力状况（资产、网络和信用情况），不能及时地反映客户资源的变化和经营活动情况（如经销品种、分销方式和进销存状况）。

(2) 信息收集不规范。既没有常规调查（定期、专人负责），也没有专项调查，目的不明确，信息不及时、不全面。

(3) 相关部门的客户信息不能共享。比如，销售部门与财务部门没有接口，信用控制很难及时有效；销售部门与物流部门没有接口，配送计划往往滞后。

针对上述问题，要建立科学有效的客户档案必须注意两点：

第一，在方法上，信息收集要制度化，由一线销售办事处的专管业务代表定期采集相关信息，对每个客户档案进行动态更新。

第二，在内容上，客户档案的内容应包括基本信息、业务状况和交易状况三个方面，参见表 10－2。对客户档案的内容实行编码，以便查询和使用。客户档案需要注意保护客户的隐私。

表 10－2　客户档案　　　　建档日期：　　年　月　日

<table>
<tr><td colspan="3">单位名称</td><td></td><td>地址</td><td></td></tr>
<tr><td colspan="3">负责人</td><td></td><td>电话
传真</td><td></td></tr>
<tr><td colspan="3">企业性质
与规模</td><td></td><td>商业信誉</td><td></td></tr>
<tr><td colspan="3">地理位置/
店铺面积</td><td></td><td>经营特点</td><td></td></tr>
<tr><td colspan="3">主营业务</td><td></td><td>经营品牌</td><td></td></tr>
<tr><td rowspan="4">业务状况</td><td colspan="2">销售业绩</td><td colspan="3"></td></tr>
<tr><td colspan="2">管理者与业务人员素质</td><td colspan="3"></td></tr>
<tr><td colspan="2">同业关系</td><td colspan="3"></td></tr>
<tr><td colspan="2">与本公司的业务关系及合作态度</td><td colspan="3"></td></tr>
<tr><td rowspan="13">交易状况</td><td rowspan="10">销售活动现状</td><td>产品购进</td><td colspan="3"></td></tr>
<tr><td>产品销售</td><td colspan="3"></td></tr>
<tr><td>产品库存</td><td colspan="3"></td></tr>
<tr><td>购货结算</td><td colspan="3"></td></tr>
<tr><td>应收账款</td><td colspan="3"></td></tr>
<tr><td>包装占用</td><td colspan="3"></td></tr>
<tr><td>包装结算</td><td colspan="3"></td></tr>
<tr><td>促销费用</td><td colspan="3"></td></tr>
<tr><td>销售折扣</td><td colspan="3"></td></tr>
<tr><td>期末返利</td><td colspan="3"></td></tr>
<tr><td colspan="2">网络分布状况</td><td colspan="3"></td></tr>
<tr><td colspan="2">存在的问题/保持的优势/未来对策</td><td colspan="3"></td></tr>
<tr><td colspan="2">交易的条件以及信用状况</td><td colspan="3"></td></tr>
<tr><td>备注</td><td colspan="5"></td></tr>
</table>

（二）建立客户助销体系

客户助销体系旨在为客户的再销售提供有效服务。传统的营销理念导致厂家和渠道商家之间是交易型关系，不少厂家认为货物出了自己的仓库就实现了销售。殊不知，如果货物滞留在渠道商家的仓库，那么仅仅意味着"挪库"——从自己的仓库挪到了分销商的仓库。这种情形的结果可想而知：分销商本身并不是最终消费者，分销商所面临的货物滞留的压力最终还是要传递给生产厂家。

基于此，企业必须树立以客户为中心的理念，与客户建立和发展合作共生的关系。通过渠道服务、物流服务和技术服务，打通销售链条，保证从厂家到商家再到最终消费者的所有环节的通畅。

生产厂家为分销商提供渠道服务，就是要协助分销商进行渠道拓展、市场调查、客情维护和销售服务，甚至还需要为分销商提供超出产品销售之外的服务，比如为分销商提供管理方面的改进建议、帮助分销商培训业务代表。此时，厂家的业务人员扮演的是客户顾问的角色，这对业务人员的素质提出了更高的要求。渠道服务由企业销售部门负责。片区经理负责市场拓展，包括区域拓展、客户拓展和客情维护。企业的销售代表负责市场调查和销售服务。市场调查包括商情调查、制作运营报表和进行促销测评；销售服务包括理货服务、卖场促销和受理投诉等。

生产厂家为分销商提供的物流服务包括：一是由企业的财务部门为分销商进行财务结算；二是由企业成品库或分支机构仓库及时为分销商做好产品的配送；三是对分销商进行绩效测评、促销测评以及受理顾客投诉。生产厂家为分销商提供的技术服务包括售前、售中和售后服务。

以上提到的部门设置和人员分工未必与企业的实际状况完全吻合。是否有相对应的部门并不重要，重要的是需要有承担相应职责的人——企业规模大的时候，可能是相应的部门；企业规模相对小的时候，可能是一个人承担一项或若干项职责。

三、我国实施渠道信息系统的困境与原则

（一）我国实施渠道信息系统的困境

我国的渠道信息系统建设取得了长足发展，特别是在移动互联逐渐普及时，某些数字化设施比发达国家还先进。但我国企业渠道管理信息化方面存在如下困境：

1. 管理不够规范，系统实施较难

信息化需要企业管理标准、明确、规范，不能似是而非。我国企业渠道管理不仅缺乏基础数据，甚至缺乏基本的业务流程和管理规章与规范，管理的随意性大，在信息化过程中会遇到困难。

2. 管理水平较低，运作成本较高

管理的规范化和优化是信息化的基础，对于分销业务而言，最主要的目标在于速度、效率和成本，体现在车辆调度、运送范围、线路规划、搬运方式、司机管理等方面。我国企业渠道管理水平较低，导致运作成本较高；管理不规范，导致在系统实施过程中业务需求不明、流程设计迟迟不能确定，增加了项目实施控制的难度。

3. 认识不够深入，缺乏长远规划

有的企业不知道信息技术能够给业务运作与管理带来哪些影响，不知如何应用；有的企业对信息技术敬而远之，以为将信息化工作交给信息中心或信息技术部门就万事大吉。殊不知，信息化首先是业务部门的事，而不应该由信息技术部门主导。

4. 软件选择不当，容易埋下隐患

一项调查显示，在IT应用不成功的案例中，因软件选择不当而失败的比例高达67%。正确的选择是成功的重要条件，在这方面常见的问题包括：一是好高骛远，贪大求洋。有的企业不顾自己的实际需求，购买最好最贵的软件，聘请国际咨询公司，花了大价钱，实际效果却并不一定好。二是目光短浅，只强调对现有业务的电子化，缺乏整体规划和一定的前瞻性，束缚了企业业务的发展。系统要么不断修修补补，要么被迫重新更换，导致浪费。三是忽视了选择服务与选择软件同等重要。渠道管理信息化是一项复杂的高知识含量的工作，风险很大，没有参与过实际项目的人很难有效地把握整个项目的进度和规避风险，如果企业自己摸索，很可能陷入泥潭。

（二）实施渠道信息系统的原则

1. 理念先行

企业应树立以客户需求为导向，借鉴和吸收先进的经验，通过流程重组保留合适的流程，去除不合适的流程，通过信息技术手段进行固化。渠道信息化建设的过程也是渠道管理理念提升的过程。为信息化而信息化，无疑是本末倒置。

2. 问题导向

哪里是企业经营中最薄弱的环节，就从哪里入手。根据“木桶原理”，水桶的盛水量取决于最短的那块木板。从解决最迫切的问题入手的好处在于能够以很小的投入获得较大的产出。在很多分销商中，最大的问题往往是库存，这是迫切要解决的。

3. 以业务部门为主导

以业务为本，以管理为纲，信息技术只是实现业务运作与经营管理信息化、集成化、网络化、智能化的手段。业务部门必须先考虑清楚怎么开展业务，业务流程是怎样的，怎么进行管理和监控，然后再通过信息技术手段来实现。

4. 整体规划，分步实施

企业应先从配送需求计划入手，拓展到企业资源计划，打通内部的运作环节，然后建立电子商务；接下来要建立客户关系管理系统、决策支持系统以及商业智能系统等。

5. 灵活性与简洁性相结合

灵活性指软件要能适应企业的变化、发展与业务增长需要。企业应该尽量选用简洁的系统，而不能用特别复杂的系统，否则，会大大增加企业信息系统的维护成本，提高 IT 应用的总成本。

案　例

ZARA 和上品折扣：信息系统运营的比较

ZARA 是专营 ZARA 品牌服装的连锁零售店品牌，在 87 个国家/地区设立超过 2 000 家服装连锁店。上品折扣是中国都市型百货折扣连锁店品牌，拥有多家实体店折扣大卖场。这两家公司均重视信息系统对竞争优势的塑造，但侧重点有所不同。

1. ZARA

ZARA 创立了时装零售市场上的快速反应概念；每年推出 12 000 种款式，保持一周两次上新的频率；产品从设计到上架的时间不超过 3 周。信息系统的应用帮助 ZARA 实现供应链的快速响应，信息系统将 ZARA 的产品设计、生产、配送和销售融为一体，让 ZARA 的供应链“转”得更快。

（1）侧重消费者需求信息的快速收集。每当电影或电视媒体中出现新的流行元素，ZARA 只需几天的时间，就可以完成对明星的装束或顶级服装大师创意作品的模仿。ZARA 的每家门店都部署了 IT 系统，ZARA 还有一个全天候开放的数据处理中心，每个零售网点都可以通过该系统追踪销售数据。

（2）侧重分销管理的高效率。ZARA 的分销、配送系统非常先进。ZARA 利用全球调配的物流体系，使各专卖店几乎同步上货。利用小批量多批次的供货方式，每周两次向各地专卖店进行新品配送，销售超过两周的商品也将被及时更换。ZARA 位于西班牙拉科鲁尼亚的货物配送中心拥有非常成熟的自动化管理软件系统。在信息化手段的干预下，ZARA 出货的正确率高达 98.9%。

2. 上品折扣

上品折扣的信息化应用旨在以更便捷的购物方式、更快速的配送服务，更广泛地面向全国消费者，让中国各个区域的时尚一族同步得到高品质、高性价比的潮流商品。显然，该公司重视前台的服务。

（1）在实体店中创新地应用平板电脑导购。上品折扣开发了自主品牌 PDA 用于销售环节。借助移动互联网终端来加强用户体验，采用信息化技术不断提升企业竞争力，以满足消费者日益增长的购物需求。上品折扣 PDA 主要用于解决商品数据的采集和现场的商品销售。上品折扣的每名销售员的数据都对接到同一个系统中。

（2）基于数据的运营创新管理。实现线上线下的数据统一后，上品折扣谋求进一步的精细化管理，即通过后台数据库实现一定的数据沉淀后，进行一系列的经营创新。

当发现某些供货商出现产品滞销情况，上品折扣会采取以下措施：建议降价，或将该产品调整到差一些的位置。而对于销售情况良好的品牌，则可以提供最好的位置。对于上品折扣的建议，供货商大多能接受，因为上品折扣能拿出很全面的销售数据。

同时，上品折扣也能发现哪些商品畅销，从而推动供货商的销售。例如，上品折扣发现某品牌商的某款鞋子销售额持续领先，便建议多进这款鞋子。

通过长期的积累，上品折扣也可以获知供货商的历史销售数据，从而在供货商的合作、品类的选择上制定更科学的策略。对于不同的供货商，上品折扣实行不同的策略，给予提前付款或者更优惠的政策。

资料来源：上品折扣打破常规 信息化实现精细运营．http://www.linkshop.com.cn/(3jqyvd450nop5d55fndznkrc) /web/Article_News.aspx? ArticleId=135031.

▶ **问题：**

1. 时代在变化，你认为 ZARA 和上品折扣的信息化模式哪一个更有竞争力？
2. 你认为类似的服装零售店的信息化策略的发展方向是什么？

本章小结

1. 渠道信息系统是指利用信息技术对渠道进行管理。它拓宽了渠道管理的空间，延伸了渠道管理的时间，对企业发展起到了较大的推动作用。

2. 渠道管理系统的作用主要体现在：杜绝信息不公开，及时作出决策，帮助企业提高管理透明度；掌控分支机构，帮助企业提高运营效率，降低运营成本；加强客户关系管理，提升客户满意度；帮助企业规避经营风险，对市场进行灵活应对；打通销售链；带来业务模式创新的机会。

3. 企业实施渠道信息系统的原则是：理念先行；问题导向；以业务部门为主导；整体规划，分步实施；灵活性与简洁性相结合。

思考题

1. 渠道信息系统的作用主要体现在哪些方面？
2. 渠道信息系统的主要思想支撑有哪些？
3. 实施渠道信息系统应注意什么？
4. 现阶段我国企业实施渠道信息系统面临哪些困境？

第11章 评估渠道绩效

学习目标

- 了解渠道绩效评估的定义和流程。
- 理解渠道整体绩效评估的内容。
- 掌握评估渠道成员的财务贡献的方法。
- 掌握对渠道成员综合评价的方法。

引　例

宝马考核经销商的指标

宝马汽车在中国发展迅速，而快速扩张的背后是宝马公司对经销商金融渗透率的考核。宝马公司根据4S店的金融渗透率来给予资金补偿，如金融渗透率达到40%～60%就能得到一定比例的补偿，而金融渗透率低于40%就得不到补偿。此外，根据区域整体金融渗透率排名来给予补偿。

客户分期贷款买车，经销商可以赚取金融补贴，还可以增加客户黏性，在贷款的几年内车主会在店里做保养、买保险等。销售人员之所以有动力推销汽车金融产品，是由于可以在收取的金融服务费中获得相应的提成。

资料来源：https://cj.sina.com.cn/articles/view/1705573893/65a8fe0501900fevm? sudaref=www.baidu.com&display=0&retcode=0.

渠道管理是一个动态过程，不仅包括确定渠道模式、选择与激励渠道成员，而且包括在必要的时候对渠道模式或渠道成员进行动态调整。渠道建设不是一项一劳永逸的工作，需要根据企业内外部环境的发展和变化持续地改进。因此，渠道绩效评估是渠道管理的一项重要内容。

第1节　什么是渠道绩效评估

生产厂家应定期对渠道系统或渠道系统中的渠道成员进行绩效评估，以确保整个渠道系统或渠道系统中的渠道成员能够按照厂商制定的管理措施高效运转。

一、渠道绩效评估的定义

渠道绩效评估指厂商通过系统化的手段或措施对营销渠道系统的效率和效果进行客观考核和评价的活动过程。

渠道绩效可分为宏观层面和微观层面。从宏观层面看，渠道绩效就是指渠道系统表现出来的对社会的贡献，是站在整个社会的高度来考察的。从微观层面看，渠道绩效则是指渠道系统或渠道成员对厂商所创造的价值或服务增值，是从厂商自身的角度来考察的。本章主要从厂商的角度阐述如何对渠道系统进行绩效评估，评估的对象既包括整个渠道系统，也包括渠道系统中某一层级的渠道成员。在实践中，不少厂商同时对某个层级的渠道成员及整个渠道系统进行评估。尤其是在渠道扁平化发展的趋势下，厂商加强了对渠道系统中渠道成员的绩效评估，以便决定是否对某些层级的渠道成员进行扁平化管理。

二、渠道绩效评估的流程

渠道的目的在于帮助企业实现销售目标。对渠道的绩效评估旨在建立一套与企业特定经营目标相一致的评价指标，引导渠道行为。渠道绩效评估的流程如图 11－1 所示。

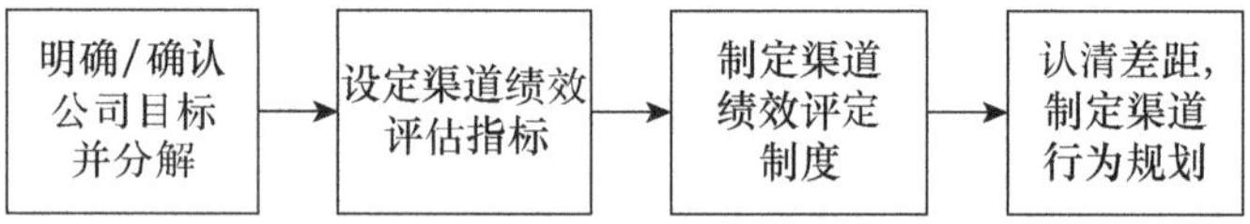

图 11－1　渠道绩效评估流程图

（一）明确/确认公司目标并分解

在公司目标与渠道行为之间建立更紧密联系的方式是将公司目标分解成一系列具体、明确的销售目标。一个呼叫中心很难根据“提高经营利润”这样的公司目标决定采取什么行动，但“使交易成本降低 5%”这样的销售目标容易操作。销售目标提供了期望值的底线，围绕这个底线，可以建立渠道的绩效指标和评定制度。

一些企业已经拥有强大的销售目标，这些销售目标将公司目标有效地传达给各个独立的渠道。但大多数情况下，企业管理层，尤其是运用复杂多渠道体系的企业的管理层，对于在市场中所有渠道组合后应该完成哪些任务指标很少给出满意的答案。通过分解公司目标可以给出答案。

（1）将每一个公司/业务目标分解为对应的销售目标。如目标“将经营利润提高到有竞争力的水平”通常直接转化成“降低销售成本 5%”这样的销售目标。为帮助企业实现每一个高水平的战略目标，销售目标应该明确、量化。

（2）将公司目标分解成三类：收入增加、利润提高和客户忠诚度提高。尽管公司目标各不相同，但大多数都适合这种分类法。将公司目标与以上三个类别一一对应是有必要的，因为这种简单的分类法能让企业在设定合理的销售目标过程中明确销售任务。1）收入增加这一目标要求对应的销售目标为获取新客户，扩大客户群的范围，加强对新市场的渗透，以及加强对已有市场的渗透。2）利润提高这一目标要求对应的销售目标为保留老客户，降低交易成本，将重点放在大多数能带来利润的客户上，更有效地运用销售资源。3）客户忠诚度提高这一目标要求对应的销售目标为改善客户服务质量，提供更强大的售后支持，向主要客户提供更灵活的销售资源及渠道的配置。

以上三类目标并不相互排斥。通过将公司目标分解成以上三类销售目标，企业通常能给出更明确的销售任务以设定合理的销售目标。数量庞大的销售目标不利于完成，精心挑选的销售目标更为有效。事实上，3～5 个主要销售目标通常就能为制定渠道绩效指标提供一个有效的指南。当一系列销售目标清楚地表达出来时，第一步骤就完成了。

（二）设定渠道绩效评估指标

绩效指标是有效渠道管理的中心部分。一个清楚而明确的绩效指标描述，如“使今年的渠道销售量增加 10%”，为评估渠道成功与否、追踪渠道绩效状况提供了一个基准点，也便于企业采取补救措施，使渠道绩效与其预期值一致。合理的渠道绩效指标基于销售目标和销售过程中的渠道作用两个前提。销售目标指的是所有销售行为的总目标。一个单独的渠道个体，其目标绩效水平必须以能帮助企业实现其销售目标为导向。设定的绩效指标必须能反映销售过程中每个渠道各自扮演的角色。例如，如果某个渠道的职能是提供客户支持服务，那么为其设定收入指标显然是没有意义的。同样，客户满意度对一个仅负责企业潜在客户的渠道来说通常也不是有价值的绩效指标。企业为每个渠道设定的期望值必须能够反映该渠道在销售过程中所承担的特定职责。

在确定渠道绩效评估指标时，可以遵循图 11－2 所示的流程。在某些情况下，顺序可以变动，或者重复某些步骤以找到合适的评估指标。这个流程的目的主要在于清楚地认识所需评估的方面，确定有针对性的指标。

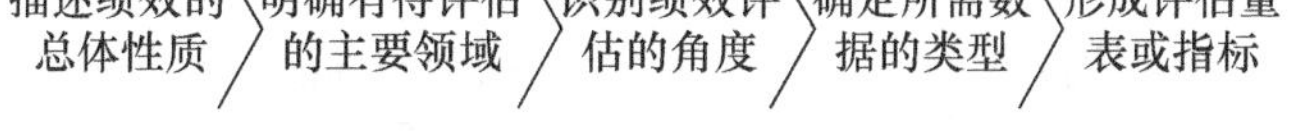

图 11－2　评估指标确定流程

1. 描述绩效的总体性质

这一步骤的意义在于考虑渠道绩效的多个方面和影响因素，以避免遗漏。绩效的定义取决于具体的绩效问题。比如，在评估顾客服务绩效时，顾客满意度可能是一个好的指标，但它并不评估不同顾客服务活动的获利性，也不测量因服务质量不佳而导致的顾客满意度下降。其他一些定义渠道绩效的备选方案包括 3E 绩效（效益、公平、效率）、基于结果和基于行为的控制系统等。不要一开始就确定一个具体的定义，有助于识别绩效问题独特或显著的特性。

2. 明确有待评估的主要领域

这一步骤的主要意义在于尽可能地将渠道绩效的一些细微方面包含到测量指标中。

3. 识别绩效评估的角度

渠道绩效评估至少有三个角度：（1）内部的角度，比如，渠道的某个成员为了比较自己的绩效与目标之间的差距，进行自我评估。（2）外部的角度，渠道成员的绩效由其目前（或潜在）的合作伙伴进行评估，比如，厂家从供应商的角度对分销商的绩效进行评估。（3）第三方的角度，指渠道外部的第三方对渠道绩效进行评估，比如，监管机构调查价格歧视或限制销售条款。对绩效评估的角度进行清楚的界定非常重要，因为它是制定绩效标准的主要决定因素。

4. 确定所需数据的类型

这一步主要决定需要收集什么样的数据及其收集方法：是财务数据还是非财务数据，是主观数据还是客观数据，是原始数据还是标准数据，是采用调查、内部审计还是收集二手资料的方法。

5. 形成评估量表或指标

评估指标多种多样，本书以重型卡车行业评估渠道成员的绩效指标（见表 11－1）为例加以说明。

表 11－1　重型卡车行业评估渠道成员的绩效指标

基于产出的指标	基于行为的指标
1. 总经销量	17. 服务部门
2. 总经销利润	18. 担保索赔的过程
3. 销售毛利	19. 建筑设施
4. 库存额	20. 办公室系统
5. 市场份额	21. 雇员激励计划
6. 顾客满意度	22. 贸易区域范围
7. 销售费用	23. 销售人员的产品知识
8. 投资回报	24. 销售人员的销售技巧
9. 库存费用	25. 经销商财务计划
10. 客户服务的总体水平	26. 经销商业务计划
11. 按产品类型划分的销售数量	27. 广告促销方案
12. 销售人员人均销售量	28. 顾客抱怨数量
13. 销售定额	29. 买方信用管理
14. 供应商利润	30. 准确的销售预测
15. 按产品类型划分的销售金额	31. 销售拜访总次数
16. 各产品类型的利润	32. 当前客户的拜访次数
	33. 非客户的拜访次数
	34. 产品演示次数

资料来源：Mark T. Spriggs. A Framework for More Valid Measures of Channel Member Performance. Journal of Retailing, 1994（4）：335.

（三）制定渠道绩效评定制度

渠道的绩效评定使企业管理者能够随时追踪渠道的绩效状况，确保其与对应的绩效指标相符，并揭示存在的绩效问题。绩效指标的确定取决于绩效的主要决定因素。所谓绩效的主要决定因素是指能直接并强有力地影响渠道综合绩效的渠道行为。例如在远程服务领域，一个销售副总裁可能将拨出更多销售电话量确定为一个呼叫中心业务增长的最直接来源。如果目标是降低成本，则呼叫中心绩效的主要决定因素将是那些能最大限度地影响渠道实现其绩效指标的行为。

（四）认清差距，制定渠道行为规划

渠道绩效评估指标及评定制度的作用是什么呢？渠道绩效评定制度有两个基本用途。首先，它们可用作管理渠道绩效的强有力的连续检测工具。连续的绩效评定是动态渠道管理的基础，它使市场预期值与实际值可实时对照及调整。其次，渠道绩效评定制度提供了认清渠道现有水平与实现销售目标所需要的未来绩效水平之间的差距的一个机会。关键是明确为达到未来的绩效水平，每个渠道现在必须采取什么行动。

制定渠道行为规划，就是要确定必须采取哪些具体行动。制定渠道行为规划包含以下步骤：

（1）以渠道绩效评估指标及主要评定制度为起点，对渠道行为进行评定，以使其与绩效指标相符。

（2）记录渠道的实际绩效。

（3）确定 18～30 个月后渠道绩效必须达到的水平。

（4）确定一系列具体的针对渠道的行为，以帮助渠道从现在的绩效水平过渡到未来（期望）的绩效水平。

渠道行为规划通过将企业的销售目标和渠道绩效评估指标解析成具体的渠道行为来发挥渠道优势。该渠道行为与渠道实现其目标、达到其绩效指标的要求相一致。

当涉及多渠道投资组合时，应高度强调渠道绩效管理的重要性。经过认真推敲后选定的目标和评定制度，为确保销售渠道服务于企业的主要目标并在销售过程中履行其应该履行的职责提供了基本前提。同时，该目标和评定制度也使企业管理者能够按照渠道绩效必须与公司目标及期望值相符的要求确定具体的渠道行为。

第 2 节　渠道整体绩效评估

第 1 节重点介绍了渠道绩效评估的流程及每一个环节包括的具体内容，本节从全局角度来审视渠道绩效。

一、从社会的角度评估

斯特恩等提出了评估营销渠道整体绩效的多维结构3E模型。这一模型包括对渠道成员的财务绩效和渠道的社会贡献的测量。而渠道的财务绩效是渠道所承担的多种任务与责任的体现。

3E模型采用的是一个较为宽广的角度，如图11-3所示。效果（effectiveness）是指渠道以尽可能低的成本将服务或产品交付给最终消费者的全球绩效力。总体上，工业化国家的渠道效果优于非工业化国家。公平（equity）是指一个国家的所有公民有相同的机会去使用现有的营销渠道，有相同的能力去接触现有的营销渠道。从这个角度看，全球性分销的公平性是相当差的。效率（efficiency）是指以较少的社会资源达成某些具体结果。由于这些具体结果通常是针对细分市场的目标消费者的服务条款，因而效率和效果是紧密相连的。信息技术的发展提高了渠道的效率。

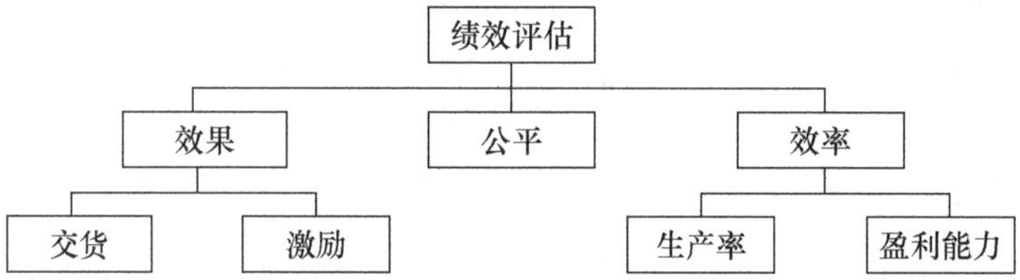

图11-3 营销渠道绩效评估3E模型

二、从企业的角度评估

从企业角度考察整个渠道，主要从渠道管理组织、渠道运行状况、渠道服务质量和渠道经济效果四个方面展开。前三者主要是定性分析，后者是从财务角度进行的定量分析。

（一）渠道管理组织评估

渠道管理组织的评估包括两个方面的内容：第一是考察渠道系统中销售经理的素质和能力。比如在厂商的渠道系统中，从事销售工作3年以上且具有一定学历的地区经理占销售经理总数的比例有多大，该比例越大，表明销售管理组织的素质和能力就越强。第二是考察厂商分支机构对零售终端的控制能力。比如，厂商分支机构是否有自控的零售终端？如果有，自控零售终端的销售额占厂商分支机构所在地销售额的比例是多少？

（二）渠道运行状况评估

渠道运行状况指渠道成员之间的配合、协调以及积极性发挥等方面的综合表现，它决定渠道的效率和功能。渠道运行状况评估是以渠道建设目标和分销计划为依据，考察任务的分配、渠道成员的合作意愿与努力程度、渠道冲突的性质与程度、销售是否达到既定的目标等。具体分析时可从渠道通畅性、渠道覆盖面、渠道流通能力及利用率、渠道冲突等方面展开。

1. 渠道通畅性

渠道通畅性指产品流经渠道各环节时的通畅程度，即指产品能否在合适的时间到达顾客手中。这可以通过以下几方面情况来判断：渠道的某些环节是否有断货现象，产品是否在中间环节积压，产品到达某一环节的时间是否正常等。

2. 渠道覆盖面

渠道覆盖面指最大的销售区域。它是衡量渠道运行状况的一项重要指标，可从渠道成员数量、分布区域和零售商圈规模等方面衡量。

营销视角

瓶装水的渠道覆盖

市场上经常有新的瓶装水品牌出现，它应如何布局营销渠道呢？通常，新品牌不应直接抢占主流品牌的大流通渠道，而应聚焦于特定的渠道，做好相关的渠道覆盖，在利基市场中求生存。

新品牌通常可以考虑如下几个特定市场的渠道，分别为学校、医院、商圈和写字楼。下面以提高学校的渠道覆盖面为例简要说明。校园市场相对封闭，消费群体相对集中，消费能力相对较高。抓住了学生的消费导向，就相当于抓住了未来成熟消费者的消费导向。企业可从学生时代开始孵化后期家庭时代的消费群体。提高市场覆盖率的具体方法包括：(1) 以现有售点为中心，通过买断售点、调整陈列等方式，以点带面提升单个售点的销售能力；(2) 不间断地做消费者沟通活动，例如放大线上音量做活动宣传，锁定线下主题活动推广，线上线下有机结合，锁定学生粉丝团；(3) 打造样板店，辐射周边市场。

资料来源：做好瓶装水，请重视这四个渠道覆盖．https://k.sina.cn/article_3273883705_c323803900101aljw.html? kdurlshow=1.

3. 渠道流通能力及利用率

渠道的流通能力指厂商在单位时间内经由该渠道将产品转移到用户手中的平均数量。流动的产品数量与时间的比值则是流速。一般地，渠道的流通能力取决于渠道的瓶颈部分。流通能力可以通过利用率来衡量，具体指标包括：平均发货批量、平均发货间隔期、日均销售数量和平均产品流通时间。

4. 渠道冲突

渠道冲突是交换过程的一部分。无论对渠道如何设计和管理，都不可能完全消除冲突。过多的渠道冲突会导致渠道失调，但一定程度的渠道冲突能产生建设性的作用，使渠道获得适应变化的环境的动力。因此，处理渠道冲突的重点不在于如何消除，而在于如何管理。

（三）渠道服务质量评估

对服务质量的评估可以从信息沟通、物流服务、促销效率和顾客抱怨与处理等方面展开。

1. 信息沟通

市场信息的收集者和传递者主要是零售商或批发商，信息的接收者和使用者主要是生产厂家或渠道领导者。信息沟通质量主要是考察渠道的下游对上游所反馈的市场信息与产品信息是否有效，衡量指标包括沟通频率、沟通内容、沟通时间和沟通方式。

渠道商家往往身处市场一线，相对生产厂家而言更接近消费者。在沟通良好的情况下，下游企业在某种程度上可以常年为上游企业承担市场调研的职能。沟通的信息范围可以是当地的经济状况与发展趋势、政府的政策与法规，可以是竞争品牌的营销新举措、新进入者的情况，也可以是自身业务开拓如市场份额变化、宣传与促销等信息。渠道信息沟通质量对于生产厂家的营销决策具有重要意义。

2. 物流服务

及时满足顾客需求不仅要求快速完成谈判、签订合同，而且要快速交货，以使顾客在需求产生时能立即购买到所需要的产品。可口可乐公司的“无所不在”策略使其物流服务具有极高的质量。

不少公司这样描述它们的物流目标：以最低的成本将适当的产品在适当的时间运到适当的地点。这一目标缺乏实际的指导意义，没有一个物流系统能同时兼顾最佳顾客服务和最低分销成本。最佳顾客服务意味着大量的存货、足够的运输工具和许多仓库，这一切都将增加分销成本。最低分销成本意味着低廉的运输费用、低水准的存货和少量的仓库。渠道成员从自身利益出发，一般倾向于保持尽可能少的库存以减少资金占用，倾向于采用较便宜的运输方式以节约成本。但这些运输方式的速度相对较慢，较少的库存容易造成断货。

企业在设计和管理渠道时，通常着重从六个方面来控制物流服务的质量：快速反应、高弹性、最少库存、优化运输、全面质量控制和产品生命周期支持。

3. 促销效率

渠道促销效率指在促销活动的前后，渠道中产品流通量的变化与预期效果的比较。促销效率的事后评估是检验促销活动是否达到预期目标以及促销花费是否合算的较好方法，同时也是为下一次的促销决策提供参考和衡量的标准，避免盲目行动的风险。为了提高促销效率，营销管理者应该掌握每一次促销活动的成本和对销售的影响，通过统计促销促成的销售比例、赠券回收率、咨询人数等来评估促销效率。宝洁公司采用销量浮动评估法、随机抽样评估法和数据综合分析评估法评估促销效果，对渠道促销效率的评估是其整体促销评估方案的一部分。

企业可采用多种方法对渠道的促销效率进行评估，而且在不同市场可采取不同的做法。比如，可根据促销活动前后零售商的销量、商店货架空间的分布和零售商对合作广告的投入等评估对零售商的促销效率。

延伸阅读

社交媒体平台的评价指标

厂商在选择社交媒体平台时通常会考虑几个关键的评价指标。这些指标包括：网站流量、变现能力、客户增长等。数字化时代，毫无疑问流量在哪，客户就在哪。就像传统时代，餐饮企业首先考虑的是选址，而选址的核心是流量。目前大部分社交媒体平台为了获取流量，采用的方式都是免费，甚至给予补贴。变现指标能让我们清楚地看到各个社交媒体平台怎么使得企业借助该渠道获利。变现指标主要包括如下几个子指标。社交媒体转化率指可以归因于社交媒体的转化量占总转化量的百分比，用社交媒体转化量除以总转化量。客户增长反映的是未来的潜力，主要指标有客户保持率、客户流失率、每单支持成本等。客户保持率指在其他客户离开的背景下，继续与企业保持关系的客户比例。客户流失率用于衡量在特定时期内离开的客户数量。每单支持成本指支持团队一个月内的运营成本除以当月的订单数量。

4. 顾客抱怨与处理

顾客的抱怨行为是由对产品或服务的不满意引起的，所以抱怨行为是不满意在具体行为上的反映。顾客对服务或产品的抱怨意味着经营者提供的产品或服务没达到顾客的期望，未满足顾客的需求，同时也表明顾客仍对经营者抱有期待，希望它能提高服务水平。一位不满意的顾客对商家的负面影响是不容忽视的，可能使商家的利益直接或间接地蒙受损失。企业应该全面了解顾客抱怨的前因后果，积极采取应对措施，使顾客由抱怨到满意再到惊喜。顾客的抱怨实际上是企业改进工作、提高顾客满意度的机会。

在顾客面前，渠道商家代表了其所售产品生产厂家的形象。因此，渠道成员对顾客抱怨的处理效率非常重要——如果对顾客抱怨的处理效率低下，就容易激化矛盾，并因此给生产厂家增加压力。生产厂家应协助渠道成员建立顾客抱怨管理制度。第一，鼓励顾客公开提出批评和建议，同时对那些私下抱怨的顾客进行追踪调查，积极收集顾客对其产品和服务反应的完整资料，进行分析，及时发现问题并予以纠正。第二，建立顾客抱怨卡，记录顾客抱怨的内容，通常包括事件的发生时间、内容、经过及处理结果等。

（四）渠道经济效果评估

评估渠道的经济效果，一是评估产出，主要是销售分析；二是评估投入，主要是分析渠道的费用。此外，还可以通过一些财务指标如盈利能力和资产管理效率，分析深层次的原因。

渠道绩效评估的常用方法有两种，一是历史比较法；二是区域比较法。这两种方法都比较适合定量评估。

历史比较法是指将渠道系统或渠道成员的当期销量与上期销量相比较，得出上升或下降的百分比，然后再与整体市场的升降百分比进行比较。对高于整体市场平均水平的渠道系统或渠道成员予以奖励，对低于整体市场平均水平的渠道系统或渠道成员则要做进一步的具体分析，找到原因并帮助改进。该方法的难点在于需要准确把握整体市场平均水平。

区域比较法是指将各渠道成员的绩效与该区域销售潜量分析所得出的数值进行比较。具体做法是：将某区域内各渠道成员在某一时段的实际销售量与通过分析得出的该区域销售潜量进行比较并排序，通过测算相关指标，确定这些渠道成员在这一时段是否达到了某一标准。该方法的难点在于需要客观把握该区域内的销售潜量。

1. 销售分析

销售分析是渠道运行的经济效果评估的重要内容，它主要评价销售计划与目标的实现情况。销售分析可以进一步分为销售差异分析和区域/产品分析。

销售差异分析旨在通过分析影响销售额的诸多因素，了解它们对渠道效率的影响程度。渠道效率最终将影响销售额。由于销售额＝销售量×价格，所以除了渠道效率之外，消费者需求、竞争状况、产品质量、促销等都对销售额产生影响，价格的升降也影响销售额。例如，假设某公司年度销售计划所定目标为全年实现销售额200万元，销售产品数量为5 000件，每件产品计划平均单价为400元。年末共计销售产品4 500件，平均单价为380元，实际完成销售额171万元，即销售额差异为29万元。我们可以通过销售差异分析来探究销售绩效降低的原因在多大程度上归结为价格下降，在多大程度上归结为销售量下降。

价格下降形成的差异＝(400－380)×4 500/290 000＝31％

销售量下降形成的差异＝400×(5 000－4 500)/290 000＝69％

由以上计算可以发现，销售差异的形成69％是因为销售量下降。此时，可以进一步就渠道效率对销售量下降的影响进行深入分析，比如，渠道的推广力度和推广能力等都对销售效率产生影响。

区域/产品分析是指按产品类别和销售区域进行比较分析：先找出影响销售额的主要区域/产品，再按照销售差异分析的思路找出主要影响因素。

2. 市场占有率分析

仅分析企业销售绩效并不能反映出企业相对其竞争对手的经营状况如何。企业销售额的增加可能是由于企业所处的经济环境的好转，也可能是其市场营销工作有所改善。市场占有率正是剔除了一般的环境影响来考察企业本身的经营工作状况的指标。如果企业的市场占有率提高，表明它相对于竞争者绩效更好；如果下降，则说明它相对于竞争者绩效较差。

市场占有率分析的目的在于：通过对市场占有率的严格定义，为决策者提供可供比较的市场占有率；通过对市场占有率的影响因素分析，找到市场占有率上升或下降的具体原因，并为企业改进其渠道系统提供明确建议。市场占有率有三种不同的计算方法。

（1）全部市场占有率：以企业的销售额占全行业销售额的百分比表示。使用这种测量方法必须作出两项决策：第一，以单位销售量或销售额来表示市场占有率；第二，正确认定行业的范围，即明确本行业所应包括的产品、市场等。

（2）可达市场占有率：以其销售额占企业所服务市场的百分比表示。可达市场就是企业产品最适合的市场、企业市场营销努力所及的市场。企业可能只有相对较小百分比的全部市场占有率，却有近 100%的可达市场占有率。

（3）相对市场占有率：企业销售额与主要竞争对手的销售额之比。根据比较对象的不同，又可以分为相对于三个最大竞争者的相对市场占有率和相对于市场领导者的相对市场占有率。前者以企业销售额与最大的三个竞争者的销售额总和的百分比来表示。如某企业有 30%的市场占有率，其最大的三个竞争者的市场占有率分别为 20%，10%和 10%，则该企业的相对市场占有率是 75%。一般情况下，相对市场占有率高于 33%即被认为是强势的。后者以企业销售额与市场领导者的销售额的百分比来表示。相对市场占有率超过 100%，表明该企业是市场领导者；相对市场占有率等于 100%，表明企业与市场领导者旗鼓相当。相对市场占有率的增加表明企业正接近市场领导者。

了解企业市场占有率之后，尚需正确解释市场占有率变动的原因。企业可从产品大类、顾客类型、地区以及其他方面来考察市场占有率的变动情况。一种有效的分析方法是利用顾客渗透率 C_p，顾客忠诚度 C_l，顾客选择性 C_s，以及价格选择性 P_s 四个因素分析。顾客渗透率是指从本企业购买某产品的顾客占该产品所有顾客的百分比；顾客忠诚度是指顾客从本企业所购产品与其所购同种产品总量的百分比；顾客选择性是指本企业一般顾客的购买量相对于其他企业一般顾客的购买量的百分比；价格选择性是指本企业平均价格与所有其他企业平均价格的百分比。全部市场占有率（T_{ms}）就可表示为：

$$T_{ms}=C_p \cdot C_l \cdot C_s \cdot P_s$$

假设某企业在一段时期内市场占有率有所下降，则上式为我们提供了四个可能的原因：企业失去了某些顾客（较低的顾客渗透率）；现有顾客从本企业所购产品数量在其全部购买中所占比重下降（较低的顾客忠诚度）；企业现有顾客规模较小（较低的顾客选择性）；企业的价格相对于竞争者产品价格显得过于脆弱，不堪一击（较低的价格选择性)。经过企业调查，可以确定市场占有率改变的主要原因。

假设期初的顾客渗透率是60%，顾客忠诚度是50%，顾客选择性是80%，价格选择性是125%，根据T_{ms}的计算公式，企业的市场占有率是30%。

假设期末企业的市场占有率降为27%，在检查市场占有率要素时发现顾客渗透率为55%，顾客忠诚度为50%，顾客选择性为75%，价格选择性为130%。很明显，市场占有率下降的主要原因是失去了一些顾客（顾客渗透率下降)，而这些顾客的购买量一般都高于平均的购买量（顾客选择性下降)。这样，企业决策者就可采取针对性的措施。

3. 渠道费用分析

渠道系统的成本（费用）直接影响厂商的利润，因此，对渠道系统成本的有效控制非常重要。

(1) 分销渠道成本的构成。渠道成本指以最终用户支持的任何方式将产品从生产者向最终用户转移过程中产生的所有成本。企业的营销渠道无论采用哪种模式，其单位产品渠道成本（C）都来自建立之初的固定成本（FC）和运转中的变动成本（VC)，企业通过市场预测和会计核算都可以估算出这两种成本。如果企业选择建立直接销售渠道，则要设立拥有产权的销售部门，培养自己的销售队伍，配备用于销售的设备设施，故其固定成本（FC_1）较大。而一旦销售渠道建立起来，维护的变动成本（VC_1）较小，主要是销售人员的工资支出等费用。如果企业选择了间接渠道，利用中间商来销售，其固定成本（FC_2）较小，但是单位产品的变动成本（VC_2）较大。这是因为：首先，生产商的下游企业要从单位产品价格中挪走较大的份额作为佣金等。其次，为了防止产品在价格和服务质量方面的失控，维护企业和产品的市场形象，还需要对中间商加强管理，使变动成本增加。最后，为了促使中间商尽可能多地代理或经销本企业的产品，企业还需要派人定期访问中间商，为其提供宣传品等，这些都会增加变动成本VC_2。

根据上述对渠道成本的分类，以S代表销售量，则渠道成本函数可以表示为：

直接渠道成本函数：$C_1=FC_1+VC_1\times S$

间接渠道成本函数：$C_2=FC_2+VC_2\times S$

且有$FC_1>FC_2$，$VC_1<VC_2$。

实务操作中，渠道系统的成本可划分为如下几个方面：

- 直接推销费用（主要包括直销人员工资、奖金、差旅费、培训费以及招待费等)。
- 市场促销费用（主要包括宣传海报、产品介绍等的印刷费，赠品费，展览费，促销人员劳务费等)。
- 渠道成员的代理费用（给予渠道成员的佣金)。
- 厂商自建渠道成本（包括初始投资成本以及此后的营运成本等)。
- 仓储费用（包括租金、维护费、折旧、保险和存货成本等)。
- 包装与品牌管理费用（包括包装费、产品说明书费用、品牌制作费和品牌管理费等)。

- 其他市场营销费用(包括市场营销管理人员工资、办公费用等)。

有些费用与销售额直接相关,称为直接费用;有些费用与销售额并无直接关系,称为间接费用。有时两者很难划分。

(2)渠道运行效率与单位产品渠道成本。渠道运行效率是指通过某个营销渠道的商品流量与该渠道成本之比。实务操作中常计算渠道成本与销售额比率,也就是用当期渠道成本除以当期销售总额的比率。该指标主要衡量厂商的渠道系统的运作效率。若该比率较高,表明厂商的渠道效率较低,应注意渠道成本费用的控制;若该比率较低,则说明厂商的渠道效率较高,应继续保持。渠道成本与销售额比率用公式表示如下:

$$渠道成本与销售额比率=\frac{当期渠道成本}{当期销售总额}\times 100\%$$

单位产品渠道成本是指平均到单位产品中的由销售环节和其他渠道环节发生的两部分费用。可以用渠道成本示意图(见图 11-4)来分析渠道成本与渠道模式的关系。

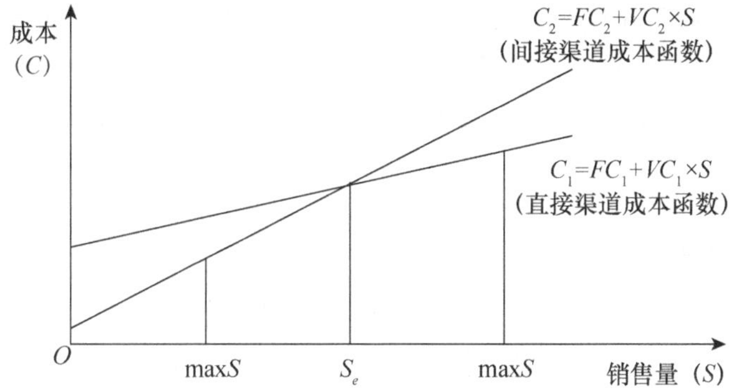

图 11-4 渠道成本示意图

图 11-5 在同一坐标系中给出 C_1,C_2,S_e 和最大销售量 $\max S$ 四者之间的关系。结论就是:当企业提供的销售规模 $\max S<S_e$ 时,选择间接渠道成本较低,这时企业可获得最大化的渠道效率;当企业提供的销售规模 $\max S>S_e$ 时,选择直接渠道成本较低,这时企业可获得最大化的渠道效率;当 $\max S=S_e$ 时,两种渠道可以给企业带来相同的渠道效率。

(3)渠道费用评估原则。渠道费用评估遵循两个原则:一是费用比例与功能地位的匹配性;二是费用增长与销售增长的匹配性。

渠道费用的构成应与分销功能相匹配。各分销渠道功能的有效运行都需要一定的费用作保证,重要或难度大的分销功能应获得较多的费用支持。合理的费用分配应当是:对于每一项功能而言其费用系数与功能系数之比等于 1,否则就表明有些费用支持不合理,应分析原因并加以改进。

渠道总费用应与产品销售额保持一个合理的比例。在市场竞争激烈的情况下,常出现渠道费用大幅度增长而销售额却缓慢增长的现象,此时有些渠道费用支出的效果被竞争抵消了。比如，A 公司在 B 公司采取降价措施的情况下，不得不开展促销行动或加大广告宣传力度。在有些情况下，公司需要对渠道进行变革。

营销视角

App 的通道费

苹果公司宣布了一项新政策：开发者在苹果 App Store 应用商店的佣金费率将从 30%降至 15%。App 经营企业，特别是手机游戏企业，通常要向各个手机平台支付通道费，而且费用的抽成比例并不低。以苹果公司为例，App Store 是苹果第二大核心业务，其收入仅次于 iPhone。30%抽成的“苹果税”一直是业界争议的焦点，苹果公司也吃了不少官司，但一直不为所动。

Google Play 的抽成同样是 30%，但部分第三方应用平台已超过了这一比例。比如腾讯移动游戏平台，其网游联运合作模式的分成比例是开发者 60%、腾讯 40%。

然而，唯独苹果公司站在了舆论的风口浪尖。有分析人士认为，“可能是因为苹果 App Store 的付费用户相对安卓用户占比高很多，游戏公司从这个渠道获得的营业收入非常可观，因而对收益影响更大。”

资料来源：苹果 App Store 30%的抽成比例成为业界最高?. http://www.elecfans.com/d/1387674.html.

4. 盈利能力分析

（1）销售利润率。销售利润率是指渠道系统当期利润与当期销售收入之间的比率，表示每销售 100 元时企业获得的利润。用公式表示为：

$$销售利润率=\frac{当期利润}{当期销售收入}\times 100\%$$

有些企业销售额的增长是通过采取大量的促销手段和低价销售实现的。此时，销售额虽然上升，利润却下降了——单独考察销售额指标无法揭示这种状况。因此，渠道成员和厂商都引入销售利润率作为评价一个渠道系统获利能力的主要指标。对于渠道成员来说，销售利润率在一定程度上影响渠道成员的积极性，进而影响渠道系统的稳定性；对于厂商来说，销售利润率影响其持续发展能力。

同一行业各个企业间的负债比率往往大不相同，而对销售利润率的评价又常需要与同行业平均水平进行对比。因此，在评估企业获利能力时最好能将利息支出加上税后利润，以便大体消除由于举债经营而支付的利息对利润水平产生的影响，增强在同行业企业间衡量经营水平时的可比性，以正确地评价市场营销效率。销售利润率的计算公式实际应该是：

$$销售利润率=\frac{税后息前利润}{产品销售收入净额}\times 100\%$$

（2）资产收益率。资产收益率是指厂商创造的总利润与厂商自身全部资产的比率。与销售利润率一样，为了在同行业企业间有可比性，当期利润是指税后息前利润。用公式表示为：

$$资产收益率=\frac{当期利润}{资产平均总额}\times 100\%=\frac{税后息前利润}{资产平均总额}\times 100\%$$

式中，资产平均总额＝(年初资产总额＋年末资产总额)/2。之所以用资产平均总额，是因为年初余额和年末余额相差很大，如果用年末余额显然不合理。

（3）净资产收益率。净资产收益率指税后利润与净资产平均余额的比率。净资产是指总资产减去负债总额后的净值。这是衡量企业偿债后的剩余资产的收益率，体现的是投资者的绩效。其计算公式为：

$$净资产收益率=\frac{税后利润}{净资产平均余额}\times 100\%$$

式中，税后利润不包含利息支出，因为净资产不包括负债。

5. 资产管理效率分析

（1）资产周转率。资产周转率是指产品销售收入净额与资产平均总额之比。其计算公式为：

$$资产周转率=\frac{产品销售收入净额}{资产平均总额}\times 100\%$$

该指标反映的是渠道现有资产循环的次数，用以衡量企业在渠道的全部投资的利用效率。资产周转率高说明投资的利用效率高。

（2）存货周转率。存货周转率是指产品销售成本与存货（指产品）平均余额之比。其计算公式如下：

$$存货周转率=\frac{产品销售成本}{存货平均余额}\times 100\%$$

该指标说明某一时期内存货周转的次数，从而考核存货的流动性。存货平均余额一般取年初余额和年末余额的平均数。一般来说，存货周转率越高越好，说明存货水平较低、周转较快、资金使用效率较高。

延伸阅读

经销商绩效测量表

建立一套科学、合理、规范的经销商绩效评价体系，对于生产商增减渠道成员、优化渠道结构、提高整体销售业绩具有重要的战略意义。某家具公司通过市场拓展、销售额、配合度、销售增长率、顾客投诉率对经销商绩效进行评价。这五种因素可以分为两类指标，其中，销售额、销售增长率属于财务指标；顾客投诉率、市场拓展和配合度属于行为指标（如表 11－2 所示）。

表 11-2　某企业经销商绩效测量表

代理商名称		考核人员		考核年度	
评价因素	评价要点			评分标准	考评得分
市场拓展	1	市场拓展非常得力，分销商开发达成率100%。		20	
	2	市场拓展得力，分销商开发达成率95%。		11	
	3	市场拓展基本合乎要求，分销商开发达成率90%。		7	
	4	市场拓展力度不够，分销商开发达成率仅为80%。		4	
	5	市场拓展被动，分销商开发达成率不足80%。		1	
销售额	1	业绩优秀，年度销售目标达成率100%。		20	
	2	业绩优良，完成年度销售目标的95%。		11	
	3	业绩尚可，完成年度销售目标的90%。		7	
	4	业绩一般，仅完成年度销售目标的80%。		4	
	5	业绩较差，年度目标达成率低于80%。		1	
配合度	1	主动配合公司有关政策，执行良好。		20	
	2	基本能执行公司有关政策，未发生违规行为。		11	
	3	尚能执行公司有关政策，发生1次违规行为。		7	
	4	对公司部分政策有抵触行为，发生3次以上违规行为。		4	
	5	拒绝执行公司有关政策，经常发生违规行为。		1	
销售增长率	1	年度销售总额增长达30%。		20	
	2	年度销售总额增长达20%。		11	
	3	年度销售总额增长达10%。		7	
	4	年度销售总额增长达5%。		4	
	5	年度销售总额几乎没有增长，增长率尚不足5%。		1	
顾客投诉率	1	年度内未发生顾客投诉。		20	
	2	年度内顾客投诉1次。		11	
	3	年度内顾客投诉2次。		7	
	4	年度内顾客投诉3次。		4	
	5	年度内顾客投诉达4次及以上。		1	
综合得分					
年度评语					

资料来源：陈波．家具企业营销渠道管理研究．西安：陕西师范大学，2014.

第 3 节　渠道成员的财务贡献评估

第 2 节主要从整体的角度对渠道进行评估。但是，仅了解渠道的整体绩效尚不够，公司需要根据不同渠道成员的不同成本及其获利性来调配资源。为揭示渠道体系中不同渠道成员的成本与获利性，本节介绍作业成本法和直接产品利润法。

一、作业成本法

作业成本法（activity-based costing（ABC）method）指将成本分解到生产该产品所必需的活动中去的方法。作业成本法的理论基础是成本动因理论，这种理论认为费用的分配应着眼于费用发生的原因，把费用的分配与导致这些费用产生的原因联系起来，按照费用发生的原因分配。这包括后勤、生产、服务、技术、市场、销售、行政和信息资源成本。

作业成本法为企业成本管理提供了良好的基础。我们可以将这一概念应用到分销渠道的情境中，只需将“产品”解读为“渠道”或“产品与渠道”，就可以采用作业成本法比较不同渠道的效率，或者比较特定渠道销售不同产品的效率。

为了解通过某一渠道销售某产品的获利性，首先需要识别所用资源及其成本，然后将这些成本分摊到特定的渠道功能和流程中，最后得出各渠道的损益。这使得企业能够判断不同渠道模式的获利性。

下面以一个案例来介绍作业成本法的实际应用。此案例的中心问题是某饮料公司要不要在 J 市设立分销中心。对该公司用 ABC 法进行分析，首先将分销流程描述如下：分销过程从产品下线存入仓库开始，至交货到客户仓库处结束。按照 ABC 法的标准程序，先考察从 Z 市至 X 市分销中心，再到 J 市客户的整个过程，将该过程分解为单项具体的发生费用的活动。各项活动（作业）如表 11－3 所示，此外简要地把单位成本用每箱的成本来表示。

表 11－3　设立分销中心前每箱的分销成本

作业	单位成本（元）	单位	每箱成本（元）
成品仓储	10.74	托	0.17
开单据	2.40	单	0
装车	4.30	托	0.07
上车运输（Z 市至 X 市）	29.29	托	0.45
卸车	3.20	托	0.05
分销中心仓储	6.03	托	0.09
销售拜访客户	250.00	订单	0.81

续表

作业	单位成本（元）	单位	每箱成本（元）
开单	0.90	订单	0
装车	3.20	托	0.05
卡车短途运输（X市至J市）	28.57	托	0.44
其他成本：信息系统使用费	0.07	箱	0.07
小计			2.20

J市作为分销中心的可能性分析：Z市、X市、J市基本上是一个三角形，由于该公司的饮料主要在城市销售，在构建模型时可以认为销售就集中于三个城市，中间的乡村区域销量几乎为零。在J市设立分销中心后，依上述方法，可以得出每箱的分销成本为2.16元，小于2.20元。分析表明，在J市设立分销中心是可行的。

二、直接产品利润法

直接产品利润法（direct product profit（DPP）method）是一种会计核算方法，用来检验每一种产品对零售商的总利润的贡献。销售收入为了确定一个单品的DPP，创造出了一个特殊的公式来推导经手该单品的所有直接成本和间接成本。DPP法不涉及管理费用的分摊，只涉及与产品直接相关的成本，如订货成本和存货成本；ABC法涉及这些管理费用和间接成本。DPP法从渠道下游成员看上游成员的角度，关注单个产品或存货单位（SKU）的财务绩效。

这种方法需要详细的会计资料，最好是通过ABC法得到的资料。信息系统和扫描系统提高了该方法的可操作性。净利率对于单类产品而言通常毫无意义，毛利率忽视了直接运营成本和现金折扣，而DPP法在这两者之间实现了平衡。具体示例如表11－4所示。

表11－4　直接产品利润法示例

项目	产品A（%）	产品B（%）
销售收入	100	100
一产品成本	79.5	76.5
毛利润空间	20.5	23.5
＋现金付款折扣	1.6	0.0
＋交易折扣	2.0	1.2
＋预期付款利润（净利润）	1.3	0.0
＋回程运费收入	0.8	0.0
调整后的毛利润空间	26.2	24.7
仓库成本		
一劳动力	1.1	1.6

续表

项目	产品 A（%）	产品 B（%）
一空间	1.0	1.2
运输成本		
一劳动力/设备	1.2	1.5
商店成本		
一货运劳动力	2.6	2.9
一收银劳动力	1.7	1.9
一空间（能源和占用）	2.2	2.7
总部成本		
一存货持有成本	0.7	0.4
直接产品利润	15.7	12.5

DPP 法使分销商关注仓库和库存的诸多细节，如收货、入库、选择和检查货物、装载货物和空间成本。对小宗商品而言，上架和收银成本必须仔细检查、核对；对大件商品来说，货架空间必须计算在内。DPP 法尤其有助于改善空间管理。

DPP 数据有助于培养分销商和制造商之间的良好合作关系。第一，对 DPP 的了解有助于识别通过制造商和分销商的合作易于改善的高成本活动，包括包装的尺寸、箱子的大小、外包装设计和交货方式等。第二，通过为商店货架计划提供关于产品流动和货架朝向的研究数据、测试产品展示方法与地点、进行产品大类的利润研究，DPP 数据能帮助制造商和分销商提高分销的获利性。第三，理解 DPP，能极大地影响制造商的销售战略与方案。了解分销商的成本及其形成原因，制造商可以使其交易模式更易被接受。

第 4 节　渠道成员综合评价

第 3 节从成本角度介绍了对经销商的两种评价方法，本节简要介绍对经销商的综合评价方法。在实际工作中常常是多种方法配合使用，而不是单独采用某种方法。对经销商评估的本质在于确定经销商的价值贡献，找到改进点。

一、产出与行为评价

产出与行为评价包括以产出为基础的测算方法和以行为为基础的测算方法。在以产出为基础的测算方法中，用得最多的指标是总体经销容量、总体经销利润、销售毛利率、存货周转率和市场份额；在以行为为基础的测算方法中，服务部门、保修或顾客投诉处理、固定设施、办公系统、员工激励计划等是最常用的方法。在具体操作时，通常对以下六个方面的因素进行评估：

（1）对销售的贡献。分销商的销售额或销售量是否高于平均水平？与处于同一渠道层级的其他分销商相比，处于何种状况？

（2）对利润的贡献。将分销商所贡献的销售额与生产厂家所提供的支持服务的成本费用进行比较，判断分销商的利润贡献。

（3）分销商的能力。分销商是否具备成功经营生产厂家所提供的产品的能力？分销商关于产品和服务的知识是否足够？对竞争对手的产品与服务的了解程度如何？

（4）分销商的配合程度。分销商的运作是否遵守生产厂家的销售政策与程序？当生产厂家做广告、促销，开拓市场时，分销商能否较好地配合？尤其需要关注的是，分销商是否有擅自低价销售或跨区销售的行为？

（5）对增长的贡献。分销商的贡献能否成为制造商的主要收入来源？通过该分销商所获得的业务量或市场份额能否稳定增长？

（6）顾客满意度。分销商能否代表生产厂家为客户提供良好的产品与服务支持并使顾客满意？是否经常被顾客投诉？

有学者提出了分销渠道运行效率（而不是绩效）的分析框架，见图11－5。该分析框架从渠道整体、各个成员和某项产品三个不同的层次展开，分别从产出和行为入手，按照静态考察法和动态考察法进行评价。

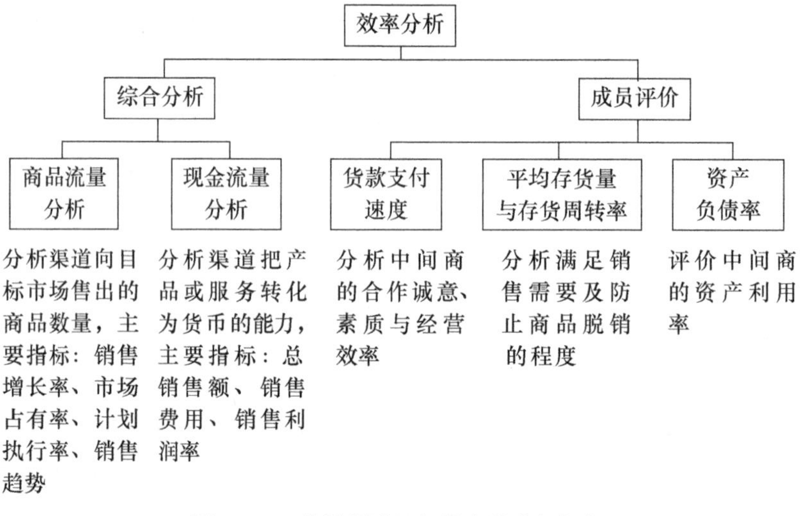

图11－5 分销渠道运行效率的分析框架

其中，对渠道成员的效率评估还包括对顾客投诉的处理能力、产品供应的连续性和稳定性进行分析评价。

二、渠道预警体系

渠道中存在的问题不仅可以通过成本分析来发现，还可以通过某些现象提前感知。当渠道中出现多个方面的信号时，就要引起警惕。此时，企业可能需要考虑渠道成本控制和渠道创新。①

案 例

GAP的门店人员绩效管理变革

GAP（盖璞）是全球最大的服装零售公司之一，处在服装产业渠道的终端位置。它不断地向上游整合，也不断地加强与消费者的品牌联系。1969 年创建时，它只有屈指可数的几名员工，如今已是拥有 5 个品牌（GAP、Banana Republic、Old Navy、Athleta、Intermix）、3 200 多家连锁店，年营业额超过 130 亿美元，员工达 16.5 万人的跨国公司。

该公司的发展也不是一帆风顺的，管理工作也在不断变革。特别是在经济不景气和行业需求疲软时期，依靠管理提升效率对公司发展和股价提升变得十分迫切。公司近年来决定改变对门店经理和员工的绩效管理流程，以提高员工绩效，并更好地使奖金与公司的财务绩效保持一致。

1. 对门店经理原有的绩效管理

对门店经理的评判标准包括工资、销售额、客户流量、利润率、信用卡开户和每小时客户结账率。门店经理对其中一些指标（如信用卡开户、每小时客户结账率）有更多的控制权。GAP 公司指出，通过给予指导，优秀的门店经理可以推动销售额、平均零售单价和每笔交易的货物单位数的增长。产品分类、营销和定价策略都是由总部推动的。门店经理通常会被提升到地区或区域管理职位。根据品牌的不同，设两到四个区域，每个区域内有 20 名或更多的地区经理。地区经理经常走访他们所在地区的每家门店。

与大多数零售商一样，GAP 总部团队制定标准，而门店团队则落实这些标准。但随着零售竞争环境的变化，公司希望门店经理可以修改总部的标准，以满足当地客户的需求，同时在门店层面作出创新决策。

在过去，奖金是基于 50%的财务绩效（纯粹由业务表现驱动）和 50%的个人贡献（IC）确定的。而 IC 部分的奖金不是由业务表现驱动的，这使得以前的奖金计划非常慷慨，即使在业务疲软的时候也是如此。“我们这样做是因为业务艰难，我们正在失去人才。”

在这个过程中，经理为每位员工选择了一个等级，该等级决定了奖金的数额。达到 SAT（显著高于目标）等级，奖金提高 200%。获得 AT（高于目标）等级，奖金达到目标奖金的 150%。等级为 OT（达到目标），获得 100%的奖金。等级为 BT（低于目标），意味着没有奖金。经理没有奖金预算，没有固定的奖金池。然而，他们必须设法达到一个强制的分布曲线，这意味着他们必须对自己的报告进行评级，并证明自己的奖金决定是正确的。如果有太多员工获得高分（和高奖金），

① 相关内容已在第 5 章第 6 节重点阐述，此处不再展开。

那么上级管理层会降低一些员工的分数，使其符合分布曲线。

在这个过程中，管理者通常每年与每个直接下属就绩效进行一次长达一小时的谈话。“与大多数公司类似，许多员工和经理不喜欢这种对话。员工不明白为什么他们会被评为这样的级别。经理经常不愿意给出反馈。这通常是一种压力很大的练习，对绩效没有可测的影响。”

GAP公司的文化是每个人都很友好，这当然比敌对文化要好，但友善阻碍了人们公开、诚实地谈论绩效，结果变成公司范围内的一个问题。公司打算将绩效管理和奖励流程视为一种方法，来提高公司整体绩效，调整企业文化。

2. 重构绩效管理

公司重构了绩效管理流程，并起了一个类似GAP的名字——GPS，想让员工感觉到，他们在公司内的业绩正以与公司股东评估公司业绩相同的方式进行评估。新流程有四个主要组成部分：

（1）绩效标准。公司彻底淘汰了年终评语。它用一个新的全公司绩效标准取代了原有标准，所有日常绩效都应遵守该标准：“我们设定了严格的目标，并努力超越目标。我们以诚信在市场上赢得胜利。我们奉行公司的价值观。如果达不到目标，我们会迅速吸取教训，努力赢得胜利。经理应通过定期辅导和反馈来激励和推动团队的绩效改善。”

（2）目标。公司引入了一种新的目标设定方法，以确保员工设定更少、更注重结果的目标，并带有“弹性成分”。在以前的流程中，目标是需要完成的任务的清单。现在，新方法告诉员工，你的目标不应该超过八个。有些目标的时限可能更短，有些目标的时限更长，你应该更经常地反思这些目标。

（3）接触基础。该体系指定每月开一次会议讨论绩效管理。会议要求经理不要在会上做笔记，而是让员工自由流动，以便更好地激励和吸引员工。GPS旨在消除绩效讨论中的压力，让经理和员工决定每次接触基础会议的重点。经理和员工共同负责确保会议定期举行。

（4）奖金。为了确保个人绩效的提高能够推动公司绩效的提高，公司改变了奖金结构，将其与每个业务部门的绩效更紧密地联系起来。75%的年度奖金将由每个业务部门的业绩决定；个人表现将决定剩下的25%。公司还增加了经理对奖金分配的自由裁量权，但奖金将不再由年终审查决定，年终审查已被每月的基础会议所取代。

▶ **问题：**

1. 你认为执行这样的绩效变革，公司将面临什么挑战？为什么？
2. 这种评价方式与传统的评价方式有何不同？

本章小结

1. 渠道绩效评估指厂商通过系统化的手段或措施对营销渠道系统的效率和效

果进行客观考核和评价的活动过程。渠道绩效评估流程是：明确/确认公司目标并分解→设定渠道绩效评估指标→制定渠道绩效评定制度→认清差距，制定渠道行为规划。

2. 按照评估对象来划分，渠道绩效评估包括对渠道整体、各个成员和单个产品的评估；按照评估方法划分，渠道绩效评估分为定性评估和定量评估。定性评估包括对渠道管理组织、渠道运行状况和渠道服务质量的评估；定量评估包括对渠道的经济效果的评估。

3. 作业成本法和直接产品利润法用来评估渠道成员的财务贡献。作业成本法避免了传统会计方法的某些不足，有助于企业作出正确的渠道决策。

4. 财务贡献评估方法常与综合评价方法结合使用。

思考题

1. 渠道绩效评估可从哪几个方面展开？各有何特点？
2. 简要谈谈作业成本法在渠道成员财务贡献评估中的应用。
3. 简述渠道成员综合评价的主要方法。
4. 谈谈你对渠道绩效评估在渠道管理中地位的认识。

PART FOUR

4

|第4篇|

营销渠道新问题

第12章
移动互联网渠道管理

学习目标

- 了解移动互联网渠道的定义。
- 了解移动互联网渠道的主要特征。
- 理解移动互联网渠道战略设计。

引　例

全渠道下的管理信息系统

很多企业想打通线上和线下渠道，跨越在线电商平台与实体门店，但这需要强大的信息系统来支撑。这个信息系统包括订单系统、库存系统、会员管理系统、物流管理系统和结算管理系统等。

企业终端的订单大致分为两大类：线上订单和线下订单。全渠道的订单系统要能够实现对线上订单和线下订单的处理。除了传统的 ERP 系统，企业处理线上订单还需要一个完善的线上订单处理系统（OMS）。OMS 是用于集成电子商务行业全渠道的订单管理系统，可以集成线上线下所有渠道的订单，高效对接多个平台，支持订单自动合并、拆分，有自动匹配仓库和多仓库协同管理等功能。

为了防止线上线下平台超卖情况的发生，企业需对各个平台的库存进行安全比例设置。在大促期间，库存的设置还要坚持快速、准确、稳定的原则，以保证大促的顺利进行。因此，智能化库存管理就很重要。

一般地，企业对全渠道的会员进行一体化管理，即无论会员来自哪个渠道、平台，都属于企业的会员，都应该享受一样的会员管理模式。因此，企业理应拥有一套强大的会员管理系统。这套会员管理系统能够进行会员营销活动管理、会员数据分析、积分管理，能够呈现清晰的会员画像，以及能够进行个性化的会员互动。

资料来源：五大方面管理全渠道，完整搭建业务体系．https://baijiahao.baidu.com/s?id=1714930574416744841&wfr=spider&for=pc.

我国移动互联零售交易规模逐年增长，移动互联网渠道已成为一个主要的营销渠道。新冠肺炎疫情影响下，直播电商带货模式在 2020 年发展更加迅猛。中国电子商务研究中心发布数据显示，2020年中国移动电商市场交易额预计突破8万亿元，较2019年增长19.7%（见图12-1）。随着移动互联网购物规模的扩大，移动互联网渠道的地位也逐渐上升，越来越多的企业进入移动互联电商平台，大力开发移动互联网渠道。

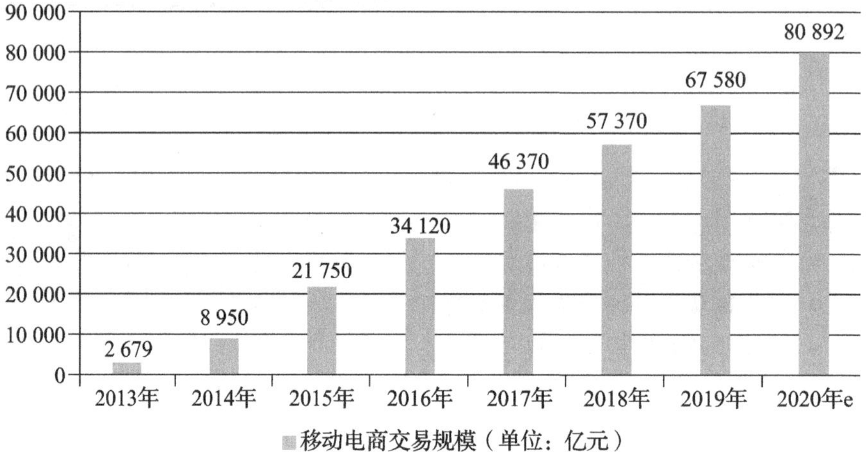

图12-1　2013—2020年中国移动电子商务市场规模

资料来源：中国电子商务研究中心。

移动互联网渠道的发展还得益于使用移动互联网和移动设备端进行网络购物的用户规模逐年爆发式增长。平板电脑、智能手机已成为人们重要的上网和娱乐设备，移动端设备的网络应用程序的更新发展呈不断上升的态势。根据《第48次中国互联网络发展状况统计报告》，截至2021年6月，我国网民总体规模超过10亿，庞大的网民规模为推动我国经济高质量发展提供强大动力。其中，8.88亿人看短视频，6.38亿人看直播，短视频、直播成为全民新的娱乐方式；8.12亿人网购，4.69亿人叫外卖，全民的购物、餐饮方式悄然发生变化；3.25亿人使用在线教育，2.39亿人使用在线医疗，人们的生活方式也发生了变化。

移动互联网渠道显著改变着人们的生活和企业的产品分销方式。为此，本章将对移动互联网渠道进行探讨，内容包括移动互联网渠道的定义、特征，以及移动互联网渠道策略与管理。

第1节　移动互联网渠道概述

移动互联网渠道作为一种新型渠道逐渐应用于商业活动，很多营销渠道的概念需要改变和补充，本节主要介绍移动互联网渠道的几个比较独特的核心概念。

一、移动互联网

一般认为，移动互联网是以移动网络作为接入网络的互联网及服务，包括三个要素：移动终端、移动网络和应用服务。该定义将移动互联网涉及的内容概括为三个层面，分别是：(1) 移动终端，包括手机、专用移动互联网终端和数据卡方式的便携电脑。(2) 移动通信网络接入，包括 2G、3G、4G、5G 等。(3) 公众互联网服务，包括 Web、WAP 方式。移动终端是移动互联网的前提，接入网络是移动互联网的基础，而应用服务则成为移动互联网的核心。特别地，移动互联网还产生了大量新型的应用，这些应用与终端的可移动、可定位和随身携带等特性相结合，为用户提供个性化服务。

图 12－2 显示了中国移动互联 App 活跃用户超过 6 亿人口的行业，包括即时通信、综合电商、输入法、短视频、在线视频、地图导航、支付结算、在线音乐、浏览器、综合资讯等。

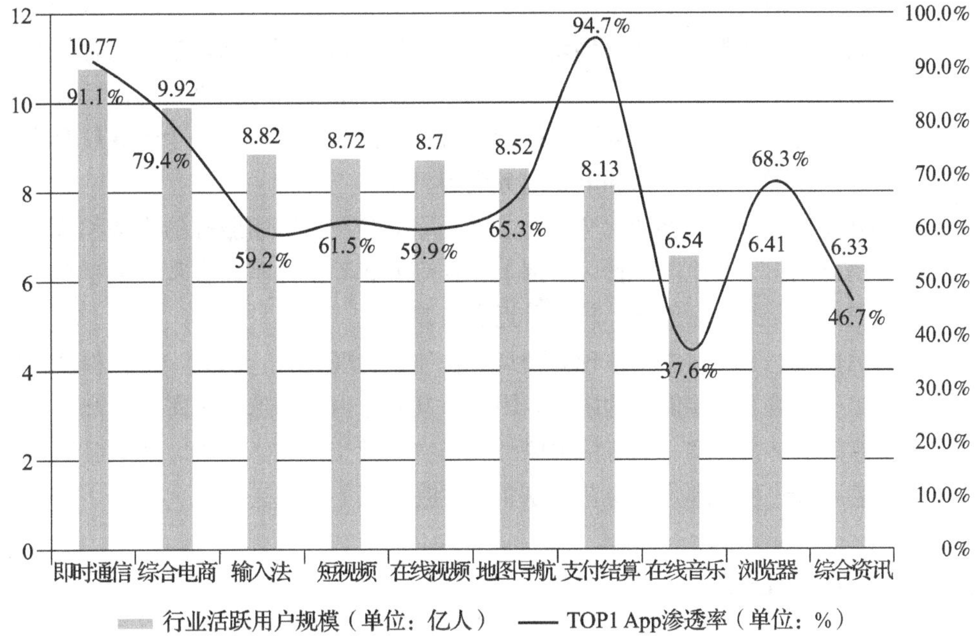

图 12－2　App 分行业活跃用户规模及渗透率

资料来源：根据 QuestMobile 中国移动互联网数据库、前瞻产业研究院整理。

通过分析这些行业的特性和消费者的特征，我们可以简单归纳出移动互联网的基本特点。

(1) 参与的人群数量庞大。由于手机等终端的便携性和易用性，使用这些设备的人数增长迅猛且规模庞大，这比传统的互联网渠道更胜一筹。这些人显然是营销渠道建立的基础和沃土。

(2) 可以 24 小时全天候高度交互。交互是一个输入和输出的过程，是一个计算机领域的术语，指人通过人机界面向计算机输入指令，计算机经过处理后把输出结果呈现给用户。人和计算机之间输入和输出的形式是多种多样的，因此交互的形式也是多样化的。由于智能手机相对较小和便于携带，消费者可以随时随地地获取娱乐、生活、商务信息，进行支付、查找周边位置等操作。当需要沟通交流的时候，人们可以随时随地用语音、图文或者视频等进行交互。

（3）高度随意的娱乐性。娱乐性信息是大众传播的主要内容之一，指为广大受众传播的以消遣和娱乐为主要目的的信息，如文学、艺术、音乐、舞蹈、戏剧、电影、电视剧、各种体育比赛等。随着人们物质生活和文化生活水平的提高，闲暇时间的增加，越来越多的人使用大众传播媒介的主要目的是消遣娱乐。移动互联网上的丰富应用，如图片分享、视频播放、音乐欣赏、电子邮件等，为用户的工作、生活带来更多的便利和乐趣。

（4）高度的便利性。相对于个人电脑，移动终端小巧轻便、可随身携带，而且可以在任意场合接入网络。在此场景下，人们方便地购物、学习、娱乐、办公等。随着互联网医疗的快速发展，挂号、就诊缴费、查看检验结果等均可通过手机完成，而且可以查询历次就诊记录。

（5）典型的位置服务特征。移动终端随着用户的移动而移动，基于位置的服务是移动互联网的一个重要特征。它可以提供以下几种服务：位置签到、位置分享及基于位置的社交应用；基于位置围栏的用户监控及消息通知服务；生活导航及优惠券集成服务；基于位置的娱乐和电子商务应用。

（6）高度的社交性。移动社交综合了手机终端和社交网络服务的优势和特点并互为有益的补充。与其他网上社区、网上交友等方式不同的是，它基本上是基于客户的真实信息建立的人际网络，较为贴近实名制。

（7）关联性。关联性主要体现为两点。首先，物理关联。例如，由于移动互联网业务受到了网络及终端能力的限制，因此，其业务内容和形式也需要匹配特定的网络技术规格和终端类型，具有强关联性。其次，社交关联。例如，通过必胜客的会员卡联名，用户可以绑定爱奇艺、京东、叮咚买菜等账号。

二、移动互联网渠道

（一）什么是移动互联网渠道

移动互联网渠道（mobile internet channel）这一概念比较新，目前尚没有规范的定义。它通常用来与传统互联网渠道做比较。移动互联网渠道是指通过移动互联网将产品或服务从生产者转移给消费者的途径。

通过移动互联网，运用智能手机和平板电脑等移动设备，消费者可随时随地进行移动化的网络沟通和交易，这就为移动互联网渠道的发展提供了非常有利的条件。移动互联网渠道已进入人们生活的方方面面，成为一个接触面更广泛、能够利用人们生活中碎片化时间的重要网络渠道，是营销渠道的重要部分。

常见的面向消费者的移动互联网渠道主要有B2C、C2C和O2O模式；面向企业的移动互联网渠道主要有B2B和C2B模式。

（二）移动互联网渠道的特征逻辑

随着移动互联网的不断发展，移动互联网渠道不仅进入了社交网络，还推动着线下线上渠道的共同变革。于是，有人认为移动互联网渠道与传统营销渠道有很多不同，是对传统渠道的颠覆。

移动互联网渠道存在大量表象的变化或者深层的变化。这些变化如果不基于渠道存在的本质来分析，就容易造成混淆，并影响企业的相关渠道决策和管理。在第 1 章，我们从经济学基本原理角度分析了营销渠道为什么会存在，接下来，我们继续基于这些视角考察移动互联网渠道是否有本质性改变。

1. 社会分工与关联效率并未改变

很多企业借助移动互联网渠道实现了顾客规模的扩大，于是认为社会分工的基本逻辑发生了改变。但事实是，如果没有专门从事物流配送的物流企业的支持，一些企业显然无法快速将产品运送给消费者，或者物流成本更高。在高度社会分工的基础上，有的企业扮演了“穿针引线”的渠道组织者的角色。它们比以往拥有更多的信息且更容易借助智能终端进行监控。此外，其运营效率直接取决于分工后的各组织的运营效率。

2. 规模经济和范围经济并未改变

在移动互联网渠道中，虽然存在企业直销的情况，但中间商的规模经济效应依然是量大价格低。以京东 App 为例，该公司在全国各地建立了诸多超大型现代物流中心，且规模越来越大，这是其快速配送的硬件保证。

虽然消费者的智能手机上可下载诸多零售商的 App，但通常多数消费者会固定使用少数几个 App，这和不同 App 的市场定位相关。在不符合消费者需求偏好的 App 上，消费者通常不会浪费更多时间。目前一些电商 App 完全可以实现消费者“一站式”购齐的愿望。但也需看到，有诸多中小企业的范围经济可能会随着消费者手机搜索能力的提高而有所减弱，这些中小企业的产品组合等营销策略是抵消该趋势的重要手段。

3. 中间商的经营决策和管理并未发生本质改变

中间商的渠道决策包括：渠道选择与其他营销战略的关系、渠道决策的长期性、渠道与协作企业的关系、渠道的构成等。将这些内容与移动互联网渠道对照，可发现基本决策逻辑很大一部分发生了量变，但并未发生本质改变。移动互联网渠道依然需要对这些内容作出决策，且重要性并未改变。

移动互联网有自身独特性，企业从事该渠道业务，就必须适应该渠道的独特规则。该渠道的主要规则是互联网公司加营销渠道。这意味着如果企业是从传统渠道转型而来，它需要提高对移动互联网的认知。随着生产和消费日趋复杂，市场范围不断扩大，企业分销策略也变得越来越复杂和重要，具体策略必须改变。

综上，本书认为从经济学的基本原理和管理学的基本实践看，移动互联网渠道的本质并无改变，其实现的目标本质上也未改变，这意味着渠道决策的基本逻辑也未发生本质变化，但要看到的是，渠道管理策略要因地制宜地改变，甚至变革。

（三）移动互联网渠道的主要特征

基于移动互联网的特点和渠道的基本结构框架，以及基于一般商品的渠道决策管理实践，本书认为与传统的互联网相比，从企业角度看，移动互联网渠道主要有以下特点：

1. 接触更多的消费者

由于传统互联网操作不如移动终端便捷，很多消费者无法接触到较远的厂商，但随着便捷的移动终端出现，这些问题快速得到解决。消费者的消费潜能被移动端激发出来。2020年，我国手机网络购物用户规模达7.81亿。全国网上零售额达11.76万亿元，同比增长10.9%，占社会消费品零售总额的近1/4。同样，企业也更愿意通过移动端便捷地与消费者接触，以前局限于局部地区的渠道，现在企业可以借助移动互联网技术直面全国乃至全球的消费者。例如，截至2020年12月，电商企业的直播超过2 400万场，电商直播用户规模达3.88亿，较2020年3月增加1.23亿。网络零售的蓬勃发展推动各地复工复产与经济复苏。

2. 侧重高效和精准的顾客沟通

企业将产品或服务等相关营销信息发布在移动App上，可以不受时间限制、地域限制，24小时全天候将信息传递给各地的顾客；顾客亦是如此。双方除了传递信息外，不断的互动交流也成为必然，毕竟移动互联技术已将相关壁垒消除。

此外，移动互联网渠道的顾客沟通一定是精准的，特别是，00后逐渐成为移动互联网消费的生力军。他们对本土品牌接受度较高，对产品需求呈现出个性化、多元化等特点，愿意为产品设计、产品特色支付溢价。在数字经济迅速发展、年轻人独立意识增强的趋势下，消费者的个性化需求将进一步被挖掘，多元化、个性化消费将成为消费热点，企业要想生产和经营适销对路的产品，就需要进行精准的顾客沟通。

3. 高效的支付结算

移动互联网的结算功能是指在购买过程中，消费者通过电子结算方式向卖方支付货款。随着我国电子商务的发展，通过第三方支付平台，如支付宝、微信支付等可完成网上结算。由于支付功能和其他渠道功能的关联性，这些工具甚至是顾客使用移动互联网渠道的一个重要理由。有些移动App为平台上的中小经销商提供实时的货款结算业务，吸引了大量中小经销商进驻。

4. 新的交易规则

企业要想在移动互联网上生存，必须先了解和遵循不同渠道平台独特的游戏规则。移动互联网渠道发展出了很多新规则，并逐步成为行业的新标准。例如，7天无理由退货逐步落实。

5. **新技术的应用**

新技术的应用一直推动着渠道变革。比如，射频识别技术在零售企业的应用推动了商品品类由人工转向机器自动化。移动互联网将移动通信和互联网二者结合起来。移动互联网热门技术包括 HTML5、多平台/多架构应用开发工具、可穿戴设备等，显然，移动互联网技术的应用是移动互联网渠道的基础。相对于传统互联网渠道来说，移动互联网渠道是以现代高技术、资金密集投入等为支撑的。

第 2 节　移动互联网渠道策略与管理

移动互联网渠道作为渠道的一种，渠道本身的基本理论和框架并未发生本质变化，但作为一种新兴的渠道，又呈现出自身特点，对渠道相关理论做了适度优化。基于本书的基本框架，下面初步探讨移动互联网渠道决策和管理可能的改变和不变之处。

一、基本功能

营销渠道的基本功能是实现产品从生产者向消费者的转移。产品在营销渠道中流动时，我们可以看到存在五种以物质或非物质形态运动的“流”，即所有权交易流、产品实体转移流、信息流、促销流和支付流。这些基本功能在移动互联网渠道中依然存在，但侧重点有所不同。移动互联网渠道比较有特色的功能主要有快速订货、快速结算和快速配送。

（一）快速订货

快速订货功能是指消费者通过移动互联网上的订货系统完成订货。生产商或经销商在移动互联网上发布产品信息。消费者通过智能手机等设备便捷地与对方进行信息交流，促成交易，完成订货。

（二）快速结算

快速结算功能是指在购买过程中，消费者通过电子结算方式向卖方支付货款。对于一般消费品，第三方支付平台可完成日常生活中大部分消费者的网上结算。这些平台直接关联顾客的借记卡和信用卡，基本上实现了快速的账款交付和结算，解决了传统渠道广泛存在的长期应收账款累积成呆坏账问题。

（三）快速配送

快速配送功能是指将移动互联网上交易的产品或服务配送到消费者手中。无形产品的传输可以直接借助网络传递系统来完成，诸如音乐、电子课程、软件程序等的发送十分快捷；有形产品的配送则要通过实体物流来实现。移动互联网上的海量订单在一定程度上推动了快递行业的发展。高效率、低成本的物流配送服务已成为移动电商成功经营的关键。

二、基本结构

移动互联网渠道中依然存在中间商，中间商依然包括批发商和零售商。和传统渠道类似，按照不同的标准，可以对移动互联网渠道进行以下分类：(1) 根据是否存在中间商，分为移动互联网直接渠道和移动互联网间接渠道。(2) 根据同一层次的渠道成员数量，分为移动互联网宽渠道和移动互联网窄渠道。下面简要介绍比较典型的移动互联网直接渠道和移动互联网宽渠道的利弊。

（一）移动互联网直接渠道

借助移动互联网技术，很多企业可以直接面向顾客进行营销，省去部分中间环节，从而使渠道扁平化，提高了信息沟通与交易达成的效果和效率。在营销渠道中信息技术的使用还可以使得交易更加自由、更加个性化。

选择网络直销的企业需要建立自己的网站来吸引足够多的消费者，而这并不容易。面对不同企业不同的网站或 App，客户需要花费很多时间逐个访问、比较，且通常会访问曝光率高、知名度高的网站或 App。对于知名度较低的中小企业来说，自己建立网络直销渠道的效果可能不佳，它们需要把亚马逊、天猫等电商平台作为网络渠道中一个重要的中间环节。

（二）移动互联网宽渠道

移动互联网宽渠道指通过网络将产品或服务销售给消费者的过程中，在一个环节或一个层次上选择两个或以上的网络中间商来承担相关的工作。如网上支付结算平台商，可以同时选择支付宝、银联支付等支付平台；网上零售商环节，各类洗护产品可以同时在京东商城、天猫等 App 上出售。

企业采用宽渠道的一个好处在于扩大了消费群体，但提高了运营成本，包括不同平台的入场费、运营费等。

三、商业模式、营销要素与移动互联网渠道的关系

（一）商业模式与移动互联网渠道

移动互联网渠道企业的商业模式表现出互联网公司的特征。以融资为例，基本上是先设计一套模式，随后融资快速发展，商业模式具有更强的整合性。通过移动

互联网，企业可以进行市场调研、产品推广与宣传、交易洽谈、支付结算、售后等一系列营销活动。企业可以运用移动互联网技术进行组织管理、营销等的优化和协调，通过信息容量大、搜索性强的移动互联网渠道整合信息，保证信息的统一和及时，向交易各方传递更多的营销资讯以更好地促成交易。

（二）营销要素与移动互联网渠道

1. 产品要素

由于移动互联网是一个虚拟空间，消费者无法切实接触产品，这对产品展示和消费者对产品评判的准确性、购买信心等都有一定影响。因此，通过网络渠道进行产品销售时，企业很注重产品展示。通过详细的产品描述、产品整体和细节的图片展示，以及小视频、模特示范、直播等向消费者生动形象地传达产品信息，使消费者能真切地感受产品。

由于存在海量的直播活动，很多企业的推销努力大于产品研发努力。很多创业企业的产品质量并不如其宣传的好，产品质量存在进一步提高的空间。

2. 价格要素

移动互联网上有大量的比较价格的 App，App 内也有价格排序，消费者可以很容易地进行价格比较。移动互联网渠道的成本相对其他渠道来说有所降低，加上网络的虚拟性和开放透明的竞争，促使各个商家纷纷降低价格，低价成为电商的主要特点，低价策略成为电商常用的定价策略。然而，不应该一味地奉行低价准则。有时候定价过低可能会使消费者对产品质量的感知价值不准确，使品牌的定位混乱。

随着消费趋于理性，企业定价时还需分析市场和行业的整体情况并结合自身品牌和产品情况等。网络渠道的信誉、竞争对手的定价、自身的品牌形象、目标客户群体的定位、产品的质量和差异性、服务质量等均是移动互联网渠道价格策略的影响因素。

3. 促销要素

对于很多中小零售商等渠道商，由于营销组合的其他要素不易改变，做好促销工作十分重要。目前我国移动互联网面临着不规范及同质化的问题，以低价为主的促销方式和融入社交功能的促销方式（比如电商直播带货）成为电商商家的常用促销策略。相比于线下渠道可以采用试吃试用、推销人员面对面宣传讲解、现场活动等方式进行促销，网络渠道对于降价促销的依赖程度较大。降价促销可以短期增加销量，带来很多好处，然而过度的降价促销可能会引起价格战。

另外，随着生活水平的提高，人们开始追求产品的质量、个性化以及交易过程中的服务和体验。企业可以利用互联网技术分析顾客的浏览记录、购买记录，了解顾客的偏好，从而有针对性地向顾客推荐他们可能偏好的商品和可能感兴趣的促销信息，实现精准推荐和个性化推荐。企业和商家还可以通过提升差异化的服务质量来提升网络渠道的信誉，提高客户满意度和忠诚度。

营销视角

直播带货有赔有赚

21 世纪经济报道曾以《戳破明星直播泡沫：90 万人观看成交不到 10 单，谁在“裸泳”?》为题，揭露了直播行业里，商家投入与回报不成正比的潜规则。

一广告业主说：“我们 9 月份与某知名直播间合作，交了 45 万元的坑位费，5 万元的保证金。但是成交额最后不到 15 万元，还要扣掉 20%的佣金。”这一销售成绩在当天参与的数十名商家里，竟然排名第二。因为不满意这个结果，两个多月来，他多次希望能够妥善处理，但对方没有采取任何补救措施。

资料来源：一门暴利“生意”：起底某知名网红直播内幕．https://baijiahao.baidu.com/s?id=1717221282548122551&wfr=spider&for=pc.

四、移动互联网渠道战略设计

移动互联网渠道战略的设计主要就是对直接渠道和间接渠道、宽渠道和窄渠道的选择、权衡和组织，以及根据不同因素对网络渠道的管理和创新，这些因素包括产品的性质、市场规模及特点、竞争对手的策略、技术成本、渠道管理协同效应等。企业在设计网络渠道时，需要根据企业自身情况与行业状况来选择合适的网络，或以适当的比例组合使用不同的移动互联网渠道，并且从消费者的角度出发，建立消费者易接受、较便捷的高效渠道，同时照顾到网络渠道中消费者的体验。

在进行网络渠道设计时，企业还需要注意各个渠道环节的设计。例如，在产品展示和订货环节，网上商店和订货系统的设计要简洁明了、功能完善；让客户能够迅速找到所需的商品及相关信息；尽量使客户下订单的操作简易方便，提高客户网上订货的体验和忠诚度。

从上可以看出，移动互联网渠道的基本战略设计逻辑和框架并未发生实质性变化，只是呈现出了自身独有的特征，并为企业的渠道建设提供了一种重要的选择。

五、移动互联网渠道成员的选择和管理

1. 中间商选择

进行网络中间商的选择时，通常考虑成本、信用、覆盖面、特色、连续性五个要素。虽然互联网企业会建立自己的评价标准，但互联网上的事物变化较快，有些标准可能被规避。生产企业有时可能无法兼顾这五个要素，因此需要根据建立移动互联网渠道的重点目标和企业实际，选择与企业建立移动互联网渠道的主要目标较接近，在成本或特点等方面符合企业情况的中间商。

2. 渠道冲突

企业通过移动互联网渠道销售主要是为了将产品进行更大范围的销售，提高市场知名度，吸引更多的新老客户。移动互联网渠道直销可以使企业直接与客户建立联系，将培养客户忠诚作为侧重点，通过与客户的交流进一步改进和完善产品设计，为客户提供优质服务，建立长期的客户关系。但这样做显然是以吸引大部分其他渠道的客源为前提，会与其他渠道产生冲突。例如，前几年受人关注的线下实体店的“展厅现象”，即消费者在线下实体店体验产品，在线上购买，将线下实体店当成展示厅，势必导致更多、更严重的渠道冲突。

但渠道冲突并非不可缓解，主要有两个解决思路。一是注意到不同渠道的侧重点有所不同，面对的顾客群体也有所差异，可以在一定程度上避免渠道冲突。二是关注企业的整体目标。现在企业通过移动互联网渠道分销产品已成为必然，且发展的速度越来越快，此时，企业的目标是开拓移动互联网市场，快速转型已成为必然，产生渠道冲突的可能性会降低。

此外，企业还需要监控各个渠道，及时发现可能产生的冲突，从而及时作出调整。企业可结合各自市场与产品的特点，运用传统渠道的控制方法来管理冲突，如沟通、营销方案的控制、与上下游中间商交涉等。此外，企业还可以进行线上线下合作，通过线下传统渠道来弥补线上渠道的不足，如网络商品的虚拟性等。例如苏宁易购采用 O2O 模式，实行线上线下统一价，消费者可以在苏宁门店直接购买家电，也可以在苏宁易购 App 上购买后选择苏宁配送或到门店自提。

六、移动互联网渠道的其他职能

1. 物流管理

准确和即时送达是移动互联网渠道的一个重要竞争优势，但和以往的渠道物流决策的基本思路并无太多差异。将产品及时、完整地送达消费者就需要进行配送的管理，根据物流配送的成本和产品的特性等选择是自建物流还是使用第三方物流。自建物流如京东商城，可以做到尽可能快地完成产品配送，物流速度快、服务质量高，但成本也很高。只有具有一定的资金实力、管理实力以及足够规模的顾客群的企业才会自建物流。

2. 信息交流

在移动互联网渠道中，交易各方都是运用智能手机等设备，通过移动互联网进行信息交流而达成交易，因此交易具有虚拟化的特点。顾客通过移动互联网渠道订购产品时，多数只在网页上浏览产品信息而不接触实体产品，交易各方并不需要进行面对面的谈判和实物交割，支付结算过程也可以通过电子支付方式来完成。

目前，我国移动通信市场已进入 5G 移动网络时代。随着移动互联网的逐渐普及深入，智能手机、平板电脑等移动设备的技术不断更新，市场不断增长。移动互联网技术和移动端设备为电子商务和网络渠道的创新发展提供了有利条件，并推动着移动互联网渠道的发展。

在与上下游成员的联系方面，企业建立了生产、订货、运输、销售等一系列网络系统，将渠道上下游成员通过高效率的移动互联网有机联系起来，同时进行信息交流和反馈。这显然是以前的信息系统不可比拟的。

3. 绩效评估

移动互联网渠道的绩效评估在思路上与传统渠道并无不同，只是针对移动互联网络自身的特点而有不同。例如，总体上，移动互联网电商自己的考核有很多，由于面对激烈的市场竞争，资本方要求迅速扩大市场份额，其考核更快更直接，更注重短期效应。不同公司的侧重点不同，主要通用指标包括：客单价、购买转化率、注册转化率、获取新用户成本、会员重购率、毛利、纯利、投资回报率等。具体到运营上，考核要点包括：询盘量、产品发布、产品优化、橱窗优化、首页占有率提高、产品知识学习、业绩挂钩等。业务考核要点包括：销售额、新客户数量、在线时间、回复率、访客营销、产品发布、站外推广发布、产品知识学习等。

案　例

线上家居建材交易为何绕不开基本功?

与如火如荼的其他类产品网上销售相比，家居建材行业的网上销售增长并不快。但家居建材市场的规模确实很大，以致每年的“双11”各大电商与传统线下家居卖场均会展开市场份额争夺战。导致这一现象的主要原因可能是线上家居建材商城很多基本功不扎实。

1. 不可忽视家居建材行业消费者的购买特点

消费者是一切消费的基础，即使是在线上，也不例外。线上家居建材商城要想赢得消费者喜爱，也要结合行业特点分析消费者的心理和行为。

消费者购买决策过程包括五个阶段：确认需求—收集信息—评估备选方案—购买决策—购后行为。理论上，消费者在每次购买时均会经历这五个阶段，但在经常性购买中，消费者常常会跳过某些环节，尤其是在购买日用快速消费品时。对于家居建材这类大件商品，消费者会花大量时间收集相关信息，以确保自己作出正确的购买决策。在购买建材、家具产品毫无经验的情形下，降低风险的办法主要是多比较和多了解。因此，消费者会在中间三个阶段耗费大量的时间和精力，其购买决策过程也较为复杂。

消费者很难凭借有限的文字描述和图片展示对家居建材作出准确判断。因此，在整个购买过程中，反复体验是不可或缺的环节。网上家居建材商城可通过网络技术的不断提升，实现对家居建材的接触体验从平面过渡至3D可视化，但不能独自完成售前体验、物流、安装、售后服务等。

2. 物流对家居建材线上交易的限制

首先，考虑物流合作伙伴、物流网络布局是否支持线上交易的完成。线上交易势必扩大产品销售范围。例如，原本可能集中在北方地区销售的产品，可通过网络接受全国范围的订单。此时，物流就成了提供服务的重要因素。目前，家居建材行业的干线物流（库—库）大多委托第三方公路干线运输公司来完成。灯具、卫浴、玻璃制品等重量大、面积大、易损坏的产品，在运输过程中需特殊加固，运输过程若出现损坏等情况，责任很难分清。普通第三方物流公司很难依据专业化要求来操作和安装，可能给商家带来损失。此外，消费者要求家居建材商提供送货上门服务，但最后一公里成为最大的限制，目前要找到合适的城际配送合作伙伴并不容易。四通一达（申通快递、圆通速递、中通速递、百世汇通快递、韵达快递）伴随着淘宝的发展实现了快速发展，但它们属于小件包裹公司。针对家居物流行业，企业自建仓储物流的成本高，资源也得不到最优化利用和配置。

其次，物流管理水平将决定线上业务发展的广度与深度。家居建材行业存在一站式购物现象，即消费者希望一次能将相关物品采购齐全。因此，未来家居建材电商的产品线也会不断丰富，从单纯的家具延伸至家装饰品等，这对仓储中心的库存管理提出了较高要求。

3. 服务和物流等基本功能的构建给家居建材线上交易提供机会

顾客不愿在线上购买家具，主要是担心服务问题。例如，在家居建材超市（如居然之家）购物，消费者需在店面与销售人员沟通，送货之前与厂家的客服代表沟通，送货当天与送货司机沟通。中间一旦出现问题，解决过程就非常烦琐。如果卖场将各个环节整合，效率便会提升。

传统家居建材卖场，仅靠商业地产和收取进场费的模式已很难实现持续盈利。物流为产业链延伸提供了很好的契机，是企业线上交易延伸的重要推手。通常，相对于网络平台型服务商，大型家居建材卖场在全国主要城市均有网点，更有条件完成此项任务。从生鲜食品电商的发展模式看，垂直型电商模式（如叮咚买菜）要比平台型模式（如天猫）好。为提供足够专业的物流服务，垂直型电商可自建物流。

线上销售要获得更快发展并实现发展模式创新，平台型电商需在模式上与传统销售模式有所区别，但基本功必须扎实。

▶ **问题：**

1. 你认为中国传统家居建材交易商有必要实现线上线下融合吗？
2. 你认同“家居建材交易线上线下融合离不开基本功扎实”这一观点吗？

本章小结

1. 移动互联网渠道是指通过移动互联网将产品或服务从生产者转移给消费者的途径，通过电子技术手段来达成交易。随着电商发展和互联网普及，网络渠道逐渐成为一个主要的营销渠道，且具备快速订货、快速结算、快速配送三大基本功能。

2. 移动互联网渠道的结构分为移动互联网直接渠道和移动互联网间接渠道；根据同一层次的渠道成员数量，可分为移动互联网宽渠道和移动互联网窄渠道。

3. 移动互联网中间商的存在具有必然性。在进行网络中间商的选择时，通常考虑成本、信用、覆盖面、特色、连续性五个要素。

4. 移动互联网渠道战略的设计主要是对直接渠道和间接渠道、宽渠道和窄渠道的选择、权衡和组织。许多因素都会对网络渠道的设计产生影响，例如产品的性质、市场规模及特点、竞争对手的策略、技术成本、渠道管理协同效应等。

5. 我国移动通信市场已进入5G移动网络时代，随着移动互联网的逐渐普及深入，智能手机、平板电脑等移动设备的技术不断更新，市场不断增长。

思考题

1. 什么是移动互联网渠道？
2. 移动互联网渠道的基本功能和主要特征有哪些？
3. 简述移动互联网渠道的其他职能。
4. 简述如何对移动互联网渠道成员进行选择和管理。

第13章

管理服务营销渠道

学习目标

- 掌握服务的简要分类。
- 掌握服务的渠道结构。
- 了解服务渠道的决策和管理的内容。

引 例

美团与支付宝的服务要素竞争

作为中国规模最大的生活服务业电子商务平台，美团拥有美团、大众点评、美团外卖等App，服务涵盖餐饮、外卖、生鲜零售、打车、共享单车、酒店、旅游、电影、休闲娱乐等200多个品类，截至2022年4月，美团业务覆盖全国2 800多个县市。

支付宝是国内领先的第三方支付平台，致力于为企业和个人提供简单、安全、快速、便捷的支付解决方案。截至2019年6月，支付宝及其本地钱包合作伙伴已经服务超过12亿全球用户。

2020年，有用户反映美团支付选项没有支付宝。美团总裁回应称："淘宝为什么还不支持微信支付？微信支付的活跃用户数比支付宝多，手续费也比支付宝低。"

从服务的渠道结构看，美团负责信息流，支付宝负责支付流，但随着支付宝宣布将打造数字生活开放平台、美团金融上线月付、花呗要上"月月付"，双方已在外卖、即时服务、生鲜电商、金融、支付等多领域开启全面竞争。支付流和信息流相互重叠，二者的竞争在所难免。

《中国服务贸易行业发展研究报告（2020）》称，"十三五"时期，中国服务业实现快速发展，服务业开放与服务贸易创新发展取得重要进展，服务贸易发展水平跃上新台阶。中国作为第二大服务外包承接国、第二大云服务商的地位更加巩固。尽管受新冠肺炎疫情影响，2020年中国服务业仍逆势上扬，比上年增长2.1%。报告预测，到2025年，中国服务业增加值占GDP比重将达到60%。这仍然低于世界服务业在世界GDP增加值中的占比67%，服务业持续发展的前景非常广阔。

营销理论研究以制造业为主，服务相关的研究较少。移动互联技术的应用使得服务产品的分销渠道发生了很大变化，以旅游业为例，以前主要依靠各类线下分销商，现在则依靠互联网平台。这也使得一些服务概念发生了变化，例如，以往认为服务的特征之一是不可分离性，现在有些服务产品可以实现分离。基于此，本章从服务与实体产品的区别出发，探讨服务的特性和相应的渠道战略，以及互联网时代背景下的渠道特征。

第1节　服务与其渠道结构

提起服务业，人们通常会采用排除法，与实体产品相对的便是服务业，但现在很多实体产品的销售也提供服务，例如售后服务等。当然也会采用列举法，例如，一般认为，航空公司、银行、宾馆、保险公司、律师事务所、管理咨询公司、医疗机构、电影公司、管道工程修理公司和房地产公司等属于服务业。医院、法院、军队、公安和消防部门、学校等是否属于服务业？制造业中的会计师、法律顾问等人员是否也属于服务业从业人员？要回答这些问题，首先需要从服务产品的特征来界定服务。

一、服务的简要分类

洛夫洛克认为，服务与服务的区别主要在于服务的对象是什么。他从服务的过程和服务对象两个维度对服务产品进行了划分。在服务过程中，服务对象包括消费者、实体、数据等。服务过程包括有形的过程和无形的过程两类。针对人体或者实体的服务过程很多是可以看到的，而针对人的思想、无形资产的服务过程通常是看不到的。基于以上维度，他大致将服务划分为基于人体的、基于实体的、基于人的思想的、基于信息的四类。该分类方式存在模糊地带，并不是所有服务的界限都泾渭分明，但对于该分类，我们可以探讨其在企业管理中的意义。

例如，针对人体的服务包括旅店住宿、高铁运输等。为了接受这些服务，顾客需要将身体作为服务要素予以投入，否则服务便无法展开，也无法取得预期结果。此类服务的结果在于使得人们在生理上更加舒适或者健康。管理学上的意义在于，企业必须重视服务流程的设计，重视每个环节给顾客带来的货币或者非货币成本，要考虑时间、心理或者生理上带给顾客的感受。

针对顾客所拥有的实体的服务包括货运、维修、保养、干洗等。此类服务与制造业的生产过程很相似。服务的目的在于延长这些实物的使用寿命。管理学上的意义在于，由于顾客参与度比较有限，企业需要将无形的内容尽可能有形化。

针对人的思想的服务可以塑造人的态度并影响人的行为，它包括教育、新闻、信息、专业建议等。获得此项服务收益的人需要花费时间并作出一定的精神层面的努力，但他并不需要亲临该项服务的“制造工厂”，他仅需要消化和吸收所呈现的信息。管理学上的意义在于，此类服务可以被储存，消费者可以随后消费或者反复消费。在此过程中，生产和消费不一定同步。

针对信息的服务包括会计做账、法律咨询、市场调查、管理咨询、医疗诊断等。信息处理依赖于信息和沟通技术，需要有专业人士。信息是无形的，但是，信息的载体是有形的。管理学上的意义在于，以上提及的信息服务依赖于有效的信息收集和信息加工。

二、服务的特征

服务存在差异性，也存在共性，这些特征与实体产品有所不同。泽丝曼尔认为，与实体产品相比，多数服务具有无形性、不可分割性、差异性和易逝性等特征。

（一）无形性

无形性指服务的特征及构成元素往往无形，人们不能触摸或凭肉眼看见其存在。它还指使用服务的利益也很难被察觉，或要等一段时间后享受服务的人才能感觉到利益的存在。人们不可能在购买服务前去看、听、嗅、尝、触摸，因此会参考他人意见以及各方面的信息。当再次购买时，顾客在很大程度上依赖先前的或他人的经验。

有些有形物是作为服务的有机组成部分一并提供给顾客的，没有这些有形物，服务就不会存在。例如，在没有飞机、轿车、船只或火车的情况下，无法提供运输服务。尽管如此，我们仍然认为是无形性决定了服务的其他特征。

（二）不可分割性

实体产品的生产与消费过程具有一定的时间间隔，即二者往往是分割的，生产在先，消费在后。服务则不同，它具有不可分割性。服务的不可分割性指服务的生产与消费同时进行，服务人员提供服务时，也正是顾客消费和享受服务之时。

消费者与生产者须直接发生联系。消费者不参与服务生产过程，就不能享受服务。这就要求消费者须积极参与服务生产。服务的这一特征表明，服务人员与顾客的互动行为既是服务质量的影响因素，也是服务企业与顾客之间关系的影响因素。

（三）差异性

消费者有不同的个性，这使得服务质量检验很难有统一的标准。服务人员自身因素（如心理状态）会影响其服务水准。即使同一服务人员在不同时间段、不同心情状态下也可能会提供不同质量的服务。顾客直接参与服务的生产和消费过程，顾客本身的因素（如知识水平、兴趣和爱好等）也直接影响服务的质量。

（四）易逝性

服务越趋向无形化，储存服务的可能性就越低。这种易逝性造成了供需匹配的复杂性，管理人员不得不面对顾客需求或供给能力的波动问题。这些波动可能会对服务传递产生影响，因此对这些波动进行管理，提高服务效率，降低成本或提高销售额，对服务企业来说至关重要。满足顾客需求是企业的目标，但按最高需求水平配置企业资源的做法是低效的，因为企业很难持续地满足这种高水平的需求，并会导致企业资源匮乏。

服务的特征表明服务和实体产品存在很大不同，并且其营销方式和渠道构建也存在较大不同，了解这些不同有助于服务渠道决策和管理。现实中，以上每一个特征均会找到反例。例如，新冠肺炎疫情期间，餐饮外卖持续增多，以前在餐厅堂食现在变为在家享用，服务和产品已经分开。服务的概念界定涉及很多方面，且很复杂。总而言之实体产品和服务之间存在显著不同，其渠道的决策和管理也应有不同。

三、服务的渠道结构

服务的渠道结构必须基于渠道最基本的职能结构框架来分析，关注其与实体产品的渠道结构有何不同，企业基于服务的渠道结构制定分销策略并进行相应管理。在第 1 章，我们列出了一般实体产品的营销渠道的功能结构。可以看到其中存在五种以物质或非物质形态运动的“流”，即所有权交易流、产品实体转移流、信息流、促销流和支付流。服务与实体产品的渠道结构有如下异同：

首先，二者的支付流、促销流和信息流并无显著不同。这三种流与产品本身分离，可单独经由移动互联网平台实现。例如，产品信息可通过淘宝发布，服务信息可通过美团发布。这些流在移动互联网时代是创业的沃土。

其次，所有权流存在争议，但将服务产品的所有权流理解为类似实体产品的所有权流会更为直观。在洛夫洛克的观点中，服务产品可视作服务提供者对场所设施提供的租赁，消费者并不获得这些设施的所有权。这样定义有两个弊端，一是理解起来比较困难，从所有到租赁，将问题复杂化了；二是消费者本就无意拥有这些设施的所有权。消费者拥有的只是享受这个过程，这个过程产品和时间、地点、产品类别等紧密相连。

最后，在实物流中，实体产品可以流动，但有些服务产品不可流动，甚至需要顾客上门。例如，去餐厅就餐，消费者需要走到饭店的餐桌旁享受服务。泽丝曼尔等认为服务企业依靠特许经营等手段创建了服务场所来分销服务。洛夫洛克等认为此类服务产品不可流动，甚至需要顾客上门。这样理解容易将服务产品概念的内容扩大化，因为顾客只是付费享受一项服务，顾客没有必要掌握该项服务的运营模式。我们可以将服务看作是一个过程产品，场所等所有物就是该过程交付的载体，它与该过程产品相辅相成。

综上，本书对服务的渠道结构的理解思路是尽量套用实体产品的渠道分析思路。如果要基于渠道结构视角给服务作出界定，那么服务便是一件与内容、地点、时间等有关的过程产品，服务渠道便是分销此类过程产品的渠道。

第 2 节 服务渠道的决策和管理

在移动互联网时代，即使是在服务市场上，很多服务企业并不直接把服务销售给最终用户，同样会借助一系列中间商的转卖活动。由于服务的批发商、零售商、代理商和经纪人的存在，不同服务或同一种服务的分销渠道可能大不相同。此外，企业的渠道还受渠道的结构和承担功能的影响。因此，本书基于渠道的基本结构介绍服务渠道的决策和管理，讨论其核心要点。

（一）渠道是自营还是找中间商

泽丝曼尔认为，服务是难以琢磨的，且带有经验性质，也就是指服务特征的无形性和不可分割性，这决定着很多服务的分销通常采用直接传递方式。例如，航空旅行服务、医疗保健服务等就是如此。但如果从渠道职能结构的视角看，泽丝曼尔所指的服务主要指物流和所有权流。由于这两部分的服务特征导致服务产品不能像实体产品那样生产、储存然后销售，许多服务产品更适合自营。但从渠道结构整体视角看，其他如支付流、信息流等职能既可以由服务生产商自营，也可由其他中间商来分销，这取决于企业规模、政府政策、运营效率等因素。

采用自营直销模式的好处有：(1) 直销可使得企业对服务的提供数量和质量有较好的控制；(2) 直销能提供真正意义上的个性化服务，在标准化市场的基础上开发新的差异化市场；(3) 直销使企业与顾客直接接触，从市场上直接了解需求信息、环境变化和竞争情况等。但采用直销模式往往意味着地域的局限性。当服务供需双方没有建立有效的联系时，服务的不可分割性便转化为服务市场的地域性。例如，有很多病人不远千里到某老中医处寻医问药。

即使是物流和所有权流这两部分，服务也并不是不可以依靠中间商。中间商可以合作提供服务，例如，理发、干洗等特许服务，是由中间商利用服务供应商开发的流程完成的。此外，服务中间商还可将服务本地化，为顾客提供空间和时间上的便利，以建立一种顾客对企业品牌的信任关系。

营销视角

美国航空公司的订票系统

美国航空公司为了提高信息化水平，开发了 Sabre 系统，该系统使得代理商能够非常方便地浏览和确认相关信息。该系统可以首先显示美国航空公司自己的航班，即便其他航空公司能够提供更低的票价和更便利的直航行程。该系统还使得美国航空公司的订单系统能够排在前列。

随着该系统逐步趋于垄断，政府管理部门禁止在系统的使用中按照航空公司的名称进行排序。比如说，航班能够有更好的排位，只能是因为它们是更优的选择。其他条款也限制了该系统实行有差别的订单收费。

随后，美国航空公司出售了 Sabre，联合航空出售了 Apollo。航线与系统的关系的脱离使人们减少了对订票系统偏向其航空公司的担忧。

（二）支付流、信息流等职能是否通过中间商

在很多情况下，信息、谈判、促销流程可以用电子技术处理。然而，渠道管理者必须认清的事实是，尽管有些服务可以通过电子渠道提供，但并不意味着它们就应该这样提供。渠道管理者不能忽视这样一个事实，即消费者对于市场的偏好最终决定了渠道结构。音乐下载、电子书、流媒体点播电视、网上银行以及其他一些基于技术的创新近几年来迅速发展，均得益于消费者对于这种电子渠道的认可和选择。很多服务不包含产品实体流程的事实并不意味着渠道管理者应该自动转向电子渠道，从而实现消费者服务的可得性。许多消费者在某些服务上仍然更偏爱“过时”的、以人为导向的渠道。例如，美国运通公司的一项调查显示，90%的消费者在需要客户服务时仍然更倾向于通过电话与服务人员交流。

（三）服务实物载体的决策和管理

洛夫洛克等认为服务传递的是服务场所租借权，很多学者对服务传递什么存在很大争议。本书也认可服务场所对服务传递决策的重要作用，并对此予以详细讨论。

1. 服务场所是特许经营还是自营

本书认为特许经营是服务分销的一个重要手段，具体至服务业，特许经营是一种最普遍的渠道分销方式。欧美国家有海量的特许人和被特许人，被特许人使用特许人的品牌名称、流程、产品、服务、商誉等，并要向特许人支付手续费。特许经营比较适合那些可以标准化的服务，例如，快餐、零售、酒店等。但当服务变得复杂化和专业化，被特许人就不容易复制特许人的模式，此时可能要采取合作等方式来实现服务的传递。

服务的扩张有很强的投机性，而特许经营是实现服务企业快速扩张的一个重要手段。企业需要结合特许经营的利弊来谨慎作出采用自营还是特许经营的决策。

2. 服务场所的选址决策

在很多场景下，顾客需要到提供服务的场所接受服务，选址对于服务项目的成

功非常重要。设施选址直接关系企业经营的战略决策，是企业以消费者为中心的重要体现，是影响企业效益的一个决定性因素。

对于选址，企业需要较多地考虑交通因素（城市主干道、车站、地铁以及停车场）、周边建筑因素（居民区、写字楼、酒店以及其他配套设施），这些都需要用翔实的数据来说明。选址是为了吸引更多的客流。做选址市场调研的时候，商圈、竞争对手的情况等也要考虑。城市规划、交通便利性，商圈内消费能力，商圈内的竞争对手及其运营能力，竞争对手在本区域的营运业绩、营销策略、远期规划，都是需要考虑的问题。潜在竞争对手也是不可轻视。针对竞争对手的各项策略，在规划时必须提出解决方案。

营销视角

外卖对餐饮业后厨和前台的影响

新冠肺炎疫情对我国餐饮业造成很大影响。在复工复产的大趋势下，餐饮业也通过积极拓展线上外卖业务来谋求出路。

餐饮外卖提供了新型餐饮消费形式，扩大了商圈半径，创造了新的餐饮消费需求。中国国际贸易促进委员会 2020 年的调查显示，54.95%的受访消费者表示因为餐饮外卖服务而增加了每周的餐饮支出。外卖业务不仅创造了新的收入来源，带动了未来的增长预期，也使餐饮业对未来发展更有信心。外卖业务有助于餐饮业的数字化转型。所有餐饮行业未来的前景都是通过数字化转型提高效率、降低成本。大家都认为餐饮业很难做到标准化，因为它程序太精细，但是通过外卖，借助数字化电商平台，可能使传统的中餐实现数字化和标准化。

此外，餐饮外卖还创造了更多的消费场景。其中，旅游景点和高铁成为餐饮外卖新的消费场景，有 23.58%的消费者在旅游景点使用餐饮外卖服务，还有 4.72%的消费者通过外卖满足在高铁上的用餐需求。

资料来源：https://t.ynet.cn/baijia/29023065.html.

3. 服务场所的经营时间

有研究显示，延长服务业的工作时间有利于提高企业的销售额。服务的易逝性也表明服务是过时不候的。服务企业一般乐于延长工作时间，但在很大程度上，这个标准反映了社会惯例，即人们工作多少小时以及企业在销售产品上花多少时间是合适的。比如，在美国，一般超市在星期日的下午是要休息的，但这给工作的人们带来了不便。他们要购买产品，就必须利用中午休息的时间或者周六放假的时间。

这种情况正在改变。在很多需要迅速响应的服务业中，行业标准变成了 24×7 服务——每周 7 天，每天 24 小时。

4. 服务的流程决策

对于绝大多数服务，其职能结构中的各个“流”需要保持高效协调和运转，或者将其看作“流程”，我们可运用流程管理的方法来管理。

消费者和企业广泛参与服务的传递过程，这一过程服务质量恒定性的控制有赖于严格的流程执行。以订单流程为例，订单处理包括订单准备、订单传递、订单登录、按订单供货、订单处理状态跟踪等活动。订单处理是实现企业消费者服务目标最重要的影响因素。改善订单处理过程，缩短订单处理周期，提高订单满足率和供货的准确率，提供订单处理全程跟踪信息，可大大提高消费者服务水平与消费者满意度，也能降低库存水平和物流总成本。

很多服务行业的领导者，如快餐业的麦当劳等，均采用了高效的订单处理系统来规范这一流程。该系统基于计算机网络系统，能迅速有效地处理大量数据，能进行严格的数据编辑处理，确保正确性、时效性，可进行数据的存储和积累。企业越来越多地将信息技术作为竞争优势的来源。例如，为提高物流处理能力，沃尔玛发射了一颗用于处理公司物流信息的卫星。

5. 服务渠道与价格、促销等营销要素的关系

服务企业的分类界限并非泾渭分明，而是相互交织的。服务企业除了要考虑服务与渠道的关系，还需要考虑服务渠道与其他营销要素的关系。

（1）价格策略。服务的价格以多种形式存在。例如，会计师、法律顾问、咨询师等收取咨询费，航空公司收取机票费，宾馆收取房费等。归纳起来，渠道要考虑终端、零售、批发、出厂之间的价格关系。服务定价很重要的一环是对终端定价的决策和管理，这主要体现在定价思路和定价策略两个方面。

无形性等特征使服务定价变得十分复杂。影响服务终端定价的因素有很多，主要包括竞争者的价格、顾客的偏好、服务企业的战略和目标、顾客感知价值等。贝里和雅达夫提出了三种明确的服务定价策略：

1）满意定价。满意定价的重点在于减少由于服务的无形性导致消费者对不确定性的感知。服务企业可向顾客作出服务保证，例如，如果顾客不满意，立即退款。

2）关系定价。关系定价的重点在于建立、维系和加强与顾客的关系，向老顾客提供低价或增加新服务，关键是为顾客提供更多的价值，使其成为企业的忠诚顾客。关系定价的核心是和顾客签订长期合同或捆绑定价。客户关系对企业很有利，能弥补获得新顾客带来的成本。

3）效率定价。效率定价的重点是了解、管理和减少成本。效率定价产生的成本节约须增强顾客的价值感知，不能以牺牲服务质量为代价。

（2）促销策略。从服务渠道的职能结构看，渠道传递包括促销流。服务渠道承载的促销目标与有形产品的促销目标大致相同，主要是：建立对服务品牌的认识和兴趣；使服务品牌本身与竞争者产生区别；沟通并描述服务带来的各种利益；建立和维持服务品牌的整体形象和信誉；说服顾客购买或使用该项服务。

基于服务本身的特性，服务促销的目标又有自己的特点。在购买前，消费者对服务企业了解不多，企业须建立产品知名度。企业在质量方面的形象有助于减少顾客在第一次购买时的感知风险。服务本身的形象、企业形象和整个服务行业给顾客的印象都会对服务的质量产生影响。正面口碑对顾客态度的影响最大。在消费期间，前台员工通常会与顾客进行交流，告诉他们提供的是什么服务以及顾客要如何配合。这时，每个人要扮演的角色都非常明确。员工的沟通活动会影响服务的功能和关系质量，最终影响顾客的满意度。在顾客购买产品后，企业有必要继续与顾客保持沟通，例如帮助顾客确认他们的购买行为是正确的，这样能减少顾客的认知冲突或不满意。

服务促销的工具与产品促销的工具也大致相同。可用的工具有人员销售、广告、公共关系、赞助、直销、网上销售、销售促进、忠诚度计划等。这些工具的效率存在差别，企业需要依据工具的特点作出取舍。一般情况下，人员销售是最重要的服务促销工具，广告也很常用，消费者间的口碑传播效果最佳。其中，忠诚度计划是服务企业联系顾客，提高顾客忠诚度的非常重要的手段。

案 例

希尔顿酒店的积分系统

商旅人士一般都对希尔顿积分有所了解。大家都认为只要用希尔顿积分，就能兑换到各种低价格的酒店。希尔顿也是考虑顾客所想，针对顾客希望积分可以共享这一需求，推出了积分池服务。积分池也叫积分共享，积分共享让希尔顿荣誉客会会员能够合并他们与亲朋好友的积分来预订房间。通过这项服务，一位会员（及最多其他 10 位会员）能够合并他们的积分。例如，一群朋友一起旅行，但每个人都没有足够的积分来支付他们的全部住宿费用，将他们的积分合并到一个账户就可享有更多的兑换机会。希尔顿吸引了很多人购买积分，该积分系统为什么有如此大的诱惑力？它是如何运作的？

1. 目标

希尔顿荣誉客会（Hilton Honors Worldwide，HHW）是希尔顿给其忠诚计划取的名字。设计该计划的目的是在世界范围内建立顾客对希尔顿品牌的忠诚度。希尔顿荣誉客会公司负责运作该计划，该计划不是为了盈利，而是为其母公司服务。

2. 运作机制

希尔顿荣誉会员分为四个等级，分别是蓝卡、白银卡、黄金卡和钻石卡。下面以蓝卡为例说明其运营机制。

- 当会员以商务价格入住一家希尔顿酒店时，该酒店按照顾客税前支付的每 1 美元 4.5 美分的比例向 HHW 公司转移支付。然后，HHW 公司按照每 1 美元 10 点积分的比例，在顾客的账户上累积积分。

● 顾客在从希尔顿合作的航空公司的常客计划中获取飞行里程时，还可获得希尔顿积分（希尔顿是少数几家提供双重积分的连锁酒店公司，其他公司的常客计划要求顾客在酒店积分计划和航空飞行常客计划中选择一项）。如果顾客选择双重积分，HHW 公司从相关的航空公司那里购买航空里程，按照入住一晚兑换 500 公里的比例为顾客提供免费飞行里程。

● 如果顾客使用积分支付住宿费用，HHW 公司将补偿提供住宿的酒店，补偿的货币金额将高于入住成本与空房成本的差额，但是少于顾客实际支付的金额。积分和住宿的交换比例取决于酒店的等级，当空房率较高时该交换比例会下降。而且，希尔顿还提供一系列极具吸引力的奖励，例如如果积分达到 35 000 点，就可以免费享受双人七日游，包括住宿和往返飞机票。

● 会员可以从很多方面获得积分。例如租用汽车，乘坐与希尔顿合作的航空公司的航班，使用希尔顿信用卡，或者购买菲尔兹饼干，等等。会员还可以以 10 美元 1 000 点的价格用现金购买积分。

● 除了获得免费住宿以外，会员还能获得其他好处。他们可以得到预订时具有优先权的电话号码。由于顾客的相关信息和偏好已有记录，住宿登记会更加快捷。另外，在办理退房手续时，与非会员相比，会员拥有优先权。如果会员对服务不满意，酒店会让顾客将其不满意的地方提出来。积分可以用来兑换航空里程，航空里程也可以兑换积分，而且积分能够购买希尔顿公司合作者的产品，例如机票、鲜花、菲尔兹饼干、卡伦道尔自行车、AAA 会员资格等。

如果顾客一年内入住希尔顿酒店四次，他将获得白银 VIP 身份。他在基本积分的基础上获得 15%的奖励；如果顾客在一个季度内入住七次，可获得 5 000 分的奖励；如果顾客申请花费 100 000 分的积分奖励，他还可以获得 10 000 分的折扣。此外，每入住五次后，他就会得到一张可升级为酒店最好房间的证书。

▶ **问题：**

1. 你认为希尔顿积分与酒店服务销售的关系是怎样的？
2. 你认为希尔顿积分是否复杂，是否容易造成垄断？

本章小结

1. 在移动互联网时代，即使在服务市场上，很多服务企业并不直接把服务销售给最终用户，同样会借助一系列中间商的转卖活动。由于服务的批发商、零售商、代理商和经纪人的存在，不同服务或同一种服务的分销渠道可能大不相同。此外，企业的渠道还受渠道的结构和承担功能的影响。

2. 与实体产品相比，服务具有无形性、不可分割性、差异性和易逝性。多数服务都具有这些特性。由于服务和实体产品存在很大不同，其营销方式和渠道构建也存在较大不同，这些为服务渠道决策和管理提供线索。

3. 服务企业的分类界限并非泾渭分明，而是相互交织的。服务企业除了要考虑服务和渠道的关系，还要考虑服务渠道与其他营销要素的关系。

思考题

1. 服务的特征有哪些?
2. 服务的渠道结构与实体产品的渠道结构有何异同?
3. 服务的顾客高度参与对渠道管理有何影响?
4. 为什么说服务场所的选址决策和经营时间很重要?

第14章
中国零售业展望

学习目标

- 了解其他国家零售业现状和运营特点。
- 了解中国零售业的进步。
- 了解中国零售业的发展趋势。

引 例

"双11"的变化

11月11日是我国零售业一年一度的全场大促销的日子。商家一般会在这一天进行大规模的打折促销活动，以提高销售额。但2021年"双11"购物狂欢节结束时，仍未见各电商平台公布实时成交额。而往年，成交额的数据在"双11"结束时早已在网络上铺天盖地。这意味着经过十余年的发展，"双11"进入了新阶段，这可能体现在如下几个方面：

(1)"双11"被拉长，社会冲击变小。过去"双11"只有一天，现在延长到近一个月。促销时间越长，商家获得的营业额就越高。拉长促销时间，也有助于商家平抑备货、缓解客服峰值与物流压力。加上新冠肺炎疫情影响，消费者网购逐渐日常化，长时间的促销活动能更好地满足消费者的日常需求。

(2) 消费者逐渐趋于理性。商家通过向消费者密集推送各种商品促销信息来激发消费者的购买欲望，这会导致大量的非理性消费。很多消费者逐渐降低对"双11"大型促销活动的关注度，重点关注自己的实际需求，并且学会在促销中与商家进行博弈。以往消费者因为促销周期短，非理性消费较多，但随着对促销手段的适应和促销时间的延长，消费者学会了适当囤货、比价、延长决策周期等，以使自己的购物收益最大化。

(3) 政府监管加强。随着监管部门持续规范电子商务行业，"二选一"、以技术手段展开恶劣竞争等行为得到扭转，一些新兴电商平台快速崛起，让消费者在选择时更加从容、理性。

近年来，我国的网络零售得到了迅猛发展。无论是天猫、京东商城还是各类微商，频繁出现在我们的生活当中，并逐步成熟。中国国家统计局发布的经济数据显示，2021 年 10 月中国的社会消费品零售总额达到 40 454 亿元，折合为 6 321 亿美元。美国统计局公布的美国 10 月的零售数据显示，2021 年 10 月，美国的社会消费品零售总额达到 6 382 亿美元。不可忽视的是，由于发展时间短，我国的零售理论与实践还需完善，线上线下零售业的发展还需借鉴先进的做法。

零售是目前渠道管理研究和实践的热点，对国计民生影响很大。由于处在移动互联时代，新的零售业态不断涌现，并对传统零售实践和观念提出挑战，零售行业未来充满不确定性。本章探讨全球视角下中国的零售业前景。

第 1 节　其他国家零售业现状和运营特点

经过多年发展，我国零售业走了一条比较独特的路。中国和其他国家的零售业各有千秋，但其他国家零售业的现状和运营特点也能给中国零售业发展带来启发。

一、其他国家零售业的现状

零售业是微利行业，是发达国家吸纳劳动力就业较多的部门。零售业的消费者行为是零售业运营的基础，发达国家实体零售业主要有如下几个特点：

（一）消费者的地理位置外移

从 20 世纪 70 年代开始，发达国家（特别是美国）一些大城市中心市区的人口开始向外迁移到农村和小城镇，这种人口流动的方向与城市化相反的现象称为逆城市化，也称市中心空心化。

逆城市化只是城市扩展的一种新形式，并不是城市的衰败，它建立的基础是城乡差别减小以及城乡一体化。乡村及小城镇的交通、水、电、信息等设施完善，再加上优美的自然风光，吸引大城市居民到乡村及小城镇暂住、定居，从而导致逆城市化现象。逆城市化导致城市市中心人口数量下降，市郊及其他小城市人口增加。而人代表了市场，人口的向外迁移也就意味着零售消费市场的向外迁移。

（二）消费者偏好一站式购齐和多元化

消费者外移后，购物场所的物理空间得到了扩展，他们主要去附近的 Mall 消费和购物。Mall 作为一种零售业态概念，不仅仅指商场和购物中心，而且指不同的零售商店或商业设施经整体规划、开发以及经营管理所形成的统一的商业建筑及服务群体，它包括商店、停车场、绿地、物流配送、公园、影院等设施，并提供足够的停车空间及设备。其业态齐全、行业多、店铺多、功能多，商品组合宽且深，是能满足顾客的一站式购物需求和一站式享受需求的特大型综合购物娱乐中心。它所提供的美容、娱乐等多种城市社区的设施和服务，更是弥补了单体商业组织的缺陷，增强了其综合竞争力。

营销视角

Mall of America 将购物与娱乐相结合

Mall of America（MOA）坐落于美国明尼苏达州的布卢明顿，离明尼阿波利斯市区大约有15分钟车程。作为全世界游客最多的目的地之一，MOA有520家商店，50家餐馆，还有Nickeloden Universe等主题乐园，其中最吸引购物者的是MOA对衣物及鞋类免税。

MOA每年创造20亿美元的经济效益，从世界各地而来的游客络绎不绝。10个逛MOA的人当中有4个是游客，每年有4 000万左右的游客到访MOA。

MOA面积很大，约40万平方米。在每家店停留10分钟的话，需要86个小时才能逛完所有的店。1992年8月开店以来，有几千对新人在MOA举办了婚礼。

资料来源：http://www.linkshop.com/news/2015324463.shtml.

（三）流通方式趋于相对稳定

在社会大变革背景下，社会阶层和消费观念不断固化，零售业开始强调分工和精准定位，各业态均在各自领域内集中发展，它们之间有比较高的稳定性。如图14-1所示，廉价零售产品的流通渠道具有相当的稳定性。其主要的流通渠道有：由产品的内部设计团队流向专业店再流向消费者手中；由批发商/设计者流向百货商店再流向消费者；由积压产品流向折扣商店或者仓储式商场，最终流向消费者。这种稳定的流通渠道，能够促进商品的有效流转。如此稳定的零售业态格局是经过多年竞争和对消费者心态的把握沉淀下来的，这也意味着在国外发达国家零售业态的创业机会相对较少。

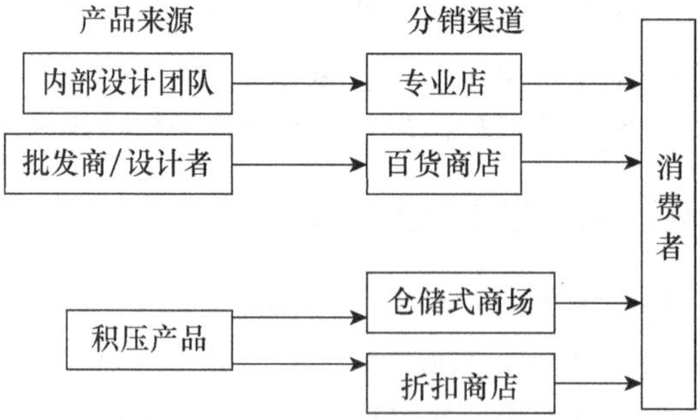

图14-1　廉价零售产品的流通渠道

（四）仓储店的兴起

仓储店是一种带有批发性质的批售式商店。我国常提的量贩店指的就是仓储店。仓储店是以经营生活资料为主的储销一体、低价销售、提供有限服务的销售业态（有的采取会员制，只为会员提供服务）。在仓储式的经营模式下，货物不需要储存，而是直接摆上货架，这样就免去了货物存放和第二次运输，节省了费用。仓储店以中小零售商、餐饮业、集团购买和有交通工具的消费者为主要目标顾客。

（五）专业店兴起

专业店以经营一种或者一类产品为主，是专业化程度较高的零售业态。专业店（比如家具、服装等）能够提供加工定制的服务以满足特定的市场需求。这种服务对于消费者来说能够帮助其塑造自己独特的生活方式，满足其个性化需求。正是由于这种提供个性化服务的功能，专业店能够吸引独特而稳定的顾客群体。

营销视角

HOBBY LOBBY

HOBBY LOBBY 是一家主营工艺美术品的连锁商店，成立于 1972，最初只是一家 300 多平方米的零售店，经过数十年的经营和发展，已有 500 多家店铺分布在美国 41 个州。它经营的产品主要包括工艺品、画框、珠宝、时装面料、花、卡片及派对用品、装饰篮、家居用品、节日用品等。

二、其他国家零售业的运营特点

对国外零售业的现状有大概的了解后，下面从运营的角度介绍其特点。

（一）基于消费者行为的企业战略制定的思路和方法均比较成熟

消费者每天面对的产品和服务信息量是巨大的，因此，消费者作出一项购买决定的时候，没有办法对产品进行重新估价。为了简化购买的过程，消费者就会对产品分门别类，即在他们心中对产品进行定位。消费者通常不会去逛与自己的购物特征不符的商店。与此对应，企业的定位也越来聚焦。基于消费者行为的企业战略制定的思路和方法均比较成熟。

（二）普遍采用连锁经营

连锁经营是指经营同类商品或服务的若干企业，以一定的形式组成一个联合体，在整体规划下进行专业化分工，并在分工基础上实施集中化管理，把独立的经营活动组合成整体的规模经营，从而实现规模效益。本书的第 2 章重点讨论了连锁的重要性，这里不再赘述。

营销视角

星巴克咖啡的经营模式

星巴克于1971年成立，是全球最大的咖啡连锁店。星巴克在全球各地大多采用直营模式，所有分店都由星巴克总部统一培训，统一管理，以控制服务品质。直营模式有助于星巴克贯彻自己的经营战略，其统一的资金调拨满足了公司扩张时期的资金需求。同时，星巴克直营模式也配合了其供应商的管理战略，整合各分店的原材料需求量，从而加大了星巴克与供应商谈判的筹码。

（三）注重建立自有品牌

在传统的品牌策略中，产品品牌都由制造商确定，即品牌的归属权属于制造商，此种品牌叫制造商品牌或生产商品牌，有时也叫全国性品牌。随着新的品牌策略的不断探索、发现和运用，零售业出现了自有品牌。自有品牌又称中间商品牌，泛指流通业企业运用与消费者相关的信息，以品牌持有人的身份，找国内外厂商合作，生产仅在自身渠道出售的产品。

零售商通过提供低价格的自有品牌产品，吸引对价格敏感的消费者。这样，零售商通过自有品牌为商店带来了更多客流，从而为商店提高销售额创造了机会。

营销视角

自有品牌 Kirkland Signature

Kirkland Signature是大零售商开市客的自有品牌，凭借优质、量贩、高性价比的品牌形象，如今已经坐上了美国健康品牌销量第一的宝座。从食品、眼镜、服饰、家具、清洁用品到纸类用品，产品线非常丰富。

（四）产销一体化促进销售

产销一体化是指以联营形式把生产企业和销售企业结合起来组成垂直型销售系统。通过契约规定生产者只能把产品交给联营的零售企业销售，而作为联营企业的中间商只能销售系统里生产企业的产品而不得销售系统外企业的产品。生产企业和销售企业间的联合就是为了促进产品的销售。跨国零售企业普遍采用产销一体化实现排他性经营和双赢。

（五）高度发达的配送体系

一个完善的物流配送体系对零售商来说具有重要意义。完善的物流配送体系能够降低零售企业的物流成本。物流成本是零售企业的主要成本之一，国际连锁巨头沃尔玛之所以多年雄踞《财富》世界 500 强企业之首，最重要的因素之一就是其科学、强大、先进的物流配送体系使其物流成本大大降低。物流成本的降低使连锁企业低成本运作成为可能，也提高了连锁企业的竞争力。

营销视角

亚马逊强大的分拣系统

亚马逊成功的关键在于稳定高效的配送体系。亚马逊提供的当日达和次日达服务已经覆盖美国很多城市，支持亚马逊取得这一成就的是其强大的分拣系统。2012 年，亚马逊收购 Kiva System 的机器人项目，Kiva 机器人会扫描地上条码前进，能根据无线指令将货物从仓库搬运至员工处理区，并且准确率达到了 99.99%。这样工作人员每小时可挑拣、扫描 300 件商品，效率是之前的三倍。

（六）高度发达的采购体系

现代采购管理体系是指企业为了达成产销计划，从适当的供应商处，在一定的品质下，于适当的时间、以适当的价格获得适当数量的物料或服务所采取的一系列管理活动。一个高效的采购管理体系能够给零售商乃至整条供应链带来很大便利。

营销视角

苹果公司与供应商的信息流传递

苹果公司与上游供应商富士康等共建了信息网络数据库平台，实现了信息的双向流动。供应商可不必等待苹果公司的订单通知，直接从平台上获取苹果公司最新的需求信息，并生成名为 MPS 的生成计划。同时，苹果公司也可以在平台上获取供应商最新的 MPS。这种高效的信息流传递可以使苹果公司与供应商如同一家公司在运行，不仅可以降低双方的库存费用和管理费用，还能使苹果公司的内部资源和外部资源相结合，产生巨大的协调效应，使苹果公司最大限度地发挥自有资源的效率，获得竞争优势。

第 2 节　中国零售业的进步

消费者市场地位和心态的变化是导致零售业态变化的重要动因，随着这些因素的逐渐稳定，提高利润率和运营效率变成了该行业的主旋律。改革开放以来，我国零售业取得了长足发展，零售业在国民经济中的重要地位日益凸显，比如满足消费者需求、吸纳就业等。但我国的发展情形又与国外不同，特别是在改革开放初期，我国零售业的主要目标是各种业态由不齐全到齐全，效率和利润率在各个零售运营层面提升。

一、各类零售企业蓬勃发展

据联商网零售研究中心统计，2022 年全国拟开业的商业项目数量 979 个（不含专业市场、酒店及写字楼，商业建筑面积≥2 万平方米）。除实体购物中心之外，新兴的无店铺零售也得到了迅速发展。无店铺零售包括网络零售、电视广播零售、邮寄零售、无人售货设备零售、直销、电话零售、流动货摊零售。此外，我国零售业还包括百货店、超市、专业店、品牌专卖店、购物中心、便利店、折扣店、仓储会员店等业态形式，可以说我国零售企业用了短短三四十年的时间，就走完了发达国家百年的发展历程。

二、注重顾客的购物体验

我国的零售企业经过多年的发展逐渐认识到：只有努力提高顾客的购物体验价值才能够更好地吸引顾客，提高自己的销售业绩。要提供更好的购物体验，实体零售企业采取的主要措施是橱窗陈列的精心设计和购物氛围的营造。

（一）橱窗陈列的精心设计

陈列对于吸引消费者具有很大的作用，因为消费者去哪个商店购买往往是不确定的，能够首先决定消费者去向的就是商店的橱窗。如图 14－2 所示，一个精彩的橱窗设计需要满足诸多要求。

图 14－2　橱窗的设计要求

（1）突出经营重点，展示主营商品及特色，让消费者一目了然，易于识别商品，吸引目标顾客入店购物。

（2）充分展示商品的美，满足消费者的观赏需要，使商品在消费者心中留下深刻的印象，使其产生购买欲望。

（3）全方位展示商品，使消费者了解商品的性能。陈列不仅要使消费者看到外形，还要使其在浏览过程中掌握商品的用途和功能，譬如通过电视机的播放来展示商品及其用途等。

（4）紧跟潮流，橱窗展示要经常更新，这能给消费者一种暗示，这家商店富有新意，吸引其进店消费。

我国服务企业对服务环境的装修标准在逐步提升，它们应同时重视对橱窗等环境的构建和设计。

（二）购物氛围的营造

营造商店的购物氛围，我国的零售商主要从色彩、气味、音乐、灯光和温度等方面入手。

（1）色彩。消费者进入商场的第一感觉就是色彩，不同的色彩会在人的心理上引起不同的反应。在购物环境中恰当使用和组合色彩能够影响顾客的情绪。

（2）气味。宜人的气味通常对人体有积极的影响。在清新、令人心旷神怡的环境中购物，顾客能得到美的享受。

（3）音乐。不同的销售空间应该播放不同情绪色彩的音乐，这有助于突出其特性，如书店宜播放高雅的音乐，服装店宜播放轻松的音乐等。

（4）灯光。明亮柔和的照明可以准确地传递商品信息，展现商品魅力，美化环境。

（5）温度。根据不同的季节调节合适的温度，冬季温暖如春，夏季清凉舒爽，能使顾客在商店里舒适购物。

三、不断创新和注重品牌建设

80 后、90 后已成为我国主力消费群体。消费主力群体的变化必然带来零售业态的相应变化。年轻消费者将更加注重服务消费，追求购买及使用过程中的服务质量和体验，讲求品牌和文化内涵，更加注重食品安全与健康等。消费个性化、便利化、情感化特征更加明显。在他们眼里，品牌要比价格更重要。

年轻消费者的消费结构、消费方式的变化必将促进以提高生活品质为主旨的各种新型零售业态应运而生。百货业态中的大众百货、时尚百货、高端百货的区隔将更加明显，商品向精品化和专业化方向发展；超市业态逐渐分化出高端超市、生鲜超市、社区超市等。

此外，零售业需要针对那些更愿意凸显个性和差异化的年轻消费群体，实现差异化服务及有吸引力和竞争力的经营，树立品牌意识，创新服务方式，从而提高企业盈利水平和经营附加值。

四、网购理念逐渐兴起和成熟

在电子信息技术的发展和人们日益增长的物质需求的刺激下，网购开始在我国盛行。国美、苏宁等传统零售企业也开始注重网购渠道的构建。我们可以从中国网民数量和网购渗透率看出中国网购的蓬勃发展。受新冠肺炎疫情的影响，我国居民更愿意采用网络购物，这推动了网购理念和实践的逐步成熟。这种改变是深刻和持久的，会带来整个零售行业企业行为的改变。我国在某些网购领域已走在了世界前面。

第3节　中国零售业的改进空间

中国的零售业起步晚，发展时间短，取得了一定的成绩，也存在一些问题。只有正视这些问题，才能更好地发展。

（一）同质化竞争严重，企业需要明确定位

近几年来，中国零售企业有规模化的趋势，扩张步伐也很大，但是整体规模不大。这其中很重要的原因是中国零售企业绝大部分是中小企业，缺乏大型零售企业，从而使中国零售业很难形成规模效应。

我国部分零售企业缺乏明确的市场定位，其结果就是市场同质化竞争严重，不同零售企业同一种类下的不同产品，在外观设计、性能、使用价值、包装与服务、营销手段上相互模仿，以致产品的技术含量、使用价值等趋同。消费者没有甄选依据，因此去哪一家商场都是一样的，而商场能做的只能是打价格战，这也是我国零售业利润率普遍偏低的原因之一。但近年来，特别是移动互联电商，例如京东、淘宝、拼多多等，开始细化和清晰化自己的企业定位。

（二）企业的营销水平需要逐步提升

我国零售业由于发展时间较短，营销水平上有待提升，主要表现在：(1) 品牌的宣传经验不足，我国之所以仍无法创造出世界级的知名品牌，部分原因就在于我国零售业缺乏品牌建设的经验。(2) 传播渠道相对单一，在营销信息的传播上，我国的零售业仍主要集中使用电视广告、口碑等渠道。(3) 营销人员缺乏，我国的零售业中缺乏专业的营销团队，大多数营销决策由企业的主要领导作出，缺乏充分的市场调研，可能造成营销活动的失败。

（三）营销效率需要逐渐提升

营销效率是指取得一定的营销成果所需耗费的营销成本，包括时间、金钱、精力等。正如前面提到的，我国的零售企业缺乏营销经验，缺少足够的营销技能和专业的营销人员，往往采用简单的方式比如大规模分发传单或微信转发等进行促销推广，而不注重用户信息的收集和有效使用，也缺少专业化的推广方案，因此市场营销效率不高。

（四）售后服务体系需要继续健全

很多企业认为只要商品卖给消费者，交易就完成了。这种观念使得我国零售业的售后服务体系不健全。完整的售后服务应该包括送货服务、“三包”服务（即包修、包换和包退）、包装服务、安装服务、知识性指导及技术咨询服务、供应配件、技术及维修培训等。它是零售商与客户沟通的一个纽带，零售商可以通过它加强与客户的关系，并树立企业形象，提高产品信誉，扩大产品影响，培养客户的忠诚度。售后服务体系就像一把双刃剑，既可以对产品销售、市场推广、品牌影响及信誉起到有力的支持和促进作用，也可以使产品滞销、品牌信誉下降，甚至使品牌的信誉扫地。只有健全售后服务体系，企业才能长久发展。但实践中，部分线下实体店的售后服务质量有待提高，“三包”服务近几年在互联网企业的推动下逐步落地。

（五）经营者服务意识需要增强

在我国的零售业中，部分经营者服务意识不强，虽然制定了一些服务流程或体系，但不够重视，没有落到实处。例如，消费者在商场受到了不公平对待，想投诉却找不到投诉的地方，有时就算投诉了，最后也是走个过场不了了之。也有一些企业虽然提出了“顾客第一”的口号，但往往只是写在纸上，贴在墙上，挂在口头上，当触及自身利益的时候，说的是一套，做的又是另外一套。

（六）销售人员的营销素质需要进一步提升

销售人员直接与顾客接触，他们的表现直接影响顾客的满意度。在我国的零售行业中，有些时候销售员没有经过专业培训就直接上岗，对商品的特点、企业的基本情况、销售技能的使用等都缺乏认识，无法为顾客提供足够的信息，进而影响企业的销售业绩甚至有损企业的形象。

第 4 节　中国零售业的发展趋势

进入 21 世纪以来，我国零售业一直呈现强劲发展的态势。在零售业对外开放力度逐渐加大的政策下，很多限制被取消，这就加大了对国际零售业的渗透和推进力度，在这种情况下探讨我国零售业的发展趋势对于我国零售业的发展有着积极的意义。我国零售业的发展趋势如下：

（一）业态更加丰富

零售业态将出现以下特点：大型化与小型化并存，专业化和综合化并存，分散化与集中化结合，连锁化与信息化结合，区域化与国际化交融。我国零售业的主导业态将会从百货公司、购物中心等实体业态向实体业态和网购等无店铺销售业态平分天下的局面发展。至于实体业态，我国零售业的空间布局将从“条状”（即商业街形式）向“条状”和“块状”（即购物中心形式）相结合发展，条状形式的商业街除了传统的百货商店之外，还会出现一系列专业商店，块状形式的购物中心将会向城市外围转移。我国零售业将进一步向“敞开式”（即开架陈列和自我服务的销售方式）发展。

（二）零售企业规模趋于集中

目前，我国零售企业规模较小，经营成本过高，没有竞争优势，大多聚集在一个地方或一个区域。面对这种情况，我国零售业应从以下两方面入手。一方面，积极寻找可以合作的资源，通过并购、联合等市场手段扩大企业规模，产生规模效益，进而提高我国零售业的整体规模；另一方面，零售企业可以依靠自己在渠道方面的优势，通过向上游和下游产业链发展，兼并或收购一部分企业，组建生产与零售一体化、规模化的集团公司。

（三）面向中等收入群体的定位盛行

一方面，随着中国经济的不断发展，人均收入水平不断提高。国家统计局资料显示，城镇居民人均可支配收入已大幅提升。居民收入水平的提高带来的不仅是社会整体消费水平的提高，我国中等收入群体也随之壮大。另一方面，我国倡导理性消费，反对奢侈消费。在此背景下面向中等收入群体的零售企业将蓬勃发展。

（四）减员增效和吸纳就业人口的目标并存

连锁经营将是未来零售业的发展方向之一，其优势包括：通过企业的资源共享有效优化企业的资源配置；较大的企业规模能够使企业获得一定的规模效益；通过强化企业形象可以给企业带来巨大的收益；连锁经营可以有效降低单体店面的经营费用。这些优势将大大提高零售业经营效率。我国零售业将是吸纳就业人口的一个重点行业。

（五）电商的兴起促进线下转型

网络购物是零售企业未来发展的一个重要方向。网络购物以其快速、便利和低廉的价格受到消费者的青睐，网上商店也因成本低、进入壁垒低、产品展示量大、形象直观而迅速发展，不断渗入传统零售业领域，挤压实体零售企业的市场份额。与实体零售企业的高税负、高费用、高场租以及能源价格和人工成本持续上涨相比较，电商具有明显的竞争优势。为此我国的传统零售企业不得不调整发展模式，以适应未来商业环境的变化。

案　例

开市客

2021 年末，中国第二家开市客超市在苏州开业，场面可以用人山人海来形容，有些人甚至在开业当天凌晨 3 点就去排队。前去凑热闹的人大致分为三类：真的是去凑热闹的；去抢白酒的；网红拍客。和山姆超市一样，开市客也是会员制，第一年年费 199 元，之后是 299 元一年，目前苏州开市客会员已超过 7 万人。

公司简介

开市客主要以批量、超低价格销售食品、家庭日用品等。其经营战略使得其在经济不景气时依然可以持续增长。那些价格敏感型顾客很愿意惠顾开市客，其主要竞争对手是沃尔玛的山姆会员店和本·杰里。

目前，开市客最大的问题在于现有店铺的过度同质化和现有市场的过度渗透。公司宣布将放缓国内扩张计划，在国际市场上寻求拓展机会。

行业背景

仓储型超市因其优质的产品、低廉的价格广受中小企业和消费者的欢迎。仓储型会员店主要有开市客、山姆会员店、麦德龙。这些企业在经营理念、目标顾客定位、核心竞争力上有些差异，但放眼整个零售业，其差异并不明显，只是开市客在以上三方面做得较好。

目标顾客

开市客将目标顾客定位于富裕的中等收入群体和中小企业。其顾客群体平均年家庭收入为 7 万～8 万美元，家庭规模为 2～4 人，家里拥有至少两辆汽车。此类消费者希望产品反映他们的社会地位，但价格最好适中。低收入家庭因收入有限，一般不能大量购买开市客的产品，因此，公司实现了与沃尔玛等其他业态的差异化竞争。

以中小企业为目标顾客，是因为小企业主需要经常与 4～5 个批发商打交道，所购物品存货优先，选择较少，价格较高，而且还采用一手交钱、一手交货的传统模式。如将价格降低，并实现一站式购买，即可争取到此类顾客。

中等收入群体的购物理念显然与低收入群体有较大差异。当开市客的消费者看到在专卖店要卖 60 美元的拉夫·劳伦 Polo 衫这里只卖 37 美元时，他可能会立刻购买 4 件白色的和 1 件蓝色的。而在山姆会员店，消费者即使看到同样的场景，也就买 1 件。

事实证明，公司的目标顾客定位非常成功，公司现在拥有5 400万个人会员，企业会员也达到了一定规模，公司85%的资深会员来自高收入群体，73%的女性资深会员年龄低于55岁。正是此类目标顾客强大的购买力，使公司在经济繁荣时收入增加，会有越来越多的消费者成为其会员；当经济处于低潮时，这些人的收入受经济波动的影响相对要小，顾客流失率也小。

核心能力

基于对其经营理念的深刻理解，开市客在长期的发展过程中形成了其他行业难以模仿的核心能力，公司凭借这些能力赢得了大量的忠诚顾客。

1. 物美

对于传统零售商的“物美价廉”的观念，开市客有独到的见解。开市客认为，以较低价格向消费者出售低质量产品很容易，但这是错误的思维逻辑，公司应尽可能地以低价向消费者出售高质量产品，这会使消费者持续光顾。为此，公司从如下几个方面着手：

（1）采购全国性品牌产品。开市客认为，面对高端消费者，公司须树立高质量形象。知名品牌往往意味着高质量。由于销量大，此类品牌也愿意在开市客销售。例如，李维斯在开市客的销售额已从最初的一两千万美元上升至1.5亿美元。李维斯的某款牛仔裤在其他店铺中零售价为40美元，在开市客仅为21.99美元。开市客已与李维斯、索尼、拉夫·劳伦等知名品牌建立了伙伴关系。开市客对此类产品的质量严格把关。以采购斯伯丁篮球为例，虽然公司给开市客的售价是其他商店的1/2，但开市客依然决定对其产品质量进行检测，符合标准才会采购。

（2）开发自有品牌和合作品牌产品。零售商可跨过品牌商，直接寻找有过剩生产能力的制造商合作，代工自有品牌产品，这意味着零售商可获得低价优势，也意味着零售商可依据自身对产品质量的要求直接控制生产。开市客自有品牌Kirkland Signature已达到了全国性品牌的水准，占全店销售额的1/6，并打算在未来几年内将其份额增加至1/4。与全国性品牌相比，Kirkland Signature已为公司节省了约20%的成本。那些不愿迎合公司低价要求的制造商发现其产品正在被相似的Kirkland Signature产品替代，有时这些产品的质量甚至更好。开市客还与其他知名品牌合作生产产品，以实现双方优势互补，使消费者相信产品的质量和品牌产品同样好，并降低推广成本。例如，开市客与惠而浦合作推出合作品牌的家用电器产品后，发现销售良好，现在已将合作范围扩展至其他产品目录，合作品牌包括Tyson、Foster Farms等。

2. 价廉

提供尽可能低的价格是仓储型超市行业的基石。开市客从制定企业利润标准、降低管理费用和与供应商有效地展开谈判合作入手，尽可能地实现低价。

（1）设定低的利润标准，即薄利。开市客遵循的低价策略并不是给顾客以最大限度的折扣，而是以尽量低的利润销售产品，其毛利率较低，约为12%～14%，同期的西夫韦为30%，沃尔玛为21%。要想将毛利增加1～2个百分点并不困难，但与开市客的理念不符。低价策略是如今所有零售商存在的基础，但不能因此而迷失方向。

（2）想方设法降低运营成本。开市客的毛利率低，其销售及一般管理费用更低，约为 10%左右，这主要由其有效的成本结构决定。首先，公司对员工待遇优厚，但雇员人数相对较少，劳工成本仅为销售额的 5%～7%，同期一般超市的劳工成本为 11%～13%。员工工资为每小时 17.25 美元，而沃尔玛仅为 10.11 美元；员工依据工作年限、管理级别等享受不同程度的股权、保险、晋升等计划。员工对公司非常忠诚，流失率仅为 17%，为全行业最低；由于员工偷窃率低，公司的存货丢失率仅占销售额的 0.2%。其次，公司在郊区和新兴购物中心选址。国外中等收入群体倾向于远离城市，在郊区建房生活。开市客在交通便利的郊区设门店可尽可能地接近目标顾客，门店的建设成本也相对城市中心较低，公司还可将剩余场地出租以降低建设成本。公司采用统一标准、材料、图纸，以尽量低的成本“克隆”新门店，店内宽敞但装饰非常简单。公司倾向于自建门店并拥有产权，这样可避免通货膨胀和购物中心兴起后租金上涨的影响。再次，采用更有效率的分销系统。开市客向制造商直接采购产品，并要求制造商将产品直接运送到零售店或者公司的货运中转站。在中转站，不同批次的产品被整合后再派发，以求货运成本和处理成本最小化。公司剔除传统物流分销的一些步骤以降低成本，比如，不从分销商那里进货，不再使用中央库房。最后，广告活动很少，更多的是向现有和潜在消费者邮寄产品目录。公司的主要推广方式是会员的口碑营销和关系营销。公司主要的营销活动一般是在新店开业时拜访当地的中小企业主——潜在的目标顾客，告知公司的性质，并给予其一年的免费会员资格。

（3）以尽可能低的价格采购产品。为实现低价，开市客凭借其巨额的采购量与供应商讨价还价，尽量压低供应商的报价，并要求它们按照公司的规格要求对产品进行包装和陈列，所有的供应商订单都要通过电子数据交换系统传送。2009 年 11 月，公司决定停止向可口可乐采购苏打水和其他软饮料，原因是可口可乐提供给沃尔玛等企业的价格更低，开市客认为可口可乐已不能提供有竞争力的价格，公司不能借此向消费者传递消费者关注的价值。公司更愿意与供应商一道降低成本。

3. 多销

低价策略为开市客带来良性循环效应。销售量大，进货价就低，低价又可增加销售额，确保企业有能力获得更低的采购价。开市客的毛利率低，但其净利润率能达到 18%左右，这是其高存货周转率（即多销）所致，其存货周转率是西夫韦的两倍。公司通过如下几项措施提高产品的销量：

（1）提供种类齐全、深度有限的产品。开市客的产品品类齐全，有效地满足了消费者一站式购物需求。但每一类产品的深度有限，公司全部的基本库存单位仅为 4 000 个，而沃尔玛有近万个。这些产品均以大包装、大批量形式出售。这其实是在潜移默化地改变消费者的购物习惯，使消费者单次购买的产品数量增加。研究显示，那些购买更大包装的消费者更有可能购买更多产品。大包装其实也可节省商业客户的采购成本，它们为开市客提供了持久稳定的销售收入来源。

（2）基于消费者购物心理有选择地设置产品类别。消费者到商场购物前一般会设想一些“需要”的产品，但到了商场后会购买额外“想要”的产品。开市客据此设定产品的类别。“需要”的产品包括一般的日用品（如纸巾、谷物、农产品、饮料、药品等）和生鲜产品（如面包、熟食、美食、正餐替代品等），共有3 000个基本库存单位，并且一年中变化不大，此类产品会驱使消费者经常光顾。而“想要”的产品包括书籍、光盘、时令产品和运动器材、家庭装饰、服装等，共有1 000多个基本库存单位，依据消费者需求经常更换，此类产品会诱发消费者的购买热情。针对“想要”的产品，开市客采用先进先出、限时抢购的策略，消费者如果此次犹豫不买，等隔一至两周再来时，该类产品已售完。“想要”的产品刺激着消费者的购买热情，使消费者每次购物时尽可能逛遍商场，看到心仪的产品便立刻买下。

（3）实行会员制度。会员制度为开市客带来更多的销售收入，会员制度也使得会员为摊薄会员费而多购物。

4. 重视服务

大型超市包括仓储型超市和折扣店，均向顾客提供能少则少的现场服务以降低运营成本。在开市客门店现场同样也看不到太多的服务人员，但这并不意味着公司忽视顾客对服务的需求，公司在售后服务和提供各类便民设施等方面要比其他同业好很多。

（1）开市客慷慨的退货政策可能是零售商中退货最容易的政策。顾客获得的利益就是开市客损失的利益，其连锁会员店每年因这项政策损失几千万美元。

（2）开市客向中小企业会员和个人消费者提供周到的特色服务。公司向中小企业主提供代发工资、企业网络站点服务、业务传播服务、中小企业信用和借贷、健康保险等服务。公司还向消费者提供诸如汽车销售、购车融资、不动产咨询、办理信用卡等服务。

▶ 问题：

1. 我国仓储型超市是否有发展前景？
2. 我国零售业企业从开市客的消费者定位上能学到什么？

本章小结

1. 其他国家零售业的现状包括：消费者的地理位置外移；消费者偏好一站式购齐和多元化；流通方式趋于相对稳定；仓储店和专业店的兴起。

2. 其他国家零售业的运营特点：基于消费者行为的企业战略制定的思路和方法均比较成熟，普遍采用连锁经营；注重建立自有品牌；产销一体化促进销售；高度发达的配送体系和采购体系。

3. 中国零售业的进步体现在：各类零售企业蓬勃发展；注重顾客的购物体验；

不断创新和注重品牌建设；网购理念逐渐兴起和成熟。

4. 中国零售业的改进空间：同质化竞争严重，企业需要明确定位；企业的营销水平需要逐步提升；营销效率需要逐渐提升；售后服务体系需要继续健全；经营者服务意识需要增强；销售人员的营销素质需要进一步提升。

5. 中国零售业总体发展趋势：业态更加丰富；零售企业规模趋于集中；面向中等收入群体的定位盛行；减员增效和吸纳就业人口的目标并存；电商的兴起促进线下转型。

思考题

1. 阐述其他国家零售业的现状。
2. 其他国家零售业的运营特点是什么？
3. 简述我国零售业的发展趋势。

中国人民大学出版社　管理分社

教师教学服务说明

中国人民大学出版社管理分社以出版工商管理和公共管理类精品图书为宗旨。为更好地服务一线教师，我们着力建设了一批数字化、立体化的网络教学资源。教师可以通过以下方式获得免费下载教学资源的权限：

★ 在中国人民大学出版社网站 www.crup.com.cn 进行注册，注册后进入“会员中心”，在左侧点击“我的教师认证”，填写相关信息，提交后等待审核。我们将在一个工作日内为您开通相关资源的下载权限。

★ 如您急需教学资源或需要其他帮助，请加入教师 QQ 群或在工作时间与我们联络。

中国人民大学出版社　管理分社

教师 QQ 群： 648333426(工商管理)　114970332(财会)　648117133(公共管理)
教师群仅限教师加入，入群请备注（学校 + 姓名）

联系电话： 010-62515782，82501868，82501048，62514760

电子邮箱： glcbfs@crup.com.cn

通讯地址： 北京市海淀区中关村大街甲 59 号文化大厦 1501 室（100872）

管理书社　　人大社财会　　公共管理与政治学悦读坊